蝶变

浔龍河
生态艺术小镇

中国城市近郊型乡村
振兴的"星"路历程

吴金明　柳中辉　刘红峰◎著

湖南人民出版社

图书在版编目（CIP）数据

蝶变·浔龙河——中国城市近郊型乡村振兴的"星"路历程 / 吴金明，柳中辉，刘红峰
著．—长沙：湖南人民出版社，2018.4

ISBN 978-7-5561-1970-7

I．①蝶…　II．①吴…　②柳…　③刘…　III．①农村经济发展—经济发展模式—研究—长沙　IV．①F327.645

中国版本图书馆CIP数据核字（2018）第090909号

DIEBIAN XUNLONGHE ZHONGGUO CHENGSHI JINJIAO XING XIANGCUN ZHENGXING DE XIN LU LICHENG

蝶变·浔龙河——中国城市近郊型乡村振兴的"星"路历程

著　　者　吴金明　柳中辉　刘红峰
责任编辑　黎晓慧
装帧设计　黎　珊

出版发行　湖南人民出版社［http://www.hnppp.com］
地　　址　长沙市营盘东路3号
邮　　编　410005

印　　刷　长沙超峰印刷有限公司
版　　次　2018年4月第1版
　　　　　2018年4月第1次印刷
开　　本　787 mm × 1092 mm　　1/16
印　　张　24
字　　数　330千字
书　　号　ISBN 978-7-5561-1970-7
定　　价　100.00元

营销电话：0731-82683348　　（如发现印装质量问题请与出版社调换）

乡村振兴是当前农村工作的总抓手

习近平总书记在党的十九大报告中首次提出"贯彻新发展理念，建设现代化经济体系"，其中的"乡村振兴战略"部分明确指出：农业、农村、农民问题是关系国计民生的根本性问题，必须始终把解决好"三农"问题作为全党工作的重中之重。要坚持农业农村优先发展，按照"产业兴旺、生态宜居、乡风文明、治理有效、生活富裕"的总要求，建立健全城乡融合发展的体制机制和政策体系，以加快推进农业农村现代化。实施乡村振兴战略，是解决人民日益增长的美好生活需要和不平衡不充分的发展之间矛盾的必然要求，是党的十九大作出的重大决策部署，是决胜全面建成小康社会、全面建设社会主义现代化国家的重大历史任务，是新时代"三农"工作的总抓手。当前，我们要立足国情农情，顺势而为，牢固树立新发展理念，落实高质量发展的要求，为此，我特别强调以下三点：

一要着力做好政治站位和组织保障，充分体现农村农业优先发展的精神。在贯彻执行党和国家重大战略性部署时，要不断提高对实施乡村振兴战略意义的认识，真正把实施乡村振兴战略摆在优先发展的位置，把党管农村农业工作的要求真正落到实处，形成五级书记齐抓共管、层层落实到位的政治站位。把实现乡村振兴作为全党的共同意志、共同行动，做到认识统一、步调一致，在干部配备上优先考虑，在要素配置上优先满足，在公共财政投入上优先保障，在公共服务上优先安排，加快补齐农业农村短板。强化乡村振兴战略中党组织建设的核心战斗堡垒作用，发挥乡村振兴的组织优势，让党的组织力量深入人心、深入民心。浔龙河村的O2O党组织建设作为全国20个创新案例之一，有着非常好的创新力，能够为群众喜闻乐见，又能与新时代紧密结合，更能发挥及时有效的价值和作用；用前沿科技手段丰富党组织建设的形式和内容，让生动、形象的组织生活影响人、教育人、培养人，成就了乡村振兴里的"组织振兴"。

二要科学规划、妥善部署，引导乡村振兴有序健康发展。要充分发挥科学、合理、长远规划的引导调控作用，做好顶层设计，确保国民经济社会发展规划、城市（村镇）建设总体规划、产业民生生态融合规划、土地利用总体规划等做到真正的多规合一，科学地引导乡村振兴战略的健康推进，确保规划的合法合规和权威严肃，防止盲目造城；处理好人和地、产业与环境、村镇与生态的关系，不断提高乡村振兴的质量和效益。坚持城乡融合发展，以工补农、以城带乡，把公共基础设施、公共服务建设的重点放在农村，推动农村基础设施建设提档升级；在确保农民利益前提下，推动城乡要素自由流动、平等交换，推动新型工业化、信息化、城镇化、农业现代化同步协调发展，逐步建立健全全民覆盖、普惠共享、城乡融合的基本公共服务体系和社会保障体系，加快形成工农互促、城乡互补、全面融合、共同繁荣的新型工农城乡关系。把乡村文明与城市文明合理契合，尊敬乡村德治、法治、自治的文明传统，并与现代化城市文明有机地结合起来。浔龙河村多规合一创新工程、民生民本工程、十大乡村文化工程等都取得了很好的成效，成为乡村振兴战略中重要的组成部分，彼此之间具有很强的关联性、协同性。

要牢固树立和践行习近平总书记讲的"绿水青山就是金山银山"的"两山理论"，落实节约优先、保护优先、自然恢复为主的方针，推进村镇规模结构合理化、村镇布局集群化和土地利用集约化，统筹山、水、林、田、湖、草系统治理，严守生态保护红线。要把以人民为中心的发展理念贯穿于乡村振兴的各个环节，坚持农民主体地位，充分尊重农民意愿，切实发挥农民在乡村振兴中的主体作用，调动农民的积极性、主动性、创造性；把维护农民群众根本利益、促进农民共同富裕作为出发点和落脚点，在乡村振兴中富民，在富民行动中兴村，把群众受益作为推进乡村振兴的前提，把群众是否满意作为检验乡村振兴成效的根本标准，不断提升农民的获得感、幸福感、安全感。浔龙河村在党建优先、强农富民的道路上探索了不少好的经验与做法，使当地农村、农业、农民都得到了全面发展。

三要深化体制机制改革和创新，发挥产业的支撑引领作用。一方面，实施乡村振兴战略，必须大力推进体制机制创新，强化乡村振兴制度性供给，保障获取制度性改革红利。在这一方面，浔龙河村做了大胆的探索与实践，取得了明显成效，具有一定的借鉴与推广价值。其做法是，深化农村土地制度改革，全面开展农村集体建设用地、农民承包耕地和农民宅基地"三块地"的确权与流转，盘活农村最大的闲置资产——低利用效率的、"碎片化"的承包土地和农民闲置宅基地和闲置农房，市场在资源配置中起决定性作用和更好地发挥政府作用实现了有机统一。另一方面，要坚持产业支撑，把产业兴旺作为乡村振兴发展的基础和重点。坚持质量、生态、绿色、环境兴农，以农业供给侧结构性改革为主线，加快构建现代农业产业体系、生产体系、经营体系，提高农业创新力、竞争力和全要素生产率。实施质量兴农战略，构建农村一二三产业融合发展体系，促进小农户和现代农业发展有机衔接。浔龙河村的"以生态产业为基础、教育产业为核心、文化产业为灵魂、旅游产业为抓手、康养产业为配套"的产业体系，既发挥了农村自然生态环境资源的禀赋优势，又有效地促进了生产、生活与生态结合，更能形成产业短、中、长期利益相得益彰，产业协同、互补、持续发展的良好体系效应。

在国家乡村振兴战略背景下，湖南省长沙县浔龙河村在促进城乡融合发展等方面进行了有益的探索与实践。《蝶变·浔龙河——中国城市近郊型乡村振兴的"星"路历程》一书，对浔龙河村的具体做法、实践经验进行了总结和提炼，对全国其他地方实施乡村振兴战略具有较大的借鉴价值。在新时代中国特色社会主义的伟大实践中，广大基层将会不断涌现新的创新成果，希望有更多的好经验互相借鉴，互相促进，掀起中华民族伟大复兴的大潮。

是为序。

蒋正华

（全国人大常委会原副委员长、中国城镇化促进会主席）

2018 年 5 月 5 日

党的十九大报告明确提出要实施乡村振兴战略，这是我党提出新农村建设以来理论与实践认识的又一次重大飞跃。习近平总书记指出，农业、农村、农民问题是关系国计民生的根本性问题，必须始终把解决好"三农"问题作为全党工作的重中之重。要坚持农业、农村优先发展，按照"产业兴旺、生态宜居、乡风文明、治理有效、生活富裕"的总要求，建立健全城乡融合发展体制机制和政策体系，加快推进农业、农村现代化。在 2018 年 3 月份全国"两会"上习近平总书记再次强调，农业强不强、农村美不美、农民富不富，决定着全面小康社会的成色和社会主义现代化的质量。同时，把乡村振兴细化为"五个振兴"，即要推动乡村产业振兴，推动乡村人才振兴，推动乡村文化振兴，推动乡村生态振兴，推动乡村组织振兴。认真研读习近平总书记的讲话精神，结合长沙县浔龙河乡村振兴的实践探索，我们认为：乡村振兴战略不仅是落实五大发展理念、端正发展观念在广大农村的具体实践，更是破解"三农"问题、实现农业农村现代化的重大战略，是一场深刻的革命。

浔龙河村位于长沙县果园镇。在 2009 年之前，该村还是一个省级贫困村。党的十八大以来，浔龙河村以党建为统领，以"党建＋经济""党建＋文化""党建＋治理"为抓手，通过建设浔龙河生态艺术小镇项目，大力实施乡村振兴战略，对乡村组织、乡村资源、乡村文明与治理结构进行重构和提质，逐步实现了乡村产业、人才、文化、生态和组织"五大振兴"的基本要求，实现了"产业兴旺、生态宜居、乡风文明、治理有效、生活富裕"的发展目标，为全国城市近郊型乡村实施振兴提供了一个可供借鉴的样本。

一、产业兴旺："绿水青山就是金山银山"

"实行最严格的生态环境保护制度，形成绿色发展方式和生活方式，坚定走生产发展、生活富裕、生态良好的文明发展道路。"浔龙河村通过建设浔龙河生态艺术小镇项目，成功引进了广州棕榈园林、湖南浔龙河投资控股、绿地集团、泰禾集团、星光集团、国家大剧院等国有和民营企业，大力发展农村综合产业，形成了"生态产业为基础、文化产业为灵魂、教育产业为核心、旅游产业为抓手、宜居产业为配套"的产业格局，使乡村资源实现了资产化和资本化，"绿水青山"真正成为"金山银山"。

1. 生态产业为"基"。浔龙河村积极主动构建现代农业产业体系、生产体系、经营体系，完善农业支持保护制度，发展多种形式适度规模经营，培育新型农业经营主体，健全农业社会化服务体系，实现小农户和现代农业发展的有机衔接。一是成立湖南浔龙河生态农业科技发展有限公司，流转村民耕地发展生态农业。在基本农田种植优质稻、绿色蔬菜，在旱土、坡地等一般农田种植花卉苗木、水果等。目前已种植优质水稻 580 亩、绿色蔬菜 620 亩、花卉苗木 600 亩。投资近 4000 万元建设了加工厂，整合周边优质农产品资源进行加工。同时，公司还完善了绿色农产品标准体系，搭建了网上销售平台，结合全省"农改超"项目建设销售渠道，打造浔龙河品牌农产品。二是整合棕榈园林、贝尔高林等规划设计院，对区域景观进行提质再造，大大提升了生态质量和生态品质。

2. 文化产业为"魂"。长沙县委、县政府投资建设的田汉戏剧艺术文化园实现了与浔龙河村的无缝对接，提升了浔龙河村的文化内涵。绿地集团、星光集团、国家大剧院已确定将在浔龙河联手打造田汉戏剧小镇，海湾智库与中科招商拟投资建设"国歌·中华魂"大型文旅项目；浔龙河村与金鹰卡通卫视建立战略合作关系，建设金鹰卡通频道线下节目基地，麦咭音乐节、麦咭梦工厂、麦咭游乐场人气火爆。同时，小镇深耕本土文化，创作长篇小说《浔龙河传奇》、拍摄《浔龙河》电视剧、撰写《浔龙河村志》、创作《拦花轿》等系列文化节目。开发建设的湖南特色美食、老艺术、老手艺商业街区，已成为展示湖湘文化的重要窗口。

3. 教育产业为"核"。浔龙河生态艺术小镇将教育作为核心产业，打造全国唯一的综合性研学教育基地。引进国内一流的优质教育资源北京师范大学附属学校，建设从幼儿园到中学的基础教育示范学校。在省军区支持下建设青少年国防素质教育营地，目前已经成为长沙县小学生开展国防素质教育、爱国主义教育的营地。在田汉戏剧文化园开展传统文化教育、爱国主义教育，基于浔龙河村"党建引领、经建支撑"的先进经验开展基层党建培训、美丽乡村建设培训等，浔龙河教育产业的内容在不断拓宽加深。

4. 旅游产业为"体"。以旅游聚人气，以旅游促发展，建设湖南研学旅游综合体。目前，已与金鹰卡通频道达成战略合作，成功举办了"麦咭音乐节""嘭！发射""疯狂麦咭嘉年华""中国·浔龙河首届生态艺术文化节""樱花谷开园"等大型旅游活动。打造了湖湘民俗风情街，汇聚了创客街、"好呷"街、土菜街、民宿街和休闲街；推出特色民宿酒店集群，木屋酒店、"故湘""云素""忆境"及极具科技感的"地球仓"酒店等都深受游客喜爱。建成了中南地区最大的赏樱胜地"樱花谷"项目；水上世界项目开工建设，2018年开园营业。

截至 2017 年底，浔龙河村已经接待游客 174 万人次。

5. 康养产业为"实"。产业聚集带来了人口聚集，宜居的生态环境成为重要需求。浔龙河项目区顺应农村人口就地城镇化的新要求，以及城市公共服务功能向农村延伸，生产、生活、生态融合发展的大趋势，将国有建设用地、集体建设用地、流转土地进行混合使用、合理布局，为创业者、回乡农民建设环境优美、配套完善、产业兴旺、人文和谐的宜居家园，形成了教育、康养、旅游、创业等不同的地产类型。

二、生态宜居："让居民望得见山、看得见水、记得住乡愁"

浔龙河生态艺术小镇以打造"城镇化的乡村、乡村式的城镇"为目标，推进城市公共服务向农村覆盖、城市基础设施向农村延伸、城市现代文明向农村辐射。同时，通过对乡村环境、乡村文化等"乡愁"予以保留，建设生态宜居新型社区。

1. 建设"城镇化的乡村"。以政府投资为主、社会资本投资为辅，完善小镇的公共配套功能，水、电、路、气、网等基础设施均优于同地区配套水平，满足了居民高品质的生活需求。小镇已建成社区医疗卫生室，长沙市八医院、县人民医院、妇幼保健院、镇卫生院均在 15 分钟车程以内，正在规划建设药膳庄园等高端颐养机构，为健康保驾护航。小镇周边配套有公立幼儿园、小学、初中，随着北师大附属学校的落户及麦咭启蒙岛素质教育基地的建设，小镇的教育功能将进一步完善。浔龙河供销社、商场、电商平台，能够满足居民的日常购物需求。目前，公共工程累计已完成了村民活动中心及广场、村民幼儿园、农民菜园、农贸市场、驭龙路、宋水线 B 段等基础设施和公共配套，正在启动村民安置房一期二批、自来水、污水厂、垃圾站、东八线辅道及跨线桥、公交车站、田汉大道等项目。

2. 建设"乡村式的城镇"。"乡田同井，出入相友，守望相助，疾病相扶"，乡村的魅力在自然生态、在乡土人情。小镇充分尊重原生态环境，通过多规合一的模式，依循原坡地肌理，将国有建设用地、集体建设用地、流转土地进行合理布局，最大限度地保留青山绿水、蓝天白云。小镇充分尊重乡村文化特色，建设村民广场、村民文化宫等设施，成立文化艺术团、青年联谊会、老年协会等社会组织，满足村民文化生活需求，对乡村文明进行最大限度的保留，打造"望得见山、看得见水、记得住乡愁"的栖居诗意。

三、乡风文明：社会主义核心价值观入脑入心

"要推进社会公德、职业道德、家庭美德、个人品德建设，激励人们向上向善、孝老爱亲，忠于祖国、忠于人民。"浔龙河村通过不断加强文化阵地、文化组织建设，开展系列文化活动，培育家文化内涵，使乡风文明成为浔龙河的显著特质。

1. 以文化组织为载体开展文化活动，让文明外化于形。从2012年开始，浔龙河文化艺术团、老年协会、青年联谊会等组织相继成立；建设村民活动中心，开辟了图书室、棋牌室、文化广场等活动场地。依托文化组织和阵地，浔龙河村开展了丰富多彩的文化活动：浔龙河文化艺术团先后举办了第一、第二届村民歌手大奖赛，拍摄了《浔龙河》电视剧，并经常性地组织广场舞、戏剧票友活动等；老年协会则组织开展书画活动、棋牌活动，组织编写了《浔龙河村志》；青年联谊会组织开展了多次青年联谊活动和青年创业论坛。浔龙河村还创办《浔龙河》报，为文学爱好者创作并发表诗歌、散文等文学作品提供了平台。这些活动的举办，既丰富了村民的精神文化生活，又有效提高了村民的文明素养。

2. 以"家国"文化为核心培育正能量，让文明内化于心。浔龙

河村把"爱家爱国"作为文明建设的抓手，着力建设"家庭、家园、家国"的"家"文化体系。爱家庭：先后开展了孝心家庭评选、婆媳关系评选、家风家训评选、乡贤评选等活动，倡导"和谐、孝顺、道德"等优秀传统家庭文化；爱家园：制定了《村规民约》，并使其成为村民的日常规范，使广大村民自觉参与到建设家园、爱护家园的行动中来；村民自发成立环境督查组、志愿服务队、民兵应急分队等，开展保护环境、维护秩序行动。爱家国：倡导国歌精神，成立村民国歌护卫队，定期开展升国旗、唱国歌活动；以O2O党建服务平台为载体，经常性地开展爱国、爱党教育，使传播正能量蔚然成风。

四、治理有效：扭住"组织振兴"这个关键，构筑"一核多元、五务合一"的乡村治理体系

随着浔龙河项目的深入推进，乡村治理结构发生深刻变革，传统的简单、粗放的乡村治理模式已经难以满足治理需求，建立更加民主高效、精细精准的治理方式势在必行。浔龙河村通过建设"一核多元、五务合一"的治理体系，初步显现出"自治、法治、德治相结合"的乡村治理特征，传统乡村治理正在向新兴社区治理转变，并培养造就了一支懂农业、爱农村、爱农民的"三农"工作队伍。

1. 坚持党建引领，完善"一核多元、五务合一"的治理机构。创新开展村企共建党建工作，通过实施村党总支和企业支部的"组织共建、党员共管、阵地共用、活动共抓、发展共促、机制共享"，实现了党员管理的精细化，发挥了党员的先锋模范作用。同时，以党的领导为核心，实现"党务、政务（政务代办与网上办理）、村务、社务（村供销社）、商务""五合一"，建立了以村民委员会、村务监督委员会为依托，以群团组织为补充的社会治理体系。对重大事项实行全村18岁以上的村民民主投票，从项目建设至今，分别就是否开

展项目建设、如何实施集中居住、是否开展土地集中流转等举行了 3 次村民民主投票大会，支持率均在 97% 以上。

2. 坚持创新手段，搭建"党建 O2O"服务平台。浔龙河村在全省率先建立 O2O 党建服务平台，彻底打通联系服务群众"最后一公里"。一方面，按组建群听取意见。每个村民组建立一个一级微信群，村民小组成员全部入群，由党员或党小组长担任管理员，负责搜集和反映群众提出的问题。另一方面，两委建群解决问题。村两委成员、党小组长、一级群管理员全部进入二级群，负责线上或线下为群众解决问题。全村共建立了 25 个一级群和 1 个二级群，覆盖了全村 90% 以上的群众，形成了"群众线上点单、党员干部线下服务"的群众工作新模式，实现了群众意见"一天有回音、两天到现场、三天要解决"。目前，党建 O2O 服务平台已为群众解决难题 230 多件，发布宣传、服务信息 2000 多条。同时，还利用 O2O 平台开展了"群众微心愿"活动，由党员对群众的现实需求进行认领并解决，短短 10 天内群众心愿达成率为 100%，深受群众好评。

3. 坚持不断探索，逐步实现社区化治理。当回乡农民在浔龙河形成一定规模的时候，浔龙河村就要撤村建社区。通过户籍改革，将村民的户籍转为城镇居民户籍，实现真正的"城乡一体"。社区开展文化、卫生、计生、民政、社会保障、医疗保险、就业服务等公共管理，并实施部分村级工程。经济管理方面则推进集体产权的确权改革，成立乡村资源资产管理公司，将农民手中的资源固化为资产，开展市场化的经营，使农民的财产性收益得到保障。积极探索智慧型社区建设，为居民提供一个安全、舒适、便利的现代化、智慧化生活环境。

五、生活富裕：已建成全面小康，共享发展迈上了新台阶

浔龙河村通过巩固和完善农村基本经营制度，深化农村土地制度

改革，完善承包地和宅基地"三权"分置制度，推动产业融合发展、经营方式创新，带来了农村生活方式的转变和农村集体经济的发展，有效实现了农民生活富裕。

1. 深化地权改革，农民财产收益倍增。浔龙河村从土地确权到置换流转，再到开发使用，使土地资源从固化走向流通，形成了完整清晰的价值增值链条。一是土地在流转中增值。2010年，浔龙河村成立土地确权调查小组，将所有权确权到组，并实行统一流转，按照耕地300公斤谷／亩·年、林地75公斤谷／亩·年、水塘坡土100公斤谷／亩·年的标准补偿到村民小组，村民小组按照本组当年可分配人口平均分配，人人有份。二是宅基地在增减挂钩中增值。作为湖南省土地增减挂钩异地置换试点项目，浔龙河通过实施集中居住的方式节约建设用地340亩，通过土地收益返还，建设"有天有地有院子有门面"的村民安置区，仅商铺出租村民每年就可收入2万—4万元。三是集体建设用地在经营中持续增值。浔龙河村深化农村集体产权制度改革，保障农民财产权益，组建了集体企业，壮大了集体经济。按照深化供销社改革的要求，与长沙县供销社联合成立了湖南省首家村级标准化新型供销合作社，目前已正式营业。集体公司还将对300亩集体经营性建设用地进行开发，建设超市、加油站、停车场等经营性项目，所得收益可对村民进行分红。

2. 产业融合，推动劳动力价值倍增。浔龙河村通过大力发展综合产业，促进农村一、二、三产业融合发展，支持和鼓励农民就业创业，拓宽增收渠道，不但吸收了大量本村剩余劳动力，还吸引了外来就业人员，劳动力报酬也得到较大提升。现代农业、旅游服务、物业管理等板块有近300名本地村民就业，年人均工资收入8万元；在二、三产业方面，通过发展农副产品深加工、休闲旅游、乡村地产，新增外来就业人口1000余人，年人均创业收入8万元左右。

3. 发展集体经济，推动共享递进。共享发展作为五大发展理念之一，是"以人民为中心的发展思想"的一种具体体现。浔龙河村在共享发展方面的成功探索在于，把发展壮大集体经济作为实现共享发展的核心平台，将集体经济利益放在企业经济利益之上。为做好、做强、做稳集体经济平台，浔龙河村把发展中风险最低、收益最稳，具有一定行业进入壁垒和垄断性的公共经营性、有较好收益的项目交给集体经济组织来经营，让集体经济为村民持续、稳健地谋求福利。经过8年的实践探索，浔龙河村的共享发展水平不断提高，2012年就实现了生存型共享发展的目标，2016年实现了全面小康的共享目标，目前正在向富裕型共享目标迈进。

总之，党的十八大以来，浔龙河村的探索实践带来了一股落实"五大发展理念"，推进创新发展、绿色发展、开放发展、协调发展和共享发展的新风，实现了从"企业联村、返乡创业"到"统筹城乡、同心工程"再到"创新突破、乡村振兴"的三步跨越，构筑了城市近郊型乡村振兴的"浔龙河范本"。

本书试图总结这一具有中国南方特色、城市近郊型乡村振兴案例，期望给正在全国大力推进的乡村振兴以参考。

是为序。

编著者

2018 年 3 月 于浔龙河村

浔龍河 | 目录

浔龍河
生态艺术小镇

PART

01

古老村落的历史痕迹

浔龙河村（原双河村）位于长沙县果园镇西北部，包括金井河、麻林河、浔龙河三河围合下的丘陵地带和金井河南岸的平原区，地势北高南低，是典型的江南丘陵地形。东与果园镇红花村紧邻，南与果园镇花果村、杨泗庙社区相邻，西与安沙镇黄桥村相连，东北与路口镇万年桥村接壤。浔龙河村距开元东路 16 公里，距长沙市三环线 9 公里，距长沙县城星沙镇 15 分钟车程，对外交通分别依托东西向和南北向的宋水线、瞿杨线与 107 国道、京珠高速公路和 207 省道连接，距黄花国际机场、高铁长沙南站、长沙市中心都在半小时车程以内。全村总面积约为 7.8 平方公里（约合 1.17 万亩），其中耕地面积为 2079 亩（其中水田 1180 亩），人均耕地 1.31 亩，山地面积为 7626.4 亩。在 2016 年合并村之前，原双河村有 13 个村民小组 605 户 1800 人。2015 年 10 月，双河村与红花村合并后，改称"浔龙河村"，共有 25 个村民小组 1200 户 3680 人。

　　据史料记载，浔龙河村有着两千多年的历史。从明太祖朱元璋当年留下的传说，到杨泗将军浔龙河里斩孽龙流传的故事，仿佛如一层朦胧的薄纱，让浔龙河村的历史显得十分神秘。浔龙河村境内有 16 处古迹，其中有浔龙河、拖刀石、藏龙洞、龙王会、钻龙潭、出龙潭、龙转头、医龙台、顿刀洞、紫云台、华佗庙、杨泗庙、马踏石、关爷庙、现代戏剧家田汉外祖母墓地燕子山等人文、历史景观。周边有美女晒羞、狮子山、渔翁晒网、铁笼关虎、喜鹊含梁、团鱼山、铜钱潭、金井河等景点。

第一节　浔龙河村的历史沿革

一、缘起

浔龙河村历史悠久，多河汇聚，丘壑绵延，植被葱郁，既有秀丽的自然风貌，亦有独特的人文景观。一直以来，浔龙河村都流传着杨泗将军斩孽龙的浔龙河传奇故事。

相传很久以前，浔龙河出了一个神童叫杨泗。他长得英俊，生得聪明。8 岁那年，他在河边玩耍。调皮的他把已经造好的木船拔钉毁掉，准备自己重造，却被人毒打以致昏迷，被抛入金井河中。他的身体顺水漂流，从杨泗庙漂到枫林港达 10 里之遥，上浮 3 天，下沉 3 天，香 3 天，臭 3 天，12 天以后竟然活过来了。

可是，他漂流时的臭气触怒了牛头山下龙洞里的吴孽龙。吴孽龙扬言要将沿河一线搅成汪洋大海，当地百姓将面临灭顶之灾。杨泗想，祸是我闯的，应该由我一人承担，绝不能让无辜百姓受到伤害。于是，杨泗奋起抵抗，和吴孽龙从金井河一直斗到浔龙河，不分胜负。一时间，天昏地暗，山河失色。狡诈的吴孽龙隐身于浔龙河畔，妄图对杨泗一击致命，却瞒不过杨泗的眼睛。只见杨泗大吼一声，猛然身长三丈，勒马挥刀，直插浔龙河，并在吴孽龙身上一路拖过去。顿时，雷鸣电闪，地裂山崩，只见悬崖绝壁上的岩石片片形如刀切。至今，浔龙河畔的地上还留有一道长百丈、宽四丈、深六尺的刀痕。附近，上有上马田、下马田、马蹄坳，下有浔龙河、落刀嘴、捞刀河，世易时移，沧海桑田，不少奇闻趣事口口相传，至今为当地百姓所传诵。

杨泗擒获吴孽龙后，用铁链将他锁在南海铁树上，要待到铁树开花，吴孽龙悔过自新，才放他归家。后吴孽龙悔过自新，杨泗得道成仙，百姓感恩戴德，称杨泗为杨泗将军，皇帝封杨泗为平浪王。为了纪念其丰功伟业，朝廷拨款、百姓捐资在杨泗庙和枫林港分别建造紫云台、情缘庵两所庙宇，原迹今已不存。

二、历史沿革

1950 年以前，浔龙河党支部为地下党支部，划分为荷叶坝支部和塘湾支部。

1950—1952 年，浔龙河属于花果乡，划分为铜钱社（易运华为社长）和金河社（陈运湘为社长）。

1953—1954 年，浔龙河属于坪塘乡，划分为金丰社（张克明为社长）和金荷社（黄顺生为社长）。

1955—1956 年，浔龙河属于坪塘乡，划分为坪塘社（张克明为社长）和金河社（黄顺生为社长）。

1957—1960 年，浔龙河属于中苏友好人民公社钢铁大队，划分为金河分队（黄顺生为队长）和金丰分队（张克明为队长）。

1961—1963 年，浔龙河属于果园人民公社坪塘大队，划分为金丰支部（张克明为书记）和金荷支部（黄顺生为书记）。

1964 年前，浔龙河不在双河境内，只有麻林河和金井河流经双河村；1964 年修河改道后，金井河改道双河村，就把金河大队和金丰大队合并，以金井河、麻林河两条河流取名为"双河大队"。

1964—1984 年，双河大队一直为果园人民公社所管辖。

1985 年，双河村管委会改为双河村民委员会，直至 2015 年，双河村一直由果园镇人民政府管辖。

按照《长沙县果园镇合并村工作方案》，由原双河村、红花村合并后成立新的浔龙河村。2015 年 10 月 29 日下午，双河村村民议事会第一次会议在村民议事厅召开，就"双河村更名为浔龙河村"的议题进行表决，全票通过，将双河村更名为浔龙河村，仍然隶属于果园镇。

双河村是革命老区之一，抗日战争爆发后，中共地下党的干部和部队官兵经常在双河村一带活动。所以，双河村较早建立了共产党的地下组织，许多人为抗日战争和解放战争的胜利英勇奋斗，流血牺牲。双河村群众也为保护党的干部和支援前线做出了巨大贡献。

新中国成立后，在中国共产党领导下，双河村经过清匪反霸和土地改革，广大人民群众翻身做了主人，实现了"耕者有其田"，土地回到人民手中，生产积极性空前高涨，粮食产量增加，人民生活得到改善。从最初的互助组到初级社、高级社，各家各户从单干转入集体，生产关系初步改变。

1958年全民"大跃进"，大办"人民公社"，生产队办起了大食堂，各家各户不为柴米油盐操心，"敲钟吃饭，盖章拿钱"。但好景不长，由于大部分劳力抽去"大炼钢铁"，部分田地无人耕种、管理，造成粮食大面积减产。在三年"天灾人祸"中，不少人为填饱肚子吃糠咽菜，山上不少野生植物、树皮等，只要无毒，几乎都被吃尽了。长期缺粮，一些人因此患上了严重的水肿病。

1961年中央纠正"共产风"，贯彻执行"调整、巩固、充实、提高"的工作方针，实行以生产队为基本核算单位，社员评工记分，按劳分配，解散公共食堂，恢复社员自留地，从而调动了广大社员的生产积极性，生产逐渐好转，生活质量有所提高。

1964年，农村开始搞"清政治、清经济、清组织、清思想"的"四清"运动，农村大队、小队干部都搞"人人过关"，大会小会作自我检讨，发动群众检举揭发，搞得人人自危。紧接着"文化大革命"爆发，农村也陷入混乱之中。村里一些人成立"造反派"组织，把大队干部当成"走资本主义道路当权派"（简称"走资派"），写大字报、大标语揭发批判，还进行游街示众、挂黑牌批判斗争。"造反派"还夺了大队的"实权"，成立了以"造反派"头头为首的"革命委员会"。"造反派"掌权后，以破"四旧"（旧思想、旧文化、旧风俗、旧习惯）为名对村里的文物古迹进行大肆毁坏，古墓被挖，古碑被砸，古树被砍。双河村大部分历史文物遗迹也就是在那个时候被毁坏的。

双河村一边搞"文化大革命"，斗"走资派"，抓"牛鬼蛇神"，一边搞"农业学大寨"，批判"唯生产力论"，搞"政治工分"。广大社员群众的生产积极性被严重挫伤，农业生产停滞不前，人民生活受到严重影响，不少人家"吃粮靠返销，用钱靠借款，困难靠救济"，生活水平严重下降。

粉碎"四人帮"后，1978年党的十一届三中全会召开，"左"的思想与政策得到纠正，逐渐平反了冤假错案，全面开启改革开放，农村实行土地联产承包责任制和"统""分"结合的"双层经营体制"，激发了广大村民的积极性与创造力，人们心情舒畅。在中央一系列富民方针政策指引下，短短几年，生产发展起来了，多数农家粮食自给有余。解决温饱问题后，人们把主要精力转到了开展多种经营、增加收入的发展轨道上。

双河村村民素有勤劳致富的好传统。过去因政策限制，大家有力无处使。改革开放以后，村民经济收入不断提高。自20世纪70年代末开始，双河村进入发展的新阶段。科学种田，率先种植"农垦五八"粮种，发展双季稻，粮食产量倍增。打稻机、抽水机等农用机械相继增多，拖拉机就拥有5台，劳动强度减轻，劳动力得到了初步解放。农、林、牧、副、渔五业并举，多种经营更趋活跃。农民生活得到了较大改善，吃树皮、草根、糠粑的日子一去不复返。全大队在张克明为首的党支部带领下，修河改道、修路架桥、植树造林，靠人扛肩挑修通了第一条村级公路，买了第一台汽车，办起了第一家综合工厂，做农具、做消防斧和消防器材、做汽车配件，产品畅销省内外，培养了大批优秀技术人才，为果园公社农机厂的发展奠定了坚实基础。80年代以来，随着改革开放的全面深入，双河村进入了发展的新时期。

第二节 浔龙河村的自然地理特征

一、水系水文特征

浔龙河村河流纵横，水系尤其发达，浔龙河、金井河、麻林河交织环绕，与典型的江南丘陵地形地貌互为映衬。金井河发源于长沙县双江镇，流经金井镇、高桥镇、路口镇、果园镇，最终汇入捞刀河。一路下来水面不宽，三四十米，常有乡民隔岸拉起家常，话不高声，却玲珑入耳，再伴以桨声与水色，不啻桃源仙境。奇怪的是，金井河水一到大坝桥，两岸地势变得平缓，而河面亦倏然开阔，仿佛一束丝线织成了一匹铺天盖地的锦缎。金井河丰沛的水流在大坝桥形成了一个巨大的河湾，河流走向也由南折向西，这一折让它把名也改了——金井河最漂亮的一段就叫金江。宽阔的水域持续了约1.5公里，河水再猛地一个直角大拐弯，重新向南，不仅河道骤然变窄，而且陡然向下倾泻，在一道弧形的石坎上形成壮观的瀑布。

出杨泗庙，金井河与麻林河交汇，此处名叫铜钱潭。峭壁临江，飞篷渡客，鱼履深渊，鸥鸟低回。行到水穷处，一地奇崛，拔地而起，地脚有华佗庙。过铜钱潭，金井河再向西流，没几里与浔龙河交汇。出浔龙河村不远，金井河流入捞刀河，实现了果园境内四条河流的大会合。这四条河，捞刀河气势最足，应称兄长；金井河流经境内最长，是大姐姐；麻林河质朴可爱，如邻家小妹；而浔龙河最为美丽，这位二姐姐自有一种隽雅神秘的气质，让人流连忘返。君不见，浔龙河两岸，屋舍林立，桑竹成篱，良田千亩，河塘无数。百姓歌云："奇珍满目浔龙河，谷伴溪壁雀鸟歌。峭壁拖刀凝故典，香花野果满山坡。"

浔龙河村内过境水多，地下水资源丰富。村内山塘水库较多，有大冲大塘、鱼婆塘（包括中塘和下塘）、石塘水库、大塘、羊雀塘、园坡塘等山塘，丰水期蓄水，水资源丰富，水利设施相对完善，为农业生产和农民生活提供了有力保障。

二、气候与植被特征

村内自然环境与气候条件较好，气候温和，雨水充沛，适宜农作物生长。浔龙河村属亚热带季风性湿润气候。春夏之间雨量集中，秋冬多旱，暑热期长，具有大陆性季风气候的特点，多年平均气温为16.8摄氏度— 17.3

摄氏度，最高气温 40.6 摄氏度，最低气温零下 9.5 摄氏度，全年以西北风为主。一年四季气候温和，冬暖夏热，日照充足，雨量充沛，无霜期长。

夏冬季长，春秋季短。夏季 120 余天，自 5 月下旬起，气温显著升高，日平均气温在 30 摄氏度以上的有 85 天左右，气温高于 35 摄氏度的炎热日，年平均约 30 天，盛夏酷热少雨。冬季 110 余天，自 11 月下旬至第二年 3 月中旬，平均气温低于 0 摄氏度的严寒期很短暂，全年以 1 月最冷，月平均气温为 4.5 摄氏度—5 摄氏度，越冬作物可以安全越冬，缓慢生长。春季 60 余天，自 3 月下旬至 5 月中旬，冷暖空气相互交替，形成连绵阴雨、低温寡照天气。秋季 60 余天，9 月下旬后，白天较暖，入夜转凉，降水量减少，低云量多。总体气候特征为春温变化大，初夏雨水多，伏秋高温久，冬季严寒少。

浔龙河村受气候、地形与河流等因素的影响，土壤形成红土和河流冲积土两大类。红土是地带性土壤，为酸性土，一般分布于山丘、岗地一带；冲积土分布在低平地区，土质肥沃，适合耕种。

浔龙河村属典型的丘陵地区，山体、耕地、河流等自然地貌丰富，全村农田、林地和园地分别占 10.09%、55.54% 和 22.63%。村内除了南部优美的田园风光外，东西北面郁郁苍苍的山林景色也分外诱人。丘陵仍保持小面积针、阔叶混交林和天然竹林，主要为人工杉植被。特别是 20 世纪 60 年代中期的 "开荒造林" "见缝插针" 等运动，马尾松、国外松等人工植被取代了原生植被，红壤地区植被覆盖率达 80%。60 年代末至 80 年代初以及 90 年代中后期至今，经全村两次大规模的植树造林和封山育林，使森林覆盖率明显增加。

浔龙河村气候性灾害主要为涝灾与旱灾。比如 1954 年的特大洪涝，系因雨带长期徘徊在江淮流域，中下游地区梅雨持续 50 天，比常年延长 1 个月，且梅雨期雨日多，覆盖面广，造成严重的洪涝灾害。当年湖南就有 178 个乡受灾，其中，浔龙河村就在受灾之列。全村颗粒无收，从广东远调红薯以补缺粮之需。1978 年遭遇百年一遇的大旱，当年山塘全部枯干，禾苗濒临枯死，全村 9 个组的人、畜没有水饮用。双河村党支部组织生产大队的所有劳力、脚车及抽水工具，开山渠从麻林河取水。当时有句豪言壮语："天不下雨兵不收，天不低头不罢休！"全县各公社调动抽水机械前来支援双河，白天凿炮洞，晚上放炮药，全靠人工挖渠道。越过几座山运送 4 台抽水机，18 台柴油机把水从山口运到关爷庙大塘，40 多台脚踏水车把水从关爷庙大塘输运到各队的稻田里。经过连续几十个昼夜的抗旱战斗，使得稻田在大旱中保住了丰收。

第三节　浔龙河村的人口、教育与社会关系

一、人口与素质

人口不断增加：新中国建立前，双河村贫穷落后，生活水平低，医疗条件差，贫苦农民有病得不到及时治疗，贫病而死的现象很普遍，尤其是小孩出生成活率极低。加之医疗卫生事业滞后，当时村民平均寿命比较低，不足 60 岁。新中国成立后，城乡发展建设的步伐不断加快，双河村人口因所处村居地域隶属关系调整而发生变化，人口不断增多。1983 年，该村人口1300 人左右，其中约 300 人在外务工，一部分劳动力留在本村创业，老年人和妇女基本留守在家务农，照顾小孩。2015 年 10 月，合并后的浔龙河村有 1200 户，人口增加到 3680 人，人口密度为 209 人／平方公里（当时长沙县全县平均 200 多人／平方公里，最大的村庄为 300 人／平方公里）。

性别比例趋于平衡：新中国建立前，双河村人口性别比例失调；新中国建立后性别比例逐渐趋于平衡。1978 年实行计划生育以来，女性比例略大于男性。20 世纪 90 年代开始，男性比例略大于女性。2014 年，男性为841 人，女性为 809 人，男女比例为 104 ∶ 100。全村男女比例基本平衡。

人口结构出现老龄化：目前已从年轻型改变为成年型，并开始向老龄

化过渡。新中国建立前，果园地区少年儿童占总人口的 17.6%，老年人占总人口的 22.4%，人口结构属成年型。新中国建立初期，少年儿童人口比例上升。随着计划生育的开展，少年儿童人口比例日趋下降。20 世纪 90 年代后，随着生活水平的提高和医疗条件的不断完善，死亡率降低，老龄人口比例上升。2014 年，双河村 18 岁以下人口为 332 人，18—60 岁人口为 1057 人，60—70 岁人口为 178 人，70 岁以上人口为 83 人。双河村常住人口 1652 人，流出人口 150 人。初中以上文化人口为 1320 人。全村劳动力为 1026 人，其中以务农为主的有 755 人，常年外出劳动力 271 人。新中国建立前，因经济和医卫条件差，村民寿命较短，俗称"人生七十古来稀"。今天，因经济和医卫条件的大幅改善，加上优美的自然环境与良好的生态，村民健康水平明显提高，寿命越来越长。2014 年，全村 70 岁以上人口为 83 人，其中 80 岁以上的老人有 35 人，90 岁以上的老人有 5 人。村支两委每年都要组织对 70 岁以上的高龄老人进行慰问，民政部门对 80 周岁以上的老人每月发放补助金 50 元，对 90 周岁以上的老人每月补助 100 元。

二、教育发展水平

新中国建立前，村中没有学校，只有一所设在塘湾狮子山东边的罗家私塾。由于当时绝大多数村民家境贫困，读私塾的仅 10 人左右，而且没有女生上学。新中国建立后，双河村建立了两所小学（坪塘小学、塘湾小学），读书的人逐渐增多，2 个学校有 60 多人就读。20 世纪 60 年代，政府开始重视教育，不断加大投入，学生入学率、升学率不断上升，初小毕业后到果园人民公社殷家祠堂（又称十二完小）读高小，毕业后分别到县鼎功中学和九木中学上学，初中入学率达 50%，高中入学率达 20%。70 年代，小学入学率达 100%，初中入学率达 90% 以上。80 年代，尤其是 1986 年 7 月实施九年制义务教育以来，小学及初中入学率均为 100%，高中、职高入学率达 85% 以上，各类大学和院校入学率达到 20% 以上。多年来，双河村为国家输送了大批优秀人才。据统计，自高考恢复以来，双河村共出了 60 名本科生、4 名硕士研究生和 2 名博士。

三、社会关系简况

浔龙河村属于多姓氏杂居村庄，早期村民从何时何地迁来此处定居已经无从查证。村民以陈姓为中心，主要有以下 40 个姓氏：陈、罗、黄、谭、易、张、李、史、周、杨、袁、王、冯、粟、姚、彭、柳、谈、胡、吴、蒋、梁、田、颜、范、文、刘、万、徐、邓、卢、尚、夏、熊、傅、涂、何、龙、赵、邹。浔龙河村有 13 个村民组（即原来的生产队），陈姓主要集中在金河、朱术、大兴、石禾、桃家等组。罗姓主要集中在桃家、朱术、赵龙、五七、金河等组。黄姓主要集中在大兴、金丰、五七、金河、赵龙等组。谭（谈）姓主要集中在大兴、赵龙、朱术、毛家等组。易姓主要集中在石金、赵龙、大冲、金丰等组。张姓主要集中在赵龙、五七、朱术、桃家、金河等组。人数较多的就是陈姓、罗姓、黄姓、谭姓、易姓、张姓，其中以陈姓、罗姓人口最多，分别占全村总人口的 30% 和 20%。村民姓氏之所以复杂，源于这里自然条件优美，山清水秀，土地肥沃，民风淳朴，靠近城郊，宜住、宜耕、宜种、宜织、宜渔、宜牧、宜商，是农耕时代百姓最理想的栖身之地。千百年来，人们通过迁移、联姻以及区划的变更集聚到这一方宝地，和睦相处，聚族而居。

第四节　浔龙河村的经济变迁

一、新中国建立前

新中国建立前，双河村主要以农业种养、林业收入为主，经济基础薄弱，产业结构比较单一。虽然村里也有人经营手工业，但规模不大。当时，浔龙河村唯一的一个手工作坊，是杨家垅的史柏纯开设的，人称纯记工厂，做洋线，将原材料发到部分农户手中进行加工，村民因此有些微薄的收入。还有极少数人从事各种手工艺：泥匠3人，木匠4人，茅匠2人，铁匠1人，铜匠1人，石匠2人，皮匠1人，染匠1人，机匠1人。这些手艺人收入都不多，只能勉强维持生活。没有手艺的村民就打长工、做短工、砍包柴等赚点零花钱，家住沿河一线的人还可以通过接船、送船（拉纤）赚点小钱，维持基本生活。

二、20 世纪 50—70 年代

新中国成立初期的双河村，农业生产占主要地位，农业收入是全村的主要收入，或者说全部收入。农业生产中种植业又是最主要的产业。20 世纪60 年代初期，随着集体化程度的提高，双河村的农业生产收入模式也不断更新。当时，农村人民公社实行"政社合一"的制度，供销合作社销售服装、鞋帽、自行车、建材、布匹及各种农具类商品，并且开始收购鸡蛋、兔、鸡、猪等农副产品。农户以种植麻、棉花、萝卜、芋头、红薯、荞麦等为主要经济来源，经济收入渠道拓宽。妇女的经济来源靠绩麻纺线、做衬壳、纺纱织布、打草鞋、养猪和鸡鸭等。粮食产量不高，只能萝卜、芋头、红薯辅助过冬，甚至还要吃上几顿树皮糠头粑粑。如五七队每10 分工仅一角七分的工价。当年，双河村农民在果园修河改道工程和凿开株树潭工程中，连秕谷也吃光了。那个年代的劳动力是没有空闲时间的，农闲时如遇下雨天，村民们就在室内捶糯草出藤索，打草鞋。农忙时如遇下雨天，就要穿蓑衣、戴斗笠下田干农活。尽管长期坚持如此艰辛的劳动，村民还是吃不饱、穿不暖。每到冬季挑塘泥，虽然野外天寒地冻，工地上却热火朝天，社员们战天斗地，其乐无穷。在当地有名的"滚筒快板"就是那时由易忠一、史济民、罗定初等几位村民创作出来的，可惜已失传。70 年代是双河村进入大发展的时代，农、林、牧、副、渔五业并举，举办社队企业，发展集体经济，农民生活得到了较大改善，吃树皮、草根、糠粑的日子一去不复返。

三、20世纪80—90年代

20世纪80年代以来，国家实行改革开放政策，不但村集体经济逐步壮大，个体经济亦崭露头角。当时的双河大队有若干小商铺，主要经营日常生活用品，有的村民开始了食用油的加工与销售。村民分到了责任田，开展了自主经营、多种经营和兼业经营的尝试，种养业有了规模，果树成林，鸡鸭成群，养猪、养牛、养羊专业户如雨后春笋。从1981年起，电线架到了双河村，为了家家户户都能用上电，村党支部克服资金困难，组织村民建起了村级电网，修建了7.5公里的村级水泥公路。科技进步明显加快：地膜育秧替代了木桶育秧，抛秧技术代替了传统插秧，抽水机代替了人工抽水，机耕代替了牛犁耕耙，收割机代替了打稻机，大大减轻了劳动强度。村民消费快步升级：人们出行从自行车代步到摩托车普及，再到小汽车；村民的居住条件也由60年代的茅草屋演变到70年代的土砖红瓦房，再到漂亮的楼房。

进入90年代，随着城镇化和工业化步伐的加快，双河村村内办起了一些小型加工厂，如大米加工厂、榨油厂、豆腐加工厂等。双河村的私营企业兴起于20世纪90年代初期，主要是汽车配件加工、翻砂等，1995年又增加1个私营企业。当时，全村仅铜、铁、铝翻砂，一年的收入就达到了几十万元。双河村当年还流传着这样一首打油诗：

春做蓑衣夏打麻，秋盖茅屋冬弹花。
一年四季有事做，年年月月搞点呷。

四、21世纪初期

进入21世纪，双河村在柳中辉书记为首的党支部带领下，正朝着建设浔龙河生态小镇，实施乡村振兴而努力奋斗。农户集中居住已不再是愿

◆ 2017 年 2 月 25 日中央农委原主任、全国人大农村委主任陈锡文同志考察浔龙河生态艺术小镇，对浔龙河村在解决农民就地就近城镇化、就地就近创业就业，农业发展依靠土地、但不依赖于土地，农村发展依靠农业、但不依赖于农业的做法给予了充分肯定

景，楼房逐渐被联排别墅代替，锄草种地逐渐被现代农业所取代，农民成居民，村域变小镇，人们生活水平极大提升，浔龙河村正发生着翻天覆地的变化，村民正以崭新的姿态步入环境优美的生态小镇。

2009 年双河村启动浔龙河生态示范点项目建设，从农民集中居住到土地集中流转，从村级基层组织建设到村级经济组织的建立，从综合产业融合协调发展到生态环境集中优化，从农村民主建设到农民就地就业，都进行了有益探索并取得明显成效，开创了城市文明和乡村文明有机融合的发展新模式，探索出了一条城乡统筹协调发展、实现城乡资源要素双向流动与配置的新路径。2009 年，双河村总产值达 700.8 万元，其中工业总产值 20 万元，农业总产值 200.6 万元，其他总产值 480.2 万元，人均纯收入 4430 元。

现阶段浔龙河村被长沙县定位为林农、旅游型示范村，也是县产业布局"四基地"之一的西北部休闲旅游基地。辖区内 2020 年规划人口规模为 4.1 万人，人均占地面积 3.7 亩。为加快土地流转和农业规模集约经营步伐，浔龙河村与湖南浔龙河生态农业综合开发有限公司合作，将进一步发展浔龙河村现代农庄建设，努力打造高效农业经济发展新模式。2014 年，双河村村民的主要经济来源为农业种养、务工、经商，人均纯收入已达到 8500 元。2017 年，村集体经济收入达到 138.3 万元，第一批安置集中居住的五七组户均收入 30.8 万元，人均收入 8.4 万元。

第五节　浔龙河村的历史文化与传说

一、历史文化

清朝年间，据传距今 200 年前，江西有位风水先生，带着徒弟一路风尘来到长沙东乡，追寻龙脉风水宝地，从影珠大山寻到坪塘地带，就在浔龙河境内停留下来。师徒反复观察其境，最终确定此处为乾坤宝地，如美女晒羞、铁笼关虎、喜鹊含梁、渔翁晒网、九狮望坪塘等，这些地方都是他们眼中的风水宝地。尚有保存基本完好的几座古墓，其雕工精细的碑文，是研究地方史志的重要资料，有一定的史学价值。

（一）美女晒羞

地处浔龙河村朱术组糠头坡后山，站在山顶观其地形，前面有两座山峰，宛如弯曲的膝盖自后山延伸，恰似一个裸身女人仰卧，从头、胸、腹至裙下一览无余，故取名美女晒羞。

相传 200 年前，有一对姑表兄妹，从小青梅竹马，相亲相爱。因表兄是一陈姓穷书生，表妹是个富家小姐，有道是门不当户不对，他们的恋爱遭到家庭的强烈反对。表兄因婚事不成病倒，年方十七即去世。表妹闻此噩耗，悲痛欲绝，决意厚葬表兄。适闻此处有块"美女晒羞"宝地，表妹念及表兄在世未得成亲，思虑而死，其情可哀，因此，决定用自己的金银珠宝首饰换来的钱购置上等棺材，买下"美女晒羞"宝地安葬表兄，以了在生一段情缘。埋葬表兄 3 年后，书生家福运喜降，由穷变富。该墓地系用糯米饭和沙子、黏土捣熟，用瓷碗混合倒制而成，有步级台阶、拜台、香炉，占地约两分，非常气派。

（二）"铁笼关虎"和"喜鹊含梁"

距今约 200 年前，长沙河西望城县有个姓甫的家庭，以驾船经商发家，成为当地有名巨富。有一年，甫姓船商领船队逆水行舟来到现在的浔龙河村石金湾铜钱潭停泊，住在铜钱潭畔黄泥岭上一户民家，偶尔听到当地人在闲聊之中漏嘴说出该处的风水宝地，并被风水先生研究取名。甫姓船商不动声色，将地名记在心中。次日清早，他请了当地一位知情者带路查探，看得真真切切，不由心中暗喜，决意买下这块土地作为甫家故人墓地。因怕夜长梦多，事久生变，甫姓船商即组织自己的船员，并请当地百姓动手开基，购砖瓦、檩木，在黄泥岭山脚下，建起了一座甫姓墓庐屋，用于守墓人居住和甫姓家人每年祭拜扫墓居住。后来，甫氏陆续在此购地，有多处墓葬。在黄泥岭山即有一座女墓，"铁笼关虎"是座男墓，"喜鹊含梁"有座男墓和女墓，其余不详，现墓均已被盗。

"铁笼关虎"：坐落在浔龙河村石金湾黄泥岭上东侧石坑塘子的西北方位，南面的石坑塘是进出口，北岸如同一只威风凛凛的大老虎，关在铁笼子里，因为周围是黑色茶枯石，像铁一样，顾名思义，被称为"铁笼关虎"。故人就葬于"老虎"的鼻额之间，墓体气势雄伟，大小华表都有，真可谓虎虎生威。

"喜鹊含梁"：坐落在石金湾黄泥岭上西侧上垅，现为赵龙组辖地，约有 4 亩面积，成"一"字形平衡延展 120 余米，很像一根屋梁横跨于垅冲。因这里也是喜鹊常来筑巢的地方，故名"喜鹊含梁"。

（三）狮子山

风水先生口中的九狮，均位于金井河畔的北岸，狮子面孔朝南偏东，以整体有山峰 9 座而闻名，在浔龙河地段就有 7 座，分别坐落在浔龙河村朱术组、大兴组、石金组、赵龙组、金河组，山体前沿朝南立于坪塘地区。地理先生曾有赞词，一曰：九狮望坪塘，代代出君王；又曰：九狮望坪塘，一仙女一仙郎。在果园大地冲出了李氏兄妹两位仙人，后人为方便祭祀，建李公庙于果园村，气势宏伟，与浔龙河华佗古庙遥相呼应，从古至今，两岸信民两厢祭拜。在浔龙河境内，名叫狮子山的只有一座坐落在朱术塘糠头坡对面，沿金井河畔的峭壁悬崖，为狮子之王，呈现着特殊风景。在峰顶上行 30 余米的下方有一个"口"，象征着狮子大张笑口。清末年间，狮子口内葬有墓冢，用石灰沙拌土堆葬而成，墓碑上刻有"柳工敬成大人"字样。另外别无其他留记。九狮中唯有此狮是笑口狮子，底下水流常盈不涸，金井河、麻林河绕膝而过，雄踞傲立，浔龙河人称之为保水口的难得屏障，也是新一代浔龙河人插翅腾飞的精神坐标。

（四）华佗殿

根据当地传说，华佗原庙建在浔龙河村石金组铜钱潭畔。据华佗原庙的梁上记载，该庙始建于民国三十六年（1947）秋，字是易震三公所写，是已故前辈易大爹、易权林满爹、李四爹组织信众捐款捐物建造的。

相传清末年间，本地一名姓张的船夫，摇撑风篷船（即帆船），满载物资出境经商，通过几个月漫长水路，到达安徽境内，不幸患了严重痢疾。身在异地他乡，无医无药，无人照料，他在身临绝境中，想到了华佗是三国名医，又是安徽人氏，心中豁然开朗。他吃力地爬上岸，看到岸上到处是马齿苋，就挖了一大把马齿苋，但能否治好他的病，还是个未知数。于是，他捡了两块同样大小的石块作卦，对天卜问华佗，马齿苋能否治他的病？获得连连胜卦。他大喜，向华佗许愿，病好之后，一定谢恩。病好后，张夫子为谢华佗神恩，买了一块麻石，请石匠刻上"华佗菩萨"四字，在当地庙宇开光后，用红绸布裹护，请入船上小心安放，一路顺风返回家乡。众信士得知华佗菩萨来到，欢呼雀跃，锣鼓喧天，鞭炮相迎，将菩萨迎接安放于石金湾黄泥岭渡船亭内，敬拜叩求，灵验远播。"文化大革命"期间，破除封建迷信风起，要将庙宇拆除，幸石金湾组村民以需仓库为由加以保护，将华佗神像（石碑）偷偷藏入窑洞之中。"文化大革命"后，村民将仓库整理干净，安座请"华佗"回庙。由于庙宇作仓库数年，有所损坏，加之香火显胜，求神人多，地方窄小，不能满足信士叩拜要求，由石金湾组易怀兴组织地方信士捐款，并由他设计指挥，于2006年重建扩大华佗庙，并改名为华佗殿，前面增建一栋戏楼，整个占地面积约350平方米。农历八月十五是华佗生日，庙委会安排系列祭祀活动，组织庙会，一连4天寿戏，每天3场，香客上香，群众看戏，按例开餐，不失古庙遗风。庙会红红火火、热热闹闹近半月，方才偃旗息鼓，十天半月之内仍是人们茶余饭后的谈资。华佗庙这座闻名遐迩的古庙，沐浴改革的春风，换上了时代的新装，来此观光或进香者，沐浴神思远荫，心聪神慧；目睹盛世遗文，心旷神怡。

二、民间传说

浔龙河村历史悠久，文化底蕴深厚。村里至今还流传着许多优美动人的民间传说故事，其中主要有以下三个。

（一）浔龙河传奇故事

据说，杨泗将军从小和吴孽龙一起玩耍，吴孽龙曾对杨泗将军说："我长大了，要将天下搅成汪洋大海！"杨泗将军对吴孽龙说："你胆敢如此，我一定要收拾你。"

有一天，吴孽龙突然掀起风波，从水波坳起浪（水波坳属路口镇）。杨泗将军听闻后持刀骑马赶到，与吴孽龙大战一通后，吴孽龙奔往现在的杨泗庙紫云台，双方又大战三天三夜，杨泗将军的青龙刀刀柄松动，不便发力，于是在现在的杨泗庙村（即浔龙河蔬菜基地一侧），顺手提刀就地一顿，将地上顿出一个五分地大的洞，后人称之为"顿刀洞"，至今顿刀洞仍有数米深水。吴孽龙趁机逃跑，杨泗将军上马追至现在的浔龙河花木基地，下马寻觅，发现吴孽龙已走，立刻上马，故此地得名"上马坡"。

吴孽龙逢山而过，杨泗将军所骑之马的马蹄停在顽石上，留下两个蹄印，故此地得名"马踏石"。历经岁月蹉跎，蹄印尚存，未变其形。"马踏石"在西侧山头，吴孽龙从此地返左折向铜钱潭，即现在的华佗古庙处，从铜钱潭穿潭遁土而穿至"对酒坛"（一对酒坛分左右，因修路已不存在）。"对酒坛"口有深水涌出，即铜钱潭上游涨水穿潭而来。吴孽龙穿潭而过，顺流而下，恰遇杨泗将军从铜钱潭顺流而下拦截，吴孽龙立即折转头从现在的浔龙河逆流而上，故此地得名"龙转头"，即现在的赵龙组河桥处。

杨泗将军从龙转头处追出一里之遥，吴孽龙躲入小冲一个山坡中，卷出一个大洞藏身，此洞现在金河组，得名"藏龙洞"，可容纳几十个人站立。杨泗将军循迹追至藏龙洞，吴孽龙又逃入浔龙河。杨泗将军紧追不舍，再追一里逼近吴孽龙，杨泗将军挥出青龙刀，又猛一拖刀，未击中，故此地得名"拖刀石"，刀痕一滑千丈，鬼斧神工，极为壮观。

杨泗将军追出半里之遥，恰逢几位龙王在开会商讨如何协助杨泗将军制服吴孽龙之事，龙王们出来助阵，吴孽龙又顺流而逃，故此地得名"龙王会"，在金河组内。后来吴孽龙逃至捞刀河，此地因杨泗将军之刀掉入河中后捞出而得名，最后观音菩萨化装成一饭店老板娘（亦有传说为骊山老母，更有传说是杨泗的师父）给吴孽龙一碗面条，吴孽龙吃下去后面条化成铁链将他锁住并沉入深水井中，故此地得名"锁龙井"。后人为纪念杨泗将军，在他与吴孽龙曾激战过的紫云台上修建了杨泗庙，清乾隆皇帝还曾赐匾敕封杨泗将军为"普济平浪王爷"，可惜此匾在"文化大革命"中被毁。

在浔龙河村，有"拖刀石""上马坡""马踏石""龙转头""藏龙洞""龙王会""浔龙河"等古迹。

2. 浔龙河里斩孽龙

浔龙河位于长沙市东北 27 公里处的果园镇浔龙河村。该河发源于天华山，流经福临、安沙、果园三镇，在山崖石壁之间穿流而过，与金井河汇合，流入捞刀河。沿河两岸，群山环抱，森林茂密，风景如画；河畔土地肥沃，农舍密集，鸟语花香。这里流传着一个"杨泗浔龙河里斩孽龙"

的故事。

相传，一条孽龙闯入浔龙河，兴风作浪，翻江倒海，沿河两岸，一片汪洋，房屋被冲垮，人畜被冲走。孽龙吞食了所有漂流的人畜。年复一年，人民遭受了极大的苦难。河岸的山坡上，有一个叫紫云台的地方，住着一个叫杨泗的青年，不但长得十分英俊，而且心地善良，跟随父亲种田，日出而作，日落而息，十分勤劳。他目睹劳苦人民葬身鱼腹，十分同情，决心学武练功，为民除害。于是，他四处奔走，求师学艺。一日，走到南岳衡山烟雾洞，遇到一位仙人，便请求仙人教他武功。仙人为杨泗的虔诚所感动，便收他为徒。杨泗勤学苦练，从不懈怠，三年下来，学会了上天入水、隐身遁迹的法术。下山之时，仙人还赠给他一匹红鬃烈马、一把宝刀。

杨泗回家之时，见孽龙又发淫威，兴风作浪，残害百姓。杨泗决心为民除害，他头戴金冠，身穿盔甲，手执宝刀，跨上红鬃烈马，冲入河中与孽龙搏斗。青面獠牙的孽龙抢起钢锤，顽固抵抗。刀来锤去，杀声震天。魔高一尺，道高一丈。孽龙虽使尽浑身解数，却怎么也敌不过杨泗，节节败退，眼看无回天之力，便一头钻进河里逃走，躲进了河岸的石山溶洞。杨泗拖着宝刀，借着水遁，从河头寻到河尾，从河尾寻到河头，不见孽龙踪影。拖刀石、浔龙河因此得名。至今，河岸的石壁崖上，还留有类似刀痕的长 10 丈、宽 5 丈、深 2 丈的痕迹。黄昏时，孽龙饥渴难耐，摇身变成一个乞丐老头，提着竹篮，拄着拐杖，来到一户农家，讨了饭菜，饱餐一顿。突然，孽龙腹中一阵剧痛，呕吐不止，心如刀绞，疼痛难忍。肚中的饭菜变成了一条铁链，将孽龙锁住。原来，这是杨泗的师父设计擒拿孽龙。这时，杨泗骑着红鬃烈马从远处赶来。仙人将孽龙交与杨泗，并授密语，拂动袍袖，驾着祥云离去。杨泗押着孽龙回到浔龙河边，此时，百姓云集，纷纷诉说孽龙所犯下的滔天罪行。杨泗手起刀落，斩孽龙于河中，百姓无不拍手称快。

杨泗斩了孽龙以后，辞别父母乡亲，回到衡山找师父去了，这一去，就再也没有回来。乡亲们为了感谢杨泗为民除害的丰功伟绩，在河岸坡地上的紫云台建造了一座杨泗庙，供后人祭祀。如今，浔龙河两岸，山青水碧，流岚飘飞，风光秀丽，集天地灵秀之气，颇有湖湘山水之神韵，恍若世外桃源。

（三）马元的传说

马园位于长沙市以东 27 公里处果园镇浔龙河附近。相传很久以前，朝廷腐败，奸臣当权，苛捐杂税，人民不堪重负，天怒人怨，最终导致官逼民反。在马园这个地方有一个叫马元的壮士，虽出身卑微，但一身豪气。他在马园一带聚众千人，揭竿造反。他自称皇帝，杀富济贫，与朝廷作对，方圆百里威名赫赫，官僚富豪无不闻风丧胆。一日，马元率众在石灰咀洗劫一富豪人家，不料朝廷派兵数千人来征剿。马元一马当先，率领兵卒奋力拼杀。怎奈寡不敌众，马元掉下马来，眼看无力回天，恰遇一群羊，马元便乘机骑上一头高大的肥羊仓皇逃命。官兵一路穷追不舍，马元逃到崩堪，突然崩堪地裂，人仰羊翻（崩堪因此而得名），马元只得弃羊徒步逃命。他直奔赤石河，河宽百米，挡住他的去路，没有桥，也没有渡船，老天又不作美，突然间电闪雷鸣，大雨倾盆，水流湍急，吐着白浪，令人心惊胆寒。无奈之下，马元只好弃甲丢盔，脱掉上衣，赤膊洇渡（赤膊河因此而闻名，后人改称赤石河）。马元过了河，途经银龙坑直奔马园而来，当跑到黄狮渡时，马元精力耗尽，举步艰难。官兵一拥而上，将他团团围住，并就地取了他的首级。他为民牺牲的事迹感动四方，人们为了纪念这位虎胆英雄，便将他被斩首的地方取名"皇死渡"，后来又改名叫"黄狮渡"，并将他驻兵扎营的地方称为"马园"。

浔龍河

生态艺术小镇

PART

02

浔龙河生态小镇的由来

金井河

第一节 回乡尽孝中的沉思

一、柳中辉回乡尽孝

浔龙河村——这方灵秀的山水同时也孕育了浔龙河生态艺术小镇的开拓者和灵魂人物——中共党员、德才兼备的本土青年企业家柳中辉。

柳中辉年少志坚，勇于进取，善于学习，敢于创新。他的父亲在铁路系统工作，是一名普通的铁路工人，母亲是一位朴实勤劳的农村妇女。柳中辉从小家境一般，是典型的"半边户"家庭。他在并不富裕的年代，在农村里度过了美好的少年时光。柳中辉外表儒雅，内心坚强，在十八九岁的时候，就离开家乡，尝试到城市去创业，踏着改革开放的步伐，走南闯北，历练自己。他做过推销员，干过个体户，当过包工头，经历了多次的失败，也收获了成功的喜悦，丰富了人生阅历，提高了对事、对物、对人、对世界的认知能力，增强了达成目标的行动能力，提升了对事物的驾驭能力。在一次次的创业中，他的个人财富也不断积累，更加坚定了他做一名优秀企业家的梦想。2003年和2005年，他分别注册成立了湖南圣力房地产开发有限公司和湖南圣力建材贸易有限公司。公司成立后，充分发扬"团队、创新、品牌"的现代企业精神，独立开发了面积近80亩的圣力华苑住宅小区。那时的柳中辉年仅三十，意气风发，学习和运用现代企业的基本管理模式，开始整合行业的优秀人才向企业聚集。中国有句古话："人散财聚，财散

◆ 柳中辉——中国城镇化促进会副主席、浔龙河村党总支第一书记、浔龙河投资控股有限公司董事长

人聚。"讲的是一个道理，即一个团队要懂得利益的共享，而且，做企业必须懂得，人的要素比物的要素更重要、更有价值、更应重视。这个道理很简单，但是做起来却不容易。因为，在利益面前，很多人会认不清方向，容易迷失自己。作为一名青年企业家，尤其要在面对利益诱惑的取舍中不断地锻炼自己、认清自己、提升自己。司马迁在《史记》中讲"天下熙熙，皆为利来；天下攘攘，皆为利往"，讲的是世俗社会中存在的一种利己的物欲倾向。30多岁的柳中辉对人性趋利的弱点有着自身的免疫力，他时刻告诫自己，企业的生存根本在于"人"。

2005—2009年，随着个人信誉度的提升，团队的进一步成熟，公司整体实力的增强，公司业务得到了长足发展，承揽了包括高速公路、机场、泵站等多个大型基础设施建设项目，创造了良好的经济效益和社会效益，在行业中树立了良好的品牌与形象。

"如果只做工程和房地产，我也能赚大钱，可我心里总有一个梦想，那就是要改变我的家乡，让我的父老乡亲也能富起来。"事业有成的柳中辉在苦苦思索这个问题，"如何寻找到一个突破口，为生我养我的老家农村做点事情，帮助乡亲们走向富裕？"

浔龙河村在开发前，产业结构非常单一，主要是传统的"粮猪型"乡村式经济模式，即以水稻的种植业和生猪的养殖业为主，生产方式以小规模的家庭为单位，经济发展比较缓慢。根据2009年的统计资料显示，当年浔龙河村总产值仅700.8万元，其中农业总产值200.6万元，工业产值20万元，其他产值480.2万元，人均年收入4500元，远低于当时长沙市的平均水平，是湖南的省级贫困村。

这里距离长沙市30公里，曾经地广人稀、单产低下，1万多亩土地中只有1000多亩是耕地。瘦田难留人，当地的1800名居民除了老人和孩子，大部分外出务工。但这些劣势在柳中辉眼里，统统可以转化为优势：人少，集中安置就相对容易；耕地少，土地多样性就丰富，水库、池塘、山林，都是未来生态农业和观光农业的好形态。

2009年，柳中辉是因为父亲去世才回到家乡的。父亲在世的时候挺满意这个长子，总是怀里揣着小酒瓶，逢人便夸自己有个孝子，不但给自己配车、配司机，每月还给自己5000元零花钱。父亲的去世，对柳中辉影响巨大："我徒有数亿资产，却救不了我父亲的性命。"

他想过把落单的母亲接进城，但母亲坚决不肯离乡。柳中辉不放心，只好暂时放下生意，回乡陪伴母亲。他见过世面，也享过富贵，回乡当然有各种不习惯，但也正是这种反差让他反观人生和财富，萌生出要彻底改变家乡面貌的心愿。

2009年，柳中辉带着他的优秀团队回到了家乡。他们正处于年轻有为、满怀激情创业的阶段。他们有梦想、有情怀、有路径、有自信，同时，他们也心怀桑梓、梦萦乡村，有创业成功的经验，也有一定的资金实力。他们是怀着扎根农村、关爱农民、深耕农业，促进美丽富饶乡村、生态艺术小镇建设的梦想回到乡村的。

柳中辉等一干青年企业家认为浔龙河村有三大明显优势：一是区位交通优势，二是生态资源优势，三是民俗文化优势。放眼整个长沙近郊，除了浔龙河，同时具备这三个优势的区域基本上没有了。因此该村所拥有的资源，具有稀缺性、独特性和不可复制性。在这种情况下，通过科学、合理、创新的运营模式来撬动乡村经济发展，就会产生神奇的效果，就能够带来巨大的经济价值与社会价值。

多少个日日夜夜，柳中辉反复思考着三个问题：这么好的资源禀赋，为什么总是产生不了价值？原因在哪里？如何找到一把金钥匙来打开乡村发展的这把金锁呢？他反复琢磨、认真研究，终于得出了三点十分重要的结论：

其一，必须坚定不移地抓好村里的党建工作，以党的道路自信、理论自信、制度自信和文化自信来统领政府、企业家和老百姓的共同信念，凝聚正能量，形成命运共同体。大家同呼吸、共命运，只要有了坚强的信念，各个主体劲往一处使，就能奠定成功的基石。

其二，必须坚定不移地倡导民生优先、民生为本，始终把老百姓的利益放在首位，通过发展集体经济使老百姓走上共同富裕之路。把政府提供的均等化公共服务作为民生的基础性配套条件，让老百姓共享改革发展的成果；通过产业资本带动集体经济和个体经济发展，形成产业经济、集体经济、个体经济三者协同发展和融合发展的良好势头；把集体经济利益放在企业经济利益之上，做好、做强、做稳集体经济平台，把发展中风险最低、收益最稳且具有一定行业进入壁垒和垄断性的经营性、有较好收益的项目交给集体经济组织来经营，让集体经济为老百姓持续、稳健地谋求福利。

其三，必须充分发挥市场对资源配置的决定性作用，变城市社会资本为农村产业资本。大力引进优质社会资本，大力引进能将农业产业链优化和延伸的现代休闲农业、现代旅游农业、现代生态康养等项目，优化农业产业结构，提升农业边际效益，促进农村闲置资源有效利用、开发，推进农村资源的资产化和资本化。最终打造党建优先、民生为本、文化旅游、绿色生态、美丽宜居的特色生态艺术小镇，破解乡村凋落与城乡二元分割难题，开创中国田园综合体新模式的实践。

柳中辉和他的团队在探索与实践中积累了丰富的经验，在理论上进行了卓有成效的研讨。他们所构想的"党建示范、民生优先、生态为本、机制创新"的路径以及"乡村资源的整合与整体运营"的思路，既能将闲置资源盘活，又能放大提升农业资源的边际效用，更能形成政府、集体、企业、农户之间多主体整合性投资与产业发展机制、利益共享机制，这不仅符合"五大发展理念"和习近平新时代中国特色社会主义思想的新要求，而且也完全切合贫困地区农村发展的现实需要和客观实际，也体现了"乘数效用"与"边际效用"等现代经济原理在广大农村的创新性运用。

二、亿万富翁当"村官"

几乎是在同一年，柳中辉就全票当选为浔龙河党支部书记。乡亲们选他，因为他是这里小有名气的能人。

以亿万身家的企业家身份来当一名村干部，建立威信有时相对容易，比如村里需要修路，柳中辉自己掏腰包就把路修了。但要让乡亲们彻底齐心，投入他构思的那个新型小城镇的梦想，则是一个复杂的系统工程。按照柳中辉的设想，在农村建设小城镇，首先应该是人的城镇化：通过国土资源部土地增减挂钩的异地置换政策这个抓手，让老百姓集中居住，引导城市文明集中下乡——城市物质文明的水、电、路、气、网等基础设施，城市精神文明的科、教、文、卫、体等事业，都要引入这个农村新型生态社区里来。仅仅是如何说服村民们放弃原来分散居住的房子，到重新规划的区域去集中居住，就是一个让人难以想象的大难题。

浔龙河是湖南长沙果园镇双河村的一条小河，历史上与这条河有关的传奇故事并没有给它带来相应的名气，它甚至不是地名"双河"中的一条河。但是从几年前开始，"浔龙河"渐渐变成了新型生态小城镇的代名词，引起了越来越多的关注，从县一级的重点工程，逐渐升级为长沙市的重点项目、湖南省的重点项目，乃至中央部委级的重点项目。"刚开始做的时候，我们完全是自发的，没有政策环境，但现在就大不一样了，我们慢慢得到了各级政府的认可，给予了各种政策创新的平台，最近又成为住建部智慧社区的试点。我开玩笑说，我们从流浪儿变成了干儿子，又从干儿子变成了养子，又从养子变成了满崽（湖南方言，意思是最得宠的小儿子）。"但是，"我有一个关于浔龙河的梦"。穿着布鞋的村支书柳中辉站在河边，指点着两岸，深情地讲述着浔龙河村发展的历程。

亿万富翁可以当村干部，但并不是所有有钱人就可以做村干部。这里面必须有一个民主的程序，要让老百姓心服口服，要统一大家的思想，要实现大家的共同愿景。

新型城镇化首先是人的城镇化，要让村民们真心拥护这件事情，而不是摧毁性、割裂性地去破坏农村文明。光是为了集中居住这件事情，柳中辉就组织设计了几十套方案，让村民可以选择自己想住的房子。"一开始我们想盖高楼大厦，但是老百姓不愿意，他们还是习惯独门独户。所以后来我们就设计成每家都有一个前院、一个车库、一条 5.6 米的后街，一楼可以做门面商铺，里面有厨房、卫生间。我们组织老百姓无数次地开会，不断地调整、修改和商讨方案。大家说还是想吃自己种的菜，我们就在住宅旁边规划了 50 亩耕地作为景观菜园，保证每家每户都有一分菜地。农民说那我们的锄头、耙头、尿桶往哪里放？菜地里就又设计了工具房……"

农民们充分介入小城镇的设计，建设标准被归纳成八个字：欧洲标准，中国特色。这里的学校、公交、文化中心、体育公园、商场、幼儿园、医院……都尽量考虑并保留了乡村文明。比如公园附近专门留出一个区域做了民俗文化宫，其一项功能就是承载红白喜事，让农民家里"老了人"之后能有个按照老民俗传统进行追悼的场所。

保护耕地、保护环境、保护民生，这是中国以往的城市化进程中最容易被忽视的问题，也是国家现在重点关注的问题。在浔龙河整个农村产业园区的建设规划中，耕地的面积没有减少，耕地也没有非农化，同时耕地的质量还要不断提升。生态环境也得到了极大的保护："7000多亩林地、河流、池塘和水库，尽可能地不动山，绝对不可去填塘。自然环境之外，人文环境也需要保护，这里是国歌词作者田汉的故乡，而且这里有悠久的庙宇文化，有传统桥梁房屋，都会在新的设计中发扬光大。浔龙河应该是一个'看得见山、望得见水、记得住乡愁'的地方。"

回不去的乡愁，是中国近30年来城市化进程中许多人内心的隐痛，这其中当然包括柳中辉这样的一批优秀青年企业家。这个初中毕业的青年人早早便离开了家乡，因为农村外面有更好的机会，他的理想是进城过上好的生活。经过多年打拼，在积累了原始资本之后，回报家乡甚至改造家乡才成为可能。重新当起了农民的柳中辉把妻子和两个孩子统统接回乡下，不管应酬多忙，每周雷打不动地陪母亲吃饭。他研读与农村改革有关的各种政策和政治读物，反复研究华西村、小岗村等农村经验；他建设乡村文化中心，按照《中国好声音》的模式举办乡村"卡拉OK"大奖赛和婆媳关系大奖赛；他投拍跟浔龙河有关的电视剧，在湖南电视台播放……这一切，都让他生出了比以前做生意、挣快钱更大的成就感。

村支书是柳中辉"仕途"的起点，也是他"仕途"的终点，因为他根本志不在此。有几次，省里的领导看好他的才干，流露出提拔之意，他都婉言谢绝。"我说首长，我要真成了公务员，我就不敢跟你讲真话了，因为我会在意官位要往上走。现在我当个'村官'，我童言无忌，说错了你也不会怪罪，你要是真怪罪，把我撤了，我也无所谓。"他进一步阐释说，"其实，做个'村官'，还能做点实事，可能记住他的人还多点。"前来视察的省领导们闻言大笑。

这个"童言无忌"的村支书一路得到了各种支持。他说："我向来不要独家的政策，任何特殊的东西都无法复制，我需要的是给我创新的机会。所以省领导就说，外省有的政策，允许你来先行先试；外省没有的政策，你可以根据自己的尝试，在不违反法律法规的前提下，创新推进。我需要的就是这个，我不需要其他东西。"

创新之一就是村民公投。"到现在为止我们一共投了三次票，村民公投，全村 18 岁以上老百姓全部回来参加投票。第一次公投，愿不愿意把浔龙河建设成新型小城镇？为打消村民们内心的疑惑，以民主的方式征得村民的认可，柳中辉一点点向乡亲们解读浔龙河村新型城镇化的落地构想，2010 年他组织召开了 163 个大大小小的村民代表大会。慢慢地，村民的态度转为支持。"村民史润东说："在双河村 2010 年召开的申请城乡一体化试点村民公投大会上，全村村民支持率达 97.2%。因为如果老百姓不愿意，方案显示绝不能强拆房子。第二次公投，集中居住、选房选址，愿不愿意？支持率达 98.14%。第三次公投，愿不愿意把土地流转出来？这一次，支持率达到了 100%。"

当了村支书，就得兑现自己的承诺，但是，要让面朝黄土背朝天的村民相信他的关于新型小城镇的构想却绝非易事。这里距离长沙市仅 30 公里，但曾地广人稀、耕地少、产量低，外出务工者多。于是，柳书记一边宣传一边运作。2011 年，柳中辉和他的团队为了更好地开发、建设浔龙河，成立了湖南浔龙河生态农业科技发展有限公司，通过党建引领、党建开路，通过 3 年努力，浔龙河项目粗具雏形，基本完成乡村资源确权梳理、集中流转、创新政策申请和实施等前期工作，并在湖南省内外有了一定知名度。目前，湖南浔龙河生态农业科技发展有限公司已流转当地农田、果园、山地等共 1.2 万多亩。其中 2000 多亩将建设成为高标准的蔬菜生产种植基地。公司现有各类生产管理人员 112 人，包括中高级专业技术人员 12 人。2012 年，公司与湖南农业大学建立产学研战略合作伙伴关系，成为湖南农业大学产学研长沙唯一基地及教研示范基地；与湖南省蔬菜研究所合作，成为省蔬菜研究所成果转化基地与原生态品种培育基地。

第二节 浔龙河生态艺术小镇的由来

一、由双河村变为浔龙河村

中华腹地、洞庭之滨、湘江之畔，作为有着 3000 年历史的楚汉名城，长沙自古以来天泽物被、敢为人先。

浔龙河村的前身是双河村，因 1964 年修河改道，金井河改道双河村，于是把金河大队和金丰大队合并，以金井河、麻林河两条河流取名为"双河"，取名"双河大队"，又称"双河村管委会"。1964—1984 年，双河大队由果园人民公社管辖。1985 年，原管委会改为村民委员会，受果园

◆ 接待中心沙盘

镇乡政府领导。

　　2015 年 10 月 29 日是一个值得纪念的日子，对于浔龙河村来说，是一个具有里程碑意义的日子。这天下午，双河村村民议事会第一次会议在村民议事厅召开，就"双河村更名为浔龙河村"的议题进行表决，全票通过，将双河村更名为浔龙河村，从此，沿用了 41 年的双河村村名成为历史，开启了集神秘、传承、探求多重意义于一身的"浔龙河村"的发展新篇章。

　　浔龙河村珍藏于长沙县果园镇内，位于长沙市核心城区的近郊，距黄花国际机场 20 分钟车程，距长沙高铁南站 30 分钟车程，距绕城高速相连的京港澳高速只有 8 公里。村内干道黄兴大道与田汉大道纵横交错，形成了多层次、立体化的交通网络体系。

◆ 接待中心沙盘处的产品信息展示区

　　浔龙河村占地面积 14700 余亩，宅基地 573 亩，公共道路 512 亩，其他零散土地 2472.95 亩；在合并村之前，原双河村有 13 个村民小组、605 户、1800 人。

　　浔龙河村内森林覆盖率超过 70%。金井河、麻林河、浔龙河三河穿梭流淌在山林丘壑中，100 余口水塘优雅、简练地荡漾其间。革命先烈杨开慧、国歌词作者田汉、国务院原总理朱镕基等名人生于斯、长于斯。浔龙河村

人文丰厚的动人故事，再配以优美的生态，宛如一幅厚重、鲜活的江南水墨画，沁人心脾。

二、湖南棕榈浔龙河生态城镇发展有限公司

2011年，柳中辉和他的团队为了更好地开发建设浔龙河村，成立了湖南浔龙河生态农业科技发展有限公司。这是一家以蔬菜生产加工为主的集蔬菜生产新技术推广、科技成果转化、教学实习培训于一体的，具有科普、观光旅游、休闲、度假等多功能的现代化农业企业。柳中辉力争将公司打造成湖南省一家集科技农业、信息农业、创意农业、快乐农业于一体的农业展示基地与示范企业。

湖南浔龙河生态农业科技发展有限公司已流转当地农田、果园、山地等共1.2万多亩，其中2000多亩将建设成为高标准的蔬菜生产种植基地。通过3年多的努力，浔龙河项目已粗具雏形，基本完成了乡村资源确权梳理、集中流转、创新政策申请和实施等前期工作，并在湖南省内外赢得了一定的知名度。

2013年，时任广东棕榈园林股份有限公司（棕榈股份前身）总裁的赖国传与柳中辉相识，两人同龄，都属虎。"八字里都有三只老虎"。笃信命盘的柳中辉相信"他们很合"，所谓"很合"，主要是对浔龙河项目和对中国农村城镇化进程的理解，两人有着高度的共识，对未来中国乡村经济社会发展的前景有着高度一致的认同。

2013年11月4日，在长沙市人民政府举办的2013年长沙小城市（中心镇）建设暨现代农业发展投资洽谈会上，浔龙河村与广州棕榈园林股份有限公司顺利实现战略合作签约，后经过几轮洽谈与磋商，决定共同成立湖南棕榈浔龙河生态城镇发展有限公司，专门开发浔龙河项目。

广东棕榈园林公司作为行业龙头，年产值超50多亿，早已不满足于只做单一的城市园林景观服务商，而冀望从综合环境运营商的角度成长为生态城镇整体运营商。棕榈园林公司当时是国内最大的园林类上市企业，

他们怀着建设生态城镇的梦想，正在谋求公司的华丽转型，向特色小镇的开发、建设与运营领域进军，加上园林企业本身在生态种植、景观规划等方面的专业特长，使得这两家的联姻格外"门当户对"。

棕榈股份（全称棕榈生态城镇发展股份有限公司）创始于1984年，是国内少有的紧随国家新型城镇化政策发展步伐，并以生态城镇业务为战略发展核心的上市公司。公司前身为"棕榈园林股份有限公司"，2010年6月于深交所中小板挂牌上市（股票代码：002431），2016年4月正式更名为"棕榈生态城镇发展股份有限公司"。经过30余年的发展，公司已成长为能够成熟驾驭"建设—运营—内容拓展"全产业链三位一体的生态城镇业务模式的专业化、集团化、国际化的现代企业。

目前，棕榈股份旗下拥有贝尔高林（Belt Collins）、棕榈设计、棕榈建设等控股或全资子公司，并于2016年12月战略收购浙江新中源建设有限公司45%股权，构建从基建到园林，再到建筑全产品线的"规划—设计—施工"一体化的国际一流建设平台，在中国境内20多座城市以及东南亚、欧洲等地设立分支机构，为包括迪士尼、华为、万科、保利等在内的传统商业客户以及政府客户，在中国以及全球创造各类经典作品超过15000多件，在赢得广大客户与业主的赞誉与口碑的同时，也在业内树立了极具影响力的品牌形象。

2014年以来，公司依托在生态环境领域积累的强大优势，紧随国家生态文明建设与新型城镇化发展的战略步伐，率先在湖南长沙、贵州贵安新区等地展开生态城镇试点，探索出一整套行之有效的标准化生态城镇运营模式，并通过PPP/EPC等多种合作模式，全面、广泛、深入地参与到中国新型城镇化进程中，与广州、梅州、赣州、湖州、长沙、贵安新区、蓬莱等地方政府发展友好合作关系，结合当地实际，因地制宜地打造与区域镇情相匹配的特色小镇。其中，广东梅州雁洋的"客家小镇"、山东蓬莱刘家沟的"葡萄酒小镇"被列入国家首批特色小镇名单（入选特色小镇共127个），湖南长沙的浔龙河生态艺术小镇被评为全国第四批美丽宜居村庄。一系列荣誉称号奠定了棕榈股份在新型城镇化领域的龙头企业地位。

2016 年，公司围绕生态城镇发展战略，通过资本并购实现对乐客及乐客奥义、三亚呀诺达、英超西布罗姆维奇俱乐部的参股，进而完成从"生态城镇到生态城镇＋"的战略升级，在娱乐、文旅和体育三大产业的内容端布局，成功构建生态城镇建设端、运营端、内容端三位一体的"三驾马车"业务模式，进一步强化公司在生态城镇领域的竞争优势。

未来，公司将以"致力于成为全球领先的生态城镇运营商"为发展愿景，持续推动中国的新型城镇化进程，以全体棕榈人的智慧和力量，为中国更多的城镇提供绿色、集约、民生、循环、低碳、智慧的生态城镇解决方案，助推实现美丽中国梦。

三、浔龙河生态艺术小镇缘起

2013 年，赖国传与柳中辉两位关键人物相识后，双方通过 4 个多月的初步对接和深入谋划，在以下三个层面达成了合作共识：一是浔龙河项目的总体规划、园林景观规划、生态环境规划等业务层面；二是指导浔龙河项目公司培育上市的企业转型发展层面；三是合作成立湖南分公司——湖南浔龙河小城镇投资开发有限公司层面。该公司主要从事浔龙河范围内的土地前期整理和综合开发经营，开发经营的收益用于城市基础设施建设包括城镇基础设施项目、政府重大项目及配套项目的投资及综合开发建设等。

尤其是双方通过充分协商与洽谈后所做的一个十分重要的战略决策，开启了建设浔龙河生态艺术小镇的序幕。这一事关全局的重大决策是，借助上市公司的资本优势与浔龙河三年多的卓越探索，决定将浔龙河生态艺术小镇作为全国"城镇化的乡村、乡村式的城镇"的样板来打造。其初步的战略选择是，依据浔龙河村的区域交通优势、生态资源优势、丰富的人文资源优势，从比较优势理论与后发优势理论出发，研究制订浔龙河生态艺术小镇的战略发展规划，拟通过 20 年的开发建设，投资 140 亿元，倾

◆ 2017年3月23日，孟建柱（左二）视察浔龙河村

力打造浔龙河生态艺术小镇项目。

正如棕榈园林副董事长林彦所介绍的那样，浔龙河艺术小镇是棕榈园林挺进新型城镇化业务的首个重点项目，被定位为开启数万亿新型城镇化业务的"钥匙工程"，公司为此将全方位、高起点打造项目。目前，公司在浔龙河的开发架构正在稳步搭建，建设工程快速推进。公司首先在规划端口引进整合"中欧设计平台"，由欧洲奥地利等知名设计机构联合贝尔高林—棕榈设计，操刀浔龙河规划；其次在产业导入端口引进北京电影学院，联手启动浔龙河艺术职业教育产教基地，为浔龙河整体产业包括现代农业、艺术职教、影视演艺、观光旅游、文化地产等夯实基础并注入强劲活力。

浔龙河项目选择牵手广东棕榈园林公司，原因有很多。首先因为它不是上市的房地产公司，但它是成功走进资本市场的上市公司。因为，乡村振兴下的新型城镇化项目属于中长期投资，强调的是未来的价值，强调的是人文关怀，这就需要合作的公司既要有长远的眼光，也要有资本的实力。其次，园林行业跟项目紧密相关，新型城镇化是"美丽中国"的推手，党的十八大到十九大精神一再强调绿色发展，建设生态文明，这就需要专业的公司来推动专门的事业。广东棕榈园林公司在生态环境规划设计、建设实施等方面是目前中国的第一名，他们整合了欧洲的顶尖设计资源，想要做成行业标杆，而浔龙河村也想做成新型城镇化典范——生态城镇的中国第一个完整试点。

浔龍河
生态艺术小镇

PART

03

生态艺术小镇的构想

第一节 得天独厚的优势与机遇

一、极好的政策良机

2005 年 10 月党的十六届五中全会提出了"建设社会主义新农村"，要求"生产发展、生活宽裕、乡风文明、村容整洁、管理民主"。

党的十八大后，即 2013 年的中央一号文件提出"加强农村生态建设、环境保护和综合整治，努力建设美丽乡村"。

党的十九大报告吹响了乡村振兴战略的号角，提出了"产业兴旺、生态宜居、乡风文明、治理有效、生活富裕"的总要求，2018 年 3 月，习近平总书记在山东代表团参加讨论时进一步指出："要推动乡村产业振兴、乡村人才振兴、乡村文化振兴、乡村生态振兴和乡村组织振兴。"体现了新时代党对"三农"工作指导思想的与时俱进。两相比较，无论是内涵还是外延，乡村振兴战略都比新农村建设有了显著提升。一是新要求。"产业兴旺"代替了"生产发展"，是对产业发展水平的新要求。构建现代农业产业体系、生产体系、经营体系，突出了产业发展的重要性和一、二、三产业的融合发展。二是新提升。"生态宜居"代替了"村容整洁"，是对农村生态和人居环境质量的新提升。习近平总书记指出："绿水青山就是金山银山。""建设生态文明是中华民族永续发展的千年大计。"强调人与自然和谐共处共生，要"望得见山、看得到水、记得住乡愁"。强调实现城乡公共服务均等化，增强农村居民的获得感。三是新导向。"治理有效"代替了"管理民主"，要求"健全自治、法治、德治相结合的乡村治理体系"，是对乡村治理目标的新导向，强调治理体制与结构的改革与完善，强调治理效率和基层农民群众的主动参与。相较于管理民主，治理有效要求更高、任务更重。四是新标准。"生活富裕"代替了"生活宽裕"，是对农民生活水平的新标准，是在生活宽裕基础上，对进一步提升农村居民生活水平、生活质量提出了更高的要求。

党的十八大以来，习近平总书记关于"三农"工作的系列新思想为我们实施乡村振兴战略指明了前进的方向，这一思想具体体现为"八个坚持"：（1）坚持加强和改善党对农村工作的领导，为"三农"发展提供坚强的政治保障；（2）坚持重中之重的战略地位，切实把农业农村优先发展落到实处；（3）坚持把推进农业供给侧结构性改革作为主线，加快推进农业农村现代化；（4）坚持立足国内保障自给的方针，牢牢把握国家粮食安全主动权；（5）坚持不断深化农村改革，激发农村发展新活力；（6）坚持绿色生态导向，推动农业农村可持续发展；（7）坚持保障和改善民生，让广大农民有更多的获得感；（8）坚持遵循乡村发展规律，扎实推进美丽宜居乡村建设。

2017 年中央农村工作会议首次提出了走中国特色社会主义的乡村振兴道路，让农业成为有奔头的产业，让农民成为有吸引力的职业，让农村成为安居乐业的美丽家园，明确提出了中国特色社会主义乡村振兴道路怎么走的七种途径：必须重塑城乡关系，走城乡融合发展之路；必须巩固和完善农村基本经营制度，走共同富裕之路；必须深化农业供给侧结构性改革，走质量兴农之路；必须坚持人与自然和谐共生，走乡村绿色发展之路；必须传承发展、提升农耕文明，走乡村文化兴盛之路；必须创新乡村治理体系，走乡村善治之路；必须打好精准脱贫攻坚战，走中国特色减贫之路。在此基础上，进一步明确了全国实施乡村振兴战略的"三步走"目标任务：到 2020 年，乡村振兴取得重要进展，制度框架和政策体系基本形成；到

2035 年，乡村振兴取得决定性进展，农业农村现代化基本实现；到 2050 年，乡村全面振兴，农业强、农村美、农民富全面实现。

2016 年 7 月，住建部、发改委、财政部联合出台《关于开展特色小镇培育工作的通知》，特色小镇被列为国家推进新型城镇化的重要落地战略，并明确提出"到 2020 年培育 1000 个特色小镇"的规划目标。2016 年首批特色小镇有 127 个，第二批 300 个特色小镇即将公布，数量翻番。2017 年 10 月 18 日，党的十九大报告将"坚持人与自然和谐共生"列为新时代坚持和发展中国特色社会主义的 14 条基本方略之一，指出"建设生态文明是中华民族永续发展的千年大计"，提出了"加快生态文明体制改革，建设美丽中国"。

实施乡村振兴战略，必须以改革为根本动力，大力推进体制机制创新，强化乡村振兴制度性供给。要以完善产权制度和要素市场化配置为重点，激活主体、激活要素、激活市场，着力增强改革的系统性、整体性、协同性。这既是我国农村改革 40 年来的宝贵经验，也是下一步农业农村发展的根本动力。会议做出了开拓融资渠道等一系列制度改革的安排，目的就是要通过改革提高公共服务效能，破除城乡融合发展的体制机制障碍，减少农业农村发展中的壁垒和束缚，撬动更多社会资本参与乡村振兴。

二、独特的区位优势

浔龙河生态艺术小镇，依托长沙——国家级历史文化名城及其综合性交通枢纽的区位优势，依托国家长株潭城市群"两型社会"建设试验示范区和长株潭城市群自主创新示范区的独特优势，多重优势叠加。小镇正处于长沙县这个中国经济十强县富北强南的中心地带，位于长沙县经济核心区东北角。

浔龙河生态艺术小镇紧邻长沙市三环外 8 公里，毗邻长沙市四环线，四环线也称北横线，连接宁乡与浏阳，正在修建，预计 2019 年建成通车，三环与四环之间将建设一条连接线，直接与小镇相通。小镇与长沙地铁 3

号线黄兴大道站仅 5 分钟车程，与磁悬浮㮾梨站仅 8 分钟车程，小镇中央的田汉大道与黄花机场相接，仅 20 分钟车程。从小镇出发，经黄兴大道到长沙高铁南站，或由绕城高速和京港澳高速到长沙高铁南站，约 30 分钟车程。黄兴大道北延线（东八线）纵贯小镇全境，正在建设的北横线环绕小镇而过，东西向和南北向的宋水线、瞿杨线与 G107（北京至广东高速交通干线）、S207（湖南省道）相连接。小镇内建设有长沙县城综合性大型公交枢纽站，可较为便利地到达长沙县城的各个区域和长沙市区的核心商圈。小镇因此得以闹中取静，又能与外界紧密相连，达成俨然世外桃源般的极致境界。

几条重要交通干线的具体情况如下：

G0401 绕城高速（长沙市三环）：该高速线路于 2014 年开通，连接了长沙县的县城星沙，长沙市区的城北片区、梅溪湖片区、洋湖片区、高铁南站与株洲市区，其中黄兴大道松雅湖收费站出入口距离小镇仅 8 公里，从小镇上高速可到达长沙城区各核心板块，到达株洲城区也只要 35 分钟。

磁悬浮列车（高铁站—黄花机场）：该磁悬浮列车目前在中国为继上海之后的又一条线路，连接长沙高铁南站与黄花国际机场，于 2016 年 5 月 6 日开通，连接了长沙主城区 8 条地铁，途中设㮾梨站，浔龙河生态艺术特色小镇的公交专线可直达该站。

长沙北横线：该线路是构筑大长沙城，实现长沙城区千万级人口城市的主要干道，东起于浏阳市最东侧，西止于宁乡市最西侧。其中，在长沙城区的起点是长沙县北山镇与开福区的交界处，终点位于长沙县春华镇与浏阳市的交界处，横贯了浏阳市、长沙县、开福区、望城区和宁乡县五区（县市）。长沙县境内涉及北山、安沙、果园、路口和春华 5 个镇，由西往东将小镇串联起来。这条全长约 272 公里的一级公路，在长沙县内长约 33.8 公里，2016 年动工，预计 2019 年全面建成通车。

小镇完美的交通格局，真是天作之合，使小镇在繁华中彰显宁静，悠闲中不失尊荣。

三、良好的人文生态资源

（一）完美的生态环境

浔龙河生态艺术小镇自古山水优美，生态宜人，民风淳朴，人文厚重，是一个养在深闺人未识的大家闺秀，具有得天独厚的生态资源禀赋。

小镇地势由北向南逐步从高到低，是典型的江南丘陵风貌，虽非奇山异水，但也生得端庄秀丽，堂堂正正。

小镇内森林覆盖率达70%，阡陌纵横，绿树掩映，境内浔龙河、金井河、麻林河三条河流交织环绕、曲水流觞，还有大大小小100余口水塘错落其中，因而山水相接，明净如镜，烟波荡漾，美不胜收。

（二）厚重的历史人文

浔龙河生态艺术小镇地处原双河村所在地，地方虽小，却因唐朝杨泗将军斩杀孽龙的所在地而闻名。根据史料记载和民间传说，当然也还有现存的庙宇等实物佐证，小镇有着两千多年的历史。东汉末至魏晋三国时期，神医华佗在此地为关帝关羽刮骨疗伤，留有华佗庙、关帝庙各一座。据当地老人介绍，两庙曾香火旺盛，信客众多，虽在"文化大革命"中遭到破坏，现在遗迹尚存。特别是华佗庙，原来经年香火旺盛，昭示着自东汉末、魏晋、三国以来，小镇便是风水宝地。至今人们仍对这些民间传说深信不疑。从唐代的杨泗将军浔龙河里斩杀孽龙的传说故事，再到明太祖朱元璋在此地留下的传说，小镇仿佛蒙上了一层层薄纱，显得更为神秘，令人向往。

境内有着美丽传说的古迹众多，如浔龙河、拖刀石、藏龙洞、龙王会、钻龙潭、出龙潭、龙转头、医龙台、顿刀洞、紫云台、华佗庙、杨泗庙、马踏石、关帝庙，以及现代戏剧家田汉先生的外祖母墓地燕子山等。境内其他景点自然天成，相映成趣。周边还有美女晒羞、狮子山、渔翁晒网、铁笼关虎、喜鹊含梁、团鱼山、铜钱潭、金井河等景点，形成了全域旅游的独特民俗风情。在小镇不足10平方公里的土地上，蕴含着丰富的中华民族优秀的传统文化，是中华民族传承的宝贵精神财富，它们唤起了我们

◆ 浔龙河村好呷街

久远的记忆，是富含中国元素的肥沃土壤。

　　浔龙河一河三段，分为上游、中游、下游，孕育了大教育家杨昌济、革命先烈杨开慧、国歌词作者田汉、国务院原总理朱镕基。小镇也是革命老区之一，较早建立了共产党的地下组织，许多人为抗日战争和解放战争英勇奋斗、流血牺牲，百姓为保护党的干部、支援革命做出了巨大贡献。因此，小镇也是爱国主义教育、红色旅游的好去处。

　　（三）农业耕读传家

　　几千年来，小镇以种养为主，耕读传家。改革开放以后，年轻人向往城里的生活，纷纷到城市里工作、学习、谋生，一时间小镇同中国其他农村的"空心村"一样，留下的大都是老人和小孩。改革开放以来，许多人往城里跑，逐步冷落了农村、遗忘了乡下。同时，从另一个角度看，客观上也保护了小镇的原生态，保护了乡村的比较优势和后发优势，这也是林毅夫先生强调的中国为什么可以在 2030 年经济总量超过美国的根本动能。

浔龙河生态艺术小镇内土壤条件优良（以红壤土、水稻土为主），耕作层较厚且非常肥沃，属于典型的中亚热带季风湿润气候。镇域气候温和、热量丰富，降水充沛、日照充足，耕地连片、山林相间，适于农业产业化、规模化经营，有利于现代生态农业、农事体验休闲式全域旅游、生态农产品产业链的形成，具备打造国家级农业综合示范产业园的先天基础与自然条件。

四、优秀的领路人与开发主体

作为生于斯、长于斯的本地人柳中辉，因回乡尽孝的深思，因地道的为民情怀，得到 100% 的选票支持而成为浔龙河村的第一支部书记，是浔龙河生态艺术小镇建设的"领路人"，也是回乡创业和引领工商资本下乡的"急先锋"。在他的带领下，一帮志同道合的朋友组成一个极富战斗力、想象力与执行力的团队，并按照现代企业制度和村企合一的模式，组建了浔龙河生态艺术小镇的开发主体。

2009 年，柳中辉就成立了湖南棕榈浔龙河生态城镇发展有限公司的前身湖南浔龙河生态农业综合开发有限公司，围绕现代生态农业、全域文化旅游、美丽康养三大产业核心，来盘活农村资源，形成优质资产，对接社会资本，实现农村资产的保值、增值，以中国元素为基础，以欧美风范作标杆，以政策创新、模式创新为引领来打造新型的田园综合体，做成既生态环保又原味浓情的艺术小镇。

2013 年，湖南棕榈浔龙河生态城镇发展有限公司就作为浔龙河生态艺术小镇建设、开发、运营的主体，按照"市场主体、政府监督、村民参与、集体决策、利益共享"的原则，进行了卓有成效的创新探索，破解我国农村资源闲置、农村发展滞后、农民收入较低以及农民留不住、市民进不来的难题，进而促进中国元素、欧美风范的示范性特色小镇建设，树立标杆、打造范本，为国家农村经济发展贡献着浔龙河的智慧与力量。

该公司注册资本 2 亿元，由湖南浔龙河投资控股有限公司（持有 50% 的股份）、棕榈生态城镇发展股份有限公司（持有 50% 的股份）共同组建，是一家以生态城镇开发为主导，整合生态环境治理、城镇基础设施建设、农业综合开发、房地产开发经营、文化旅游产业投资与管理、旅游景区开发管理及教育培训等多种产业于一体的综合运营商。

第二节　浔龙河生态艺术小镇的内涵

浔龙河生态艺术小镇，源于新农村建设，成长于美丽乡村建设，将成熟于乡村振兴战略的实施推进之中。但是，浔龙河生态艺术小镇从她诞生之日起，就注定了她的与众不同。

一、思路：党建引领、富民优先、破解难题、创新发展

浔龙河生态艺术小镇的总体思路是：坚决贯彻落实五大发展新理念，按照"党建引领、富民优先、破解难题、创新发展"的运作模式，推进浔龙河生态艺术小镇建设，把浔龙河生态艺术小镇建设成为"产业兴旺、生态宜居、乡风文明、治理有效、生活富裕"的特色小镇，致力于打造中国都市城郊型乡村振兴的标杆——"浔龙河范本"。

其总体思路内涵如下：

坚持党建引领。把政治建设和发挥党员先锋模范作用摆在首位。浔龙河村确立了以党建为统领，以"党建 + 经济""党建 + 文化""党建 + 治理"

为抓手的"党建引领"思路，创新开展村企共建党建工作，通过实施村党总支和企业支部的"组织共建、党员共管、阵地共用、活动共抓、发展共促"，实现了党员管理的精细化，有力地发挥了党员的先锋模范作用。同时，以党的领导为核心，实现"党务、政务（政务代办与网上办理）、村务、社务（村供销社）、商务""五合一"，建立了以村民委员会、村务监督委员会为依托，以群团组织为补充的社会治理体系。在全省率先探索建立O2O党建服务平台，彻底打通联系服务群众"最后一公里"。不仅探索按组建群听意见，每个村民小组建立一个一级微信群，村民小组成员全部入群，由党员或党小组长担任管理员，负责搜集和反映群众提出的问题，而且探索两委建群解决问题，村支两委成员、党小组长、一级群管理员全部进入二级群，负责线上或线下为群众解决问题。

◆ 2017 年 8 月 14 日，浔龙河召开村企共建党建工作会议，就下半年党建工作进行部署

立足富民优先。把提高当地农民生活富裕程度和群众的幸福指数、促进社会公共服务均等化等放在核心位置。大家认为，建设浔龙河生态艺术小镇的目标，就是要让乡村居民的生活富裕起来，特别是让乡村的农业居民富裕起来，缩小城乡差别、工农差别，解决发展不平衡的问题。此项承诺真可谓一诺千金，必经万般努力，方可玉汝于成。为此，浔龙河村结合城市近郊型乡村的特征，提出了打造"城镇化的乡村、乡村式的城镇"的目标，推进城市公共服务向农村覆盖、城市基础设施向农村延伸、城市现代文明向农村辐射。同时，对乡村环境、乡村文化等"乡愁"予以保留，建设生态宜居新型社区。

力破发展难题。全力破解党建示范的信仰难题、土地流转的制度难题、乡村美丽的生态难题、多规合一的机制难题、产业发展的金融难题等五大发展难题，提高资源配置效率。浔龙河村通过巩固和完善农村基本经营制度，深化农村土地制度改革，完善承包地"三权"分置制度，推动产业融合发展、经营方式创新。推进集体产权的确权改革，成立乡村资源资产管理公司，将农民手中的资源固化为资产，开展市场化的经营，使农民个体的产权收益得到保障。积极探索从土地确权到置换流转，再到开发使用，使土地资源从固化走向流通，形成完整清晰的价值增值链条。破解产业发展的资金难题主要靠引进社会资本。浔龙河村确立了"依托浔龙河生态艺术小镇项目和生态、文化、教育、农业、旅游、物流配送等产业，成功引进一批国有、民营企业，大力发展农村综合产业，使乡村资源实现资产化和资本化"的产业发展定位。

力促创新发展。生态优先，把生态环境优化、生态环境保护放在突出位置，重点是保护青山绿水，保护耕地红线。充分尊重原生态环境，通过多规合一的模式，依循原坡地肌理，将国有建设用地、集体建设用地、流转土地进行合理布局，最大限度地保留青山绿水、蓝天白云。特色产业和美丽宜居的重点是创新体制机制，促进规划体制改革，促进乡村资源利用机制的改革，以"乡村资源的专业运营商、生态特色小镇平台服务供应商"

◆ 浔龙河村的唐前农庄

及"美好田园生活的创享家"定义自身的价值追求，实现乡村资源的价值，积极推动工商资本下乡，但严格守住农用地及其农业用途的底线，使工商资本在国家政策许可的范围内运营。引进社会资本投入，推进浔龙河生态艺术特色小镇科学、稳健、高效地发展，营造出诗情画意、匠心独运、世外桃源般的田园风光，实现乡中有城、城中有乡、城乡一体，诗意般的中国元素、欧美风范的田园生活。

二、目标：打造城市近郊型乡村振兴的"浔龙河范本"

"浔龙河范本"是乡村振兴战略在湖南的先行先试，是城市近郊型乡村振兴的一种范式，尽管目前只完成了设想中的一部分，尽管乡村振兴战略推进还在路上……

浔龙河范本是中国元素、欧美风范的特色小镇，是一项乡村资源创新利用，整体开发、建设、运营、管理和可持续发展的系统工程。它通过党建引领，以创新发展为内核，在"党建示范""社会治理""民生保障""机制创新""金融闭环""生态文明"六个方面协同发展，主要是选择人口相对稀少、交通网络便利、自然环境优美、人文底蕴深厚的城镇市区、城市周边或偏远乡村三种不同类型的资源禀赋区域进行有特定主题的特色小镇的整体综合运营。

通过打造"城镇化的乡村、乡村式的城镇"，以政府投资为主、社会资本投资为辅，推进城市公共服务向农村覆盖、城市基础设施向农村延伸、城市现代文明向农村辐射，完善小镇的公共配套功能，满足居民高品质的生活需求。同时，充分尊重乡村文化特色，通过建设村民广场、村民文化宫等设施，成立文化艺术团、青年联谊会、老年协会等社会组织，满足村民文化生活需求，对乡村文明进行最大限度的保留，打造"望得见山、看得见水、记得住乡愁"的栖居诗意，建设生态宜居新型社区。

三、主题：把农民留住，请市民下乡

根据公共服务设施配套和生态环境的容量，以及开发的产业规模容量综合测算，浔龙河特色小镇建成后，可容纳 4.1 万常住人口生产生活，每年可接待 350 万人次前来学习、培训、旅游与康养，能直接或间接地解决1800 个农民和市民的就业与创业问题。

农民原来不想留在乡村、都想去城里，是因为乡村穷、乡村旧，乡村生活没有城里好。现在农民想留在农村，是因为农村有了翻天覆地的变化，农民能在自己的家门口过上比城里更好的生活，能就地攒钱养家，能享受城里人一样的教育、文化、医疗、自来水等配套服务，更能享受家乡的美丽生态环境和淳厚的亲情。这里有城里没有的青山绿水，还有乡里乡亲的民俗文化，以及永远无法割舍的家庭亲情与温馨。浔龙河生态艺术小镇的目标是，不但要把农民留下来，更要把城里的市民引进来。让城里人能在生态环境优美的小镇里旅游、休闲、娱乐、养生、学习、亲子互动，也可在小镇里置业、就业、创业。不仅能在小镇释放大城市生活和工作的压力，弥补大城市缺乏青山绿水和负氧离子不足的遗憾，更能让他们重新拾起久违的乡愁，重新拾起儿时的记忆，重新燃起热爱祖国、热爱大好河山的激情。如果真正实现了上述两个目标，浔龙河范本就真正开创了中国"把农民留住，请市民下乡"的新纪元。

◆ 地球仓

四、做法：创新体制机制，发展集体经济

一是政府通过土地增减挂钩、异地置换实施农民集中居住，将农村原来没有价值的土地资源、闲置的土地资源集中起来利用，实现和提升其经济价值，用于改善村民居住条件和生产、生活设施，建设新型农村社区。包括：用于改善农村的基础设施和公共服务配套设施的建设，完善水、电、路、气、网等公共基础和科、教、文、卫、体、商等公共服务配套设施；用于储备集体经济发展的基础性生产资源与资金来源。

二是成立村集体经济平台，将农民手中的宅基地、承包地以及原来权属不清的划归集体的林地、水域、民俗设施（例如庙宇），通过土地集中流转的方式流转到村集体经济平台，用于规模化的现代农业、全域旅游、

文化教育、康养产业、智慧田园综合体的开发、建设和运营。

　　三是通过社会资本的注入，盘活村集体经济中的农村资源，通过资本的撬动，从整体策划、规划入手，塑造品牌、植入 IP、布局产业，使小镇成为资金流、人流、物流汇集的新天地，实现乡村资源向资产、资本的华美蜕变，实现农民安居乐业，并吸引市民下乡，进而形成农民增收、农业增效和农村发展的良好局面。

　　目前，浔龙河生态艺术小镇已获批成为湖南省重点建设项目（2013年和2014年）、湖南省"两型"示范创建项目（2012年）、湖南省新型城镇化示范项目、湖南省土地增减挂钩异地置换试点项目（2012年）、湖南省产权制度改革试点村、湖南省集体经营性建设用地上市交易试点村、住建部智慧型社区建设示范项目、长沙市城乡一体化建设"15+1"试点项目、长沙市"美丽乡村示范村"，并且被确定为省、市、县三级领导的联系点和重点督查的项目之一。

◆ 地球仓近景

◆ 地球仓远景

      一直以来，浔龙河生态艺术小镇项目始终坚持走"城镇化的乡村、乡村式的城镇"的城乡融合发展的创新之路，力求打造国家级"新农村建设示范村""美丽乡村示范村"和"全国美丽宜居村庄"。通过近 8 年来的不断改革创新，在现有的土地管理制度下寻求土地资源创新利用和开发，使农村资源实现资本化转变，解决了农民增收、农业发展、农村面貌根本改变的"三农"问题，其开发、建设、运营模式被国内权威专家学者、主流媒体所认可，被称为特色小镇的"浔龙河范本"。

寻龍河
生态艺术小镇

寻龍河
生态艺术小镇

"同心工程"与地权改革诱发的嬗变

曾几何时，农村人口和资源的城市指向性流出，成为中国城镇化的主旋律。特别是实施联产承包责任制之后，随着农村劳动力、农村土地、农民存款以及其他资源不断流入城镇，在带来我国城市走向繁荣的同时，农村却在不断地走向衰退。为了扭转这一态势，国家于 2004 年开启了新农村建设战略，伴随着这一战略的推进，湖南开启了从"万企联村"到"同心工程"的统筹城乡发展的建设实践。随着党的十八大后以人民为中心的发展思想在脱贫攻坚和全面建成小康社会的具体实践中的进一步落地与扎实推进，浔龙河村作为企业联村和建成全面小康的先行先试者，随着国家农村土地制度的调整与改革，发生了前所未有的改变。

第一节　从"万企联村"到"同心工程"

自 2006 年以来，湖南省委统战部牵头开展以"万企联村、共同发展"为主题的新农村建设与城乡统筹实践。11 年来，探索实践经过起步、提升和深化三个阶段，不断走向深入，湖南农村目前已出现了企业家与农民合作，非农产业与农业共生，党建、村建、社建（合作社或供销社）"三建合一"，党务、政务、村务、社务、商务"五务共促"的良好局面。在此基础上，

2011年省委统战部启动了"同心工程"，2013年初又审时度势，明确提出围绕四大板块推进"同心工程"升级。作为"万企联村"的升级版，"同心工程"有序推进，湖南统战投身经济主战场的探索不断走向深入，一种极具创新特色的服务经济发展主战场的非公经济工作新模式已经形成。

一、初步探索："万企联村"

偏利共生："万企联村"活动的缘起。作为起步探索，2006年初，湖南省委统战部、省光彩会、省工商联积极响应中央统战部、中国光彩会、全国工商联号召，在坚持做了十多年"光彩"事业的基础上，组织、引导民营企业开展"一帮一、手牵手，万名企业家回乡参与新农村建设光彩大行动"，迈出了企业家与农民的合作步伐。但从共生理论上说，这是一种典型的偏利共生。即一方给另外一方以帮扶，被帮扶者得到利益，帮扶者不考虑利益回报。其典型的方式就是出资修路、修桥，援建村部、学校等。显然，这种偏利共生只能是一种点共生和间歇性共生，难以大面积覆盖，难以持续有效推进。于是，"光彩"大行动在湖南很快就被"万企联村、共同发展"活动所取代。

互利共生："万企联村"活动的提升。从2007年3月起，湖南省委统战部在吸收湘潭"百企联百村"活动经验基础上，在全省开展"万企联村、共同发展"活动，坚持"深入发动、自主自愿""优势互补、项目带动""政府扶持、市场运作"和"着眼长远、互利共赢"的原则，主动争取20多个政府部门的支持，积极引导银企合作，使偏利共生走向互利共生，非公企业及广大统战代表人士踊跃投身"万企联村"活动。通过产业连村、项目带村、智力扶村、捐助帮村等形式，围绕产业链延伸、连锁经营、资源开发、基础设施、劳动力转移等重点，与广大农村实施对接，实现以工促农、以城带乡、共同发展。这一活动开展以来，已有5700多家企业、2000多名统战代表人士、1000多名专家学者以各种方式参与进来，对接行政村8500多个，实施项目5500多个，投入资金近300亿元，覆盖全省 2000 多个乡镇、1000 多万农业人口。

一体化共生："万企联村"活动的深化。互利共生更多的是强调经济与产业层面，也正是由于这一点，给"万企联村"带来了无限的生机与活力。但由于村是一个包罗万象的基层组织，要真正推进万企联村活动的持续开展，实现城乡统筹，还必须推进经济上的互利共生向政治、经济、社会、生态、文化多维度、一体化的共生转化与深化。在这一理念指导下，从 2009 年起，湖南又开始了"党组织村企连建"活动，积极探索"村企人才共育、党员共管、资源共享、一体化共生"的路子。一年多来，全省共建立村企联合党组织 465 个、产业协会党组织 297 个，村党组织帮企业新建党组织 192 个，16000 多名村企党员结成帮扶对子。全省共有 948 名民营企业家到村任党组织书记、村委会主任或经济顾问，2146 名农村干部及后备干部到联村企业挂职，联村企业支持农村党组织活动经费 610 余万元。结对的村企共对接项目 1500 多个，结对村的农民 2010 年人均纯收入达 5526 元，比全省农民年人均纯收入高出 22%，村企党组织共建后"1+1>2"的效应初步显现。

二、成型版本："同心工程"

2011 年，湖南省委统战部按照中央统战部的要求，将"同心"品牌建设作为一项重要工作来抓，坚持突出一个主题，深入开展两大活动，为把"同心"品牌打造成为精品工程做出积极努力。突出一个主题，就是以"同心"作为贯穿统战工作的红线和灵魂，通过精品活动来支撑"同心"品牌建设，扩大统一战线影响，彰显统一战线作为，引导统一战线广大成员跟党走。具体做法是：以省级示范项目建设为抓手，深化"万企联村、共同发展"活动，引导民企"转方式、显作为"；深化"科技创新、贡献湖南"活动，开展"情系武陵山区、共建小康社会"活动；组织引导非公有制经济人士深入革命老区、贫困地区、边远山区开展"感恩行动"，开展第二轮"十万招工扶贫光彩大行动"，助推湖南和谐发展。

2013 年初，进一步明确提出围绕湖南区域发展的四大板块深入实施"同心工程"，促进区域协调发展。即以"两型"为主题对接长株潭地区，围绕湘江饮用水安全开展专项监督，携手企业开展科研攻关，推动发展两型企业、打造两型园区；以"承接"为主题对接大湘南地区，开展"海联三湘行""侨商侨智聚三湘""台商湖南行"等活动，打造"海联产业园"，推动产业项目承接，提升产业发展水平；以"扶贫"为主题对接武陵山片区，深化"一家一助学就业·同心温暖工程""光彩事业湘西行""宗教慈善周"等活动，推进教育、产业、公益扶贫；以"生态"为主题对接洞庭湖地区，组织非公企业开展项目合作、技术转化，推动生态保护与开发。"同心工程"活动的根本点就在于把握"同心""共生"与"共享"，湖南统战探索服务经济发展主战场的最大特色也就在于培育了一个"同心"与"共生"的服务模式。这一模式具有以下特色：

一是共生单元多元，但形散而神聚，同心同行。活动开展后，20多个党委政府部门和金融机构以及几十个产业园区，上万名非公有制经济人士和企业、专家学者和统一战线代表人士共同参与支持"万企联村"与"同心工程"，尽管点多、面广、量大，共生单元多元，但按照"自愿参与、合作双赢、共同发展"的原则，通过产业共创、项目共营与利益共享，所有共生单元有机地整合在一起，体现了城市与农村、工业与农业、非公人士与农民的协同与"神聚"。

二是共生模式多样，但注重共创、共享。"万企联村""同心工程"活动所创立的共生模式特别强调共创、共营与共享。例如，注重建立以产权为纽带，以产业链为平台，积极发展新型专业合作组织。民营企业以产业、产品、技术等为依托，农民以土地租金、实物资产等要素入股，建立以产权为纽带、以产权连接产业链的新型合作关系，形成了企业与农民之间"利益共享、风险共担"的利益共同体，强调共同发展。

三、升级版本："乡村振兴"

党的十八大以后，共生发展模式升级，进入融五大发展理念于一体的

"城乡一体化可持续共生"的探索阶段。特别是党的十九大后，随着乡村振兴战略的实施，乡村发展进入组织再造与共生共享，并全力推进农村农业现代化发展的新阶段。"城乡一体化可持续共生"是共生模式的高级形式，它要求在共生单元之间形成一种稳定、规范的利益关系与行为准则，共生环境和谐有序，能有效得到法律保障与政策支持。共生模式不仅得到规范与认可，更能经受住时间和企业裂变与组织再造实践的检验。只有坚定地融"创新、协调、开放、绿色、共享"于一体，以实施乡村振兴战略为主线，深入推进农业农村供给侧结构性改革，实现"城乡一体化可持续共生"，非公经济服务于农村经济主战场的活动才能步入更加健康、稳定、持续的发展轨道。

要进一步遵循客观经济规律，坚持"因地制宜、优势互补，市场运作、项目对接，自愿自主、互利双赢"的原则。要突破行政村建制的局限，科学进行项目策划，推动农村资源的整合。进一步规范各共生单元主体的参与行为，保障参与利益，形成稳定、规范的共生关系。

要全力激发和保护企业家精神，认真贯彻落实中发〔2017〕25号文件《关于营造企业家健康成长环境 弘扬优秀企业家精神 更好地发挥企业家作用的意见》和最高人民法院〔2018〕1号文件《关于充分发挥审判职能作用为企业家创新创业营造良好法制环境的通知》，加强对新情况、新问题的调查研究，制定出台新政策、新措施，帮助解决企业在开发产业、实施项目、开展合作中遇到的困难、问题和制约瓶颈。要形成各部门、各单位积极配合、互相支持的整体合力，共同推动活动在新起点上向深度、广度发展，真正使市场在资源配置中发挥决定性作用和更好地发挥政府作用结合起来。

要围绕党的十九大精神和2018年中央一号文件精神的贯彻落实，不断深化活动理念，拓展参与力量，加深合作程度，创新体制机制。要抓住重点，突出产业带动，推进城乡融合发展。要把重心从支援农村基础设施建设转到产业发展和乡村振兴上，由"输血"式对接帮扶转到"造血"式对接帮扶上，由扶贫帮困转到扶志、扶智、促进贫者自立上。要推进"互联网＋同心工程"，运用产业互联网和大数据开启乡村振兴的伟大探索。

第二节 浔龙河村的资本下乡与"同心工程"

浔龙河村开展的"同心工程"实践是与资本下乡和土地流转制度探索一并开启的。

所谓资本下乡就是把城镇工商业积累的庞大科技、人力、物力、财力等资源吸引到农村去，以解决农村面临的困境。资本下乡是农村经济社会持续协调发展的一个不可或缺的条件。有专家认为，资本下乡进行"城市反哺农村"和"工业反哺农业"是解决"三农"问题的"治本之方"，因为资本是现代工业社会最具有决定意义的生产要素（至少对于现在的农村而言是如此）。近年来，随着城镇化的发展和各地"城乡一体化"的推进，在政府"反哺"农村、支持农业等政策下，城市工商资本大量涌向农村，进行土地整理、土地流转和新农村建设，并从事农业经营，我们将其称为"工商资本下乡"。

工商资本下乡不是一种新现象。2013 年中央一号文件就提出"鼓励城市工商资本到农村发展适合企业化经营的种养业"。随后，由于个别工商资本存在经营不善、农民土地租金不能及时到位、土地非农化等问题，2014 年中央一号文件进行了调整，号召探索建立工商企业流转农业用地风险保障金制度，严禁农用地非农化。为尊重各地差异，更好地规范工商资本下乡，2015 年中央一号文件指出要尽快制定工商资本租赁农地的准入和监管办法，严禁擅自改变农业用途。2016 年中央一号文件进一步提出完善工商资本租赁农地准入、监管和风险防范机制，并将经验制度化。2017 年中央一号文件提出研究制定引导和规范工商资本投资农业农村的具体意见，工商资本下乡开始进入制度完善化阶段。2017 年中央农村工作会议明确指出：实施乡村振兴战略必须以改革为根本动力。这既是我国农村改革 40 年来的宝贵经验，也是下一步农业农村发展的根本动力。会议做出了开拓融资渠道等一系列制度改革安排，目的就是要通过改革提高公共服务效能，破除城乡融合发展的体制机制障碍，减少农业农村发展中的壁垒和束缚，撬动更多社会资本参与乡村振兴战略。

一、化弊为利，正确认识工商资本下乡

工商资本下乡在中西部农村地区成为一种普遍现象，政府和企业合作完成了对村庄的"经营"和"再造"，这是地方政府依托弹性土地政策和财政专项资金，积极鼓励和引导的结果，也是"经营城市"模式在广袤农村的延伸。"资本下乡"后大力推动"农民上楼"和"土地流转"，构造了新的村庄治理结构：村庄日益依附于公司，公司替代村庄成了基层治理的社会基础。在这一过程中，政府和企业联合"经营村庄"对村庄社会产生深远影响。

自 2008 年以来，国家出台了一些增加城市建设用地指标的弹性政策。以"增减挂钩"为代表，在城市新增建设用地和农村减少建设用地之间进行"挂钩"。农村建设用地复垦为耕地所增加的指标可以转换为城市新增建设用地指标，这在一定程度上突破了国家对城市新增建设用地指标的严格控制。最为突出的是成渝地区的土地指标交易制度。比如，重庆借助统筹城乡综合改革试验区的政策优势，采取类似"增减挂钩"的办法，让农民将宅基地整理出来后变为可以在土地产权交易平台上进行流通的"地票"，为城乡建设用地指标的自由交易搭建了市场平台。这样，原本没有太大价值的农村建设用地猛然增值，而在农民还没有普遍意识到宅基地的潜在经济价值时，就给资本下乡盘活用地指标留下了巨大空间。

当前，工商资本进入农业生产主要有两种方式：第一种是以土地经营者的角色直接从农民手中租用土地，或者采取土地反租倒包的形式，从村

集体组织中承包土地，然后再配置劳动力等生产要素，直接投资进行规模化种养殖活动。另一种是以间接方式进入农业生产环节，主要有"公司＋农户""中介组织＋农户""农产品交易所＋农户"等形式。工商资本下乡改造传统农业，有利于促进我国农业现代化。通过以上两种方式，工商资本将农村土地和劳动力等生产要素重新整合，并引入现代化生产和管理要素，改造了传统农业，从而达到了降低成本和增加产出的效果。

第一，节约土地。工商资本的逐利性，必然会通过土地整合实现规模化经营，以实现其利润目标。在土地的整合过程中，原先小块土地之间的田埂、堤埂得到充分开发，增加了土地的有效利用面积。如被称为"希森模式"的山东省希森三和集团和希森中联马铃薯产业集团，仅通过土地整合，就节省了650亩左右的土地。

第二，降低农业生产成本。2016年全国农产品成本收益资料显示，我国三种粮食（稻谷、小麦和玉米）总成本高达1190.04元／亩，其中人工成本为447.21元／亩，占37.58%；两种油料成本为1152.39元／亩，其中人工成本630.94元／亩，占54.75%；其他大宗作物，如棉花成本为2288.44元／亩，其中人工成本高达1387.75元／亩，占60.64%。劳动力成本已经成为推动农业成本上涨的主要因素，而工商业资本下乡则是利用先进的集约型生产要素，大量推广应用农业机械，节约劳动力成本，实现有效降低农业生产成本的目标。

第三，提升农产品质量。传统农业习惯于投入成本低、见效快的简单技术，如化肥和农药。这种技术多为粗放式投入，对提升产量效果显著，但也有可能造成农业面源污染和农产品质量下降。工商资本下乡可通过系统成套技术的运用，如农业病虫害检测预警技术，通过定点治理病虫害，实现对农业经营的精细化管理；推广标准化农业操作系统，有利于最大化地保障农产品安全，避免人为因素带来的质量风险。如"希森模式"通过建立循环农业系统，有效解决了当地农业污染问题。

第四，推动农民增收。工商资本下乡通过与农民合作，有力地推动了农民增收。第一种直接经营方式，可为农民创造稳定的非农收入，提供一定的社会保障，将农民转化为产业工人，弱化农民对土地的依赖程度。而第二种间接经营方式，除通过订单农业增加农业收入外，也为当地农民提供了较为可观的非农收入。因此，工商资本下乡有利于推动农民增收。

但是任何一枚硬币都是双面的，工商资本的逐利性也容易引发市场的盲目性投资，造成农民利益受损和引发土地"非粮化""非农化"现象，不利于我国农业现代化进程的顺利实现。总之，工商资本下乡在高效利用农业资源、保障农产品质量安全、降低农产品生产成本和推动农民增收等方面有着天然优势，将工商业和农业融合在一起，有利于我国农业现代化建设，但工商资本的逐利性又带来了新的问题。因此，工商资本下乡必须扬长避短，才能更好地发挥其正向作用。

如何扬长避短呢？从浔龙河村的探索实践来看，以下几条经验可资借鉴：一是规划先行。结合当地农村实际，因地制宜确定产业发展方向和模式，努力形成独具特色的美丽乡村风貌。二是政府搭台。政府通过村庄整治等工作帮助解决产业项目的发展用地问题。同时，利用集体建设用地、闲置空间等建设和完善基础设施，大力提升公共服务水平，搭建合作平台，推广运营示范工程，增强对工商资本的吸引力。三是加强文化建设。把文化建设与吸引工商资本下乡结合起来，搞好历史文化遗产保护与开发，充分利用乡村现有文化阵地，提升村庄文化内涵和村民文明水平，为吸引工商资本下乡营造良好的软环境。四是抓住关键环节探索创新。亦即通过地权流转、多规合一的改革，解决好规划立项、引进资金、拆旧复垦、新村建设、土地权属调整和村民补偿等关键工作节点，进行土地综合整治，盘活土地要素，为吸引工商资本下乡打下重要基础。

二、因地制宜，促进"资本下乡"推进"同心工程"

自实施联产承包责任制以来，中国农村的实践出现了两种相反情况的变化：一种是没有实施"分田单干"依然维护集体经济的乡村，或者是期初搞了几年"分田单干"后来又收归集体、发展集体经济的乡村，都变成了中国的富裕乡村或样板村，且贫富差距小。另一种情况是"分田单干"很彻底、没有多少集体经济的乡村绝大多数是贫困村，甚至是深度贫困村，而且贫富差距大。由此可知，农村走集体经济发展的道路没有错，只要把市场经济的理念、要求、做法运用到集体经济之中，就可以实现资源配置的"帕累托改进"，甚至达到"帕累托最优"。事实上，一家一户的小农经济虽然能满足广大农户当时的心理需求，也能解决其温饱问题，甚至，"分田单干"也很适合农业生产环节分散劳动的要求，但是，这种制度安排不能适应农业全产业链发展和农村一、二、三产业融合发展的要求，更不能适应实现农村农业现代化的要求和使广大农民走上共同富裕之路的要求。所以，党的十九大报告和2017年中央农村工作会议明确指出了"壮大集体经济"的发展方向。但新时代的集体经济绝不是走过去的"大呼隆"式老路，而是在社会主义市场经济条件下真正的"统分结合"与"双层经营体制"下的集体经济。所以，新时代政策正在向四个方向调整：一是鼓励"一事一议"，鼓励自愿筹资，鼓励资本下乡；二是整合政府转移支付，向农村倾斜，实行以城带乡，以工补农；三是改变农村集体经济经营形式，宜统则统，宜分则分，统分结合，探索更为民主、统分有度的集体经济形式，主要是发展各种类型的合作经济，包括土地股份合作制；四是农业生产服务市场化，进一步开放搞活，既可以试试集体统筹农业生产服务，也可让农民在市场上自由地购买服务。浔龙河村就是在深入分析和把握这一发展形势和政策背景之下开始其探索的。

浔龙河村是一个典型的"七山二水一分田"的山区贫困村。全村土地面积约1.5万亩，其中山场面积10000亩，耕地面积1500亩，水面面积3500亩。2009年还是省级贫困村。但是通过工商资本下乡撬动农村沉睡的山、田、水、土、人等资源，在实现党建引领、民生优先、生态为本、产业支撑、资本撬动的过程中，通过体制机制创新、政策创新、乡村治理创新、产业创新、资本创新开创了乡村改革发展的广阔天地。

◆ 湘里

　　长沙县是长沙市区域的重要组成部分，长沙县的县域经济水平在全国处于领先地位，但是县域内经济发展极不平衡，南富北贫。浔龙河村正好处于南北交会的过渡地带、由城入乡的接合部，村里的主要经济来源是打工收入。由于人均耕地少，农业基本上是自给自足，是一个典型的务工型农业村，农民全是兼业型农民。长沙县南部是一个工商业发达的地区，这为工商资本下乡奠定了先天基础，这些地区的年轻劳动力务农意愿很低，农业老龄化严重，客观上很多农户无力耕种土地，因此，有成立土地股份合作制的基础。这种制度也意味着农民要放弃对土地的直接占有和经营管理，把经营管理权让渡给一个组织，只享有决策参与权和收益权。从目前来看，这种土地股份合作成为集体经济的新型实现形式，得到了国家法律的许可以及地方政策的大力支持。

　　2009 年，浔龙河村村民、共产党员柳中辉在其创业成功后，在全省"万企联村"活动的影响下，带着他的团队、他的资本和他们的现代化管理思想与经营理念回到家乡。在政府及社会各界的支持和关注下，浔龙河村通过实施"企业联村"和"同心工程"，从此掀开了发展集体经济、建设"城镇化的乡村、乡村式的城镇"、培育特色产业的乡村振兴大幕。2014 年，

◆ 湘里洽谈区

　　柳中辉引进了他在外发展产业过程中的合作伙伴——广东棕榈园林股份上市公司，该公司的介入，更加有力地解决了乡村发展过程中的资本难题，从而引起了资本市场的广泛关注。从此以后，政策性金融机构例如国开金融以及商业性金融机构等，开始从多个方面、多个维度切入和支持浔龙河村的发展。

　　2014 年，浔龙河村被湖南省确定为农村集体产权制度改革试点村。

当时全省只有 5 个试点村，要做的事情包括因地制宜、因势利导地做好成员的资格认定、股权的设置、资产的量化、资产的固化范围、改革后资产的运营方式等，根据基层组织、农民群众的实际情况采用民主决策方式集体讨论决定。同时，浔龙河村根据《农业部关于创建国家现代农业示范区的意见》（农计发〔2009〕33 号）《中共中央国务院关于加快发展现代农业进一步增强农村发展活力的若干意见》（中发〔2013〕1 号）等政策的指导性意见，找到了加快现代化农业发展、促进城乡一体化的建设与政策依据，结合现实情况积极探索工商资本下乡。

工商资本下乡，从撬动农业产业园、促进城乡一体化、实现城乡公共服务和公共基础设施均等化开始，把建设农业现代化与新型工业化协同发展起来。浔龙河村引进的工商资本围绕推进农民专业合作示范社、农业专业协会示范协会和现代农庄建设展开支持。这些建设在使用土地时严格按照不高于流转用地总面积 3% 的比例配套生产、生活用地，并且大量使用了"四荒"地，来盘活乡村的土地资源；引进湖南省农科院、湖南农业大学的水稻专家、农作物专家，通过建立科研基地、技术入股的方式推广应用新品种、新技术、新成果、新装备，发展现代生态农业、科技农业，打造知名农业品牌；支持发展特色生态养殖、农业休闲旅游、农产品加工等产业；设立长沙县供销社的基层组织——浔龙河村供销社，发展村级电商以及"O2O"线上线下结合的农产品物流和商贸流通业；引进湖南省股权交易所，进行农业企业的上市辅导，引进国家开发银行进行政策性金融支持，通过参股、贴息、担保等多种形式支持和促进农业企业、农业创客吧和农业创客集群发展。

浔龙河村引进工商资本下乡的建设重点在于，探索建设"城镇化的乡村、乡村式的城镇"，打造生态艺术特色小镇。建设浔龙河村的生态宜居工程，"让城市融入大自然，让居民望得见山、看得见水、记得住乡愁"，建设生态宜居新型社区。

三、实践意义："创新突破"

实施乡村振兴战略，促进区域经济协调发展，是党和政府的重大战略部署，事关发展全局，既要靠政府投入，也要靠企业参与、市场推动、产业带动。柳中辉从"企业联村"到"同心工程"的活动促进了浔龙河村的振兴。目前，每天去浔龙河旅游、休闲、开会、调研的人络绎不绝，特别是节假日，更是人山人海。尽管浔龙河生态艺术小镇还只是初具雏形，还有许多项目正在建设落地之中，但仅仅是这些探索，就已经完全、彻底地改变了该村省级贫困村的面貌，也为城市近郊型农村找到了一条乡村振兴的新路。其初步经验有以下几点：

1. 要实现乡村振兴，就必须有"共生崛起"的担当者做"领头雁"，而且这个"领头雁"和他的团队必须"与党同心同向""与百姓同心同行"，把党的好政策体现在对待农户的具体利益回报上，如果只考虑企业自身赚钱，是不可能实现既定目标的。

2. 要实现乡村振兴，就必须优化政策支持体系，促进资源整合，形成"共生崛起"的好环境。积极服务党委、政府工作大局，按照"工业反哺农业、城市支援乡村"的基本原则，把政府各部门支持农村农业发展的支持政策、企业家和社会各方的资源、村集体的资源和农民的资源进行整合，有效解决金融机构向农村、农业、农民融资的平台与渠道问题，有效打通农林口大学生农村就业的通道，有效架起高等院校、科研院所科技成果通向农村的桥梁，使资金、人才、技术等现代经济要素能源源不断地流向"三农"，在统一规划与科学策划的基础上，把资源变成产业、变成特色小镇、变成百姓的发展之基，为实现农村农业现代化奠定坚实基础。

3. 要实现乡村振兴，就必须培育现代经营主体，构建农村现代产业体系、生产体系、经营体系和服务体系，推进乡村高质量发展。要培养一批爱国、敬业、诚信、守法、奉献的"三农"工作队伍，要提升、造就、催生企业、专业合作组织、新型农民等一大批市场主体，要促进现代市场经济理念、市场机制、市场要素等新供给体系入村入户，要探索和创造出"集体经济＋农户经济""非农业＋现代农业""龙头企业＋原料基地""民营资本＋整体开发"等新型经营模式。

4. 要实现乡村振兴,就必须坚持发展壮大集体经济,促进农村土地有效流转,促进农民就地转移、转化,提高农民组织化程度。在广大乡村,发展村级集体经济是第一要务,只有把集体经济搞上去了,群众才有盼头,才会跟着村党支部走,基层党组织的战斗堡垒作用才能显现。也只有集体经济发展了,自治、德治、法治结合的乡村治理体系才得以真正建立,才能实现党务、政务、村务、社务、商务"五务合一",推进政治建设、经济建设、社会建设、文化建设、生态文明建设"五位一体"建设进程。

第三节 浔龙河村地权制度的改革试水

一、我国农村土地确权与流转改革

在农村,最宝贵的是土地。土地不仅是农民赖以生存的基础,也承载着农民对这片土地的热爱以及深深的故乡情。所以,土地制度改革是农村改革的核心。作为激活农村土地这一重要发展要素的基础性工作,近年来土地确权被寄予了最大关注和期望,甚至被称为"二次土改"。

作为农村改革最关键和重要的一环,农村土地确权涉及"三块地":农村集体建设用地、农民的承包地和农户的宅基地。从十七届三中全会起,2009年以来的6个中央一号文件,都对加快农村土地确权登记发证工作做出了部署,提出了明确要求。2010年提出"力争用3年时间把农村集体土地所有权证确认到每个具有所有权的农民集体经济组织",2013年提出"用5年时间基本完成农村土地承包经营权确权登记颁证工作",2014年强调"抓紧抓实农村土地承包经营权确权登记颁证工作","力争到2015年,基本完成草原确权承包和基本草原划定工作"。土地确权,从解决承包经营权属混乱入手，摸清实情，明确权属，建簿颁证，稳定农民与土地的长久承包经营关系，扭转原来农村土地产权不明晰、农民利益没保障、权益不平衡的现象，从而进一步激发农民保护耕地、节约集约用地的积极性，推动最严格的耕地保护制度和节约用地制度的落实，进而提高土地管理和利用水平，并且为建立城乡统一的土地市场奠定基础。因此，从短期来看，开展农村土地确权登记可有效解决农村集体土地权属纠纷，在乡村建设中切实维护农民权益；从长期来看，有助于依法确认和保障农民的土地物权，形成产权清晰、权能明确、权益保障、流转顺畅、分配合理的农村集体土地产权制度，是建设城乡统一的土地市场的前提。

承包地确权——《土地承包法》规定：农民集体所有的土地由本集体经济组织的成员承包经营，从事种植业、林业、畜牧业、渔业生产。土地承包经营期限为 30 年。在土地承包经营期限内，对个别承包经营者之间承包的土地进行适当调整的，必须经村民会议 2/3 以上成员或者 2/3 以上村民代表的同意，并报乡（镇）人民政府和县级人民政府农业行政主管部门批准。林地的承包期为 30—70 年；特殊林木的林地承包期，经国务院林业行政主管部门批准可以延长。在实际的执行过程中，林地的承包期一般为 50 年。30 年、50 年不变的承包经营权稳定了土地和农民的关系，有利于农民生产积极性的提升和农村社会稳定。但是，由于长期不变，就造成了权属不清晰、分配不公、效益不高等问题。特别是林地、宅基地产权不清晰的问题较为突出。

宅基地确权——从村民建设、使用房屋行为来看，农村建房经历了从自发建房到依法领证建房的过程。由于农村历来没有土地利用规划，村民未经批准新建或改建房屋、无序建房问题突出。现有老屋（多数为土砖平房）一般没有建房依据。《土地管理法》颁布之后，部分村民建房也没有申领建房许可证。同时，由于继承、建新不拆旧等行为，很多村民小组都存在"一户多宅"现象，这与国家法律规定的"一户一宅"严重相悖。此外，部分村民对房屋进行了买卖，部分城镇人员通过向村民购买房屋而居住在本村组等，造成宅基地权属更加混乱，存在较多的房证不一致现象。主要表现为：一是有证，但建房证所载面积与村民实际建房面积不一致，其中多数为实际建房面积超出建房证所载面积。究其原因，往往在于村民对使用面积、建筑面积缺乏正确理解，误将二者混用；农民新建或后续改建房屋并不规范，超标准建房。二是有房无证，包括证遗失、未办证等几种具体情形。

农村承包土地流转在家庭联产承包责任制确立时就已经开始，政府对此则一直采取鼓励和支持的态度。随着土地细碎化弊端的日益显现，政府对土地流转也愈发重视。中共中央《关于 1984 年农村工作的通知》规定，社员在承包期内，因无力耕种或转营他业而要求不包或少包土地的，可以将土地交给集体统一安排，也可以经集体同意，由社员自找对象协商转包，但不能擅自改变集体承包合同的内容。转包条件可以根据当地情况，由双方商定。这实际上就是土地流转，这是党的正式文件较早对农村土地流转的规定。2008 年，党的十七届三中全会又明确指出"允许农民以转包、出租、互换、转让、股份合作等形式流转土地承包经营权，发展多种形式的适度规模经营"。党的十八大后，农村土地流转制度改革步伐加快。2014 年中共中央和国务院两办印发《关于引导农村土地经营权有序流转发展农业适度规模经营的意见》，规定内容非常具体。2016 年党的十八届五中全会进一步推出了承包地"三权分置"改革。习近平总书记指出，改革前，农村集体土地是所有权和经营权合一；搞家庭联产承包制，把土地所有权和承包经营权分开，这是我国农村改革的重大创新；现在，把农民土地承包经营权分为承包权和经营权，实现承包权和经营权分置并行，这是我国农村改革的又一次重大创新。他强调，要在坚持农村土地集体所有的前提下，促使承包权和经营权分离，形成所有权、承包权、经营权三权分置，经营权流转的格局。党的十八届五中全会提出，要稳定农村土地承包关系，完善土地所有权、承包权、经营权分置办法，依法推进土地经营权有序流转，构建培育新型农业经营主体的政策体系。

目前，我国承包土地流转的主要形式有以下三种：

一是土地转包。就是农民将自己承包土地的全部或部分经营权，通过合法的途径转移给其他农民。该种土地流转模式中，土地的"拥有者"仍然具有土地的承包权，只是阶段性地将土地的经营权转让给他人。该形式通常由村民自发而成，其流转操作十分简单，能够满足农民对土地流转的需求，对解决农村分散和荒废土地问题意义巨大。但是，在实际应用过程中也发现，该流转模式在我国经济欠发达地区比较常见，具有分散性和不稳定的特点。由于土地流转是农民自发形成的，土地流转的范围十分广泛，且流转的速度较快，这对我国农业的可持续发展产生了不良影响。

二是土地信托（亦称土地银行）。农民将自己所拥有的土地经营权交给地方信托公司，由其进行经营与管理，并从中获取一定的经济收益。土地信托模式的形成，是因为该土地流转模式不会对农民的土地经营权进行更改，并且土地的经营与管理都由专业的土地信托公司完成，大幅度地提高了土地的使用效率和经济性。现阶段，土地信托公司在我国并不多，而且能够长时间得到农民信任的信托机构更是稀少。正是这一原因，导致信托土地流转模式在具体应用中具有局限性，其真正作用难以得到充分发挥。

三是股份合作。农民将自己所拥有的土地经营权作为土地股份投入农业生产经营合作中，并从中获取一定的利润。该模式就是股份合作模式。从目前我国的经济发展情况看，股份合作模式在土地流转过程中已经发挥了一定作用。随着市场化程度的不断提升，股份合作模式的应用范围逐渐变得更加广泛，特别是在经济相对发达的地区更为常见。但是，从开展股份合作模式所取得的实际效益看，结果并不理想。目前，我国并未针对土地股份合作模式作出相应的法律规定，并且在诸多因素影响下，为了经济利益的最大化，股份合作模式经常会改变土地的原有用途，对农民利益造成了一定程度的损害，对发展农村经济也带来了不利影响。

2017年，国土资源部和住建部印发关于《利用集体建设用地建设租赁住房试点方案》的通知，为增加租赁住房供应，缓解住房供需矛盾，构建购租并举的住房体系，建立健全房地产平稳健康发展长效机制，确定了

13 个城市开展利用集体建设用地建设租赁住房试点，开我国集体建设用地间接性流转的先河。2018 年 1 月 15 日，国土资源部宣布，我国将探索宅基地所有权、资格权、使用权"三权分置"改革，落实宅基地集体所有权，保障宅基地农户资格权，适度放活宅基地和农民房屋使用权，这是一项重大创新。各地在改革试点中正在开展农户资格权的法理研究，探索宅基地"三权分置"的具体实现形式，重点结合发展乡村旅游、返乡人员创新创业等先行先试，探索盘活利用农村闲置农房和宅基地、增加农民财产性收入、促进乡村振兴的经验和办法。至此，我国农村"三块地"流转制度正式起航。

二、浔龙河村的地权制度实践

（一）开展村组及农户土地产权调查

2010 年 3 月下旬至 5 月，浔龙河村分阶段组织实施了农村集体土地产权调查工作，坚持"尊重历史，尊重现实"和"公开、公平、公正"的原则，以现行法律、法规和政策为依据，调查核实各户土地使用共有人、宅基地、耕地、林地情况，测量各组范围内塘坝、河流、道路等公共用地面积。

为了便于开展工作，村委会成立了土地产权调查小组。调查小组由村民推选德高望重的老同志组成，每个村民小组由组长和村民代表参加，邀请专业的测绘队进行勘测。整个调查工作分为入户调查和组界调查两个阶段。第一阶段的入户调查从 3 月 22 日开始，由 4 个调查工作小组分片负责，对全村各组各户居民展开调查。主要采用查阅户口簿、村民建房用地许可证、林权证等法定证件以及询问当事人、现场踏勘等方式，逐户登记了集体土地共有权人信息，调查了各户住房及宅基地使用情况、林地及林业经营情况，最后由户主在调查登记表上签名确认。在此基础上，村委会组织专业人员进行了组界调查，对各村民组四界范围、林地、耕地以及塘坝、河流、道路等公共用地进行了测量，经数字化、图形化处理，形成了各组

◆ 2017 年 8 月 1 日，湖南省旅发委主任陈献春陪同 ITG 中国区总裁熊晓鸽一行考察浮龙河生态艺术小镇，柳中辉董事长全程接待并就合作事宜进行了深入交流

集体土地权属图，由各组予以确认。

在调查过程中，针对权属不清晰、存在争议的问题，主要采取了以下两种处理方法：一是举证。在双方都认定自己拥有某块林地的权利时，以最近颁发的林权证、建房证等为准。二是现场协调。如果双方都不能拿出有效证明，则邀请有关人员、组代表现场召开会议，对土地的权属沿袭情况进行梳理后协商，得出双方都能接受的界定方案，现场签字、盖章予以确认。

土地调查确权工作结束后，形成了《双河村土地调查报告》，主要取得了以下成果：

一是明晰了土地产权关系。调查结束后，村内每组、每户农民的土地承包经营权、集体土地所有权和宅基地的永久性使用权都进行了明确，四至四界在哪里、权利属于谁都十分清晰。

二是将土地由村集体所有权到组集体所有。村根据调查情况，制作颁发了 13 个组的土地所有权证，明确土地归组集体所有，为开展土地流转、土地改革等工作打下了较好基础。

三是全面了解了村里的土地经营状况。此次调查准确掌握了全村土地的具体情况，包括面积、区域、生产条件、生产价值、经营中存在的问题等，为开展规模经营、发展现代农业提供了准确的参考。

（二）推进土地经营权流转的改革

第一步，开展土地承包经营权现状分析。除了产权不清晰外，土地承包经营权的长期不变还带来了其他一些问题：

一是分配不公。在林地分配方面，历史上是以山林的好坏、山柴的多少为标准，以"担""灶"等为单位划分林地。这种分配方式下的各户林地得到了政府 1982 年、2004 年两次颁证确权，但政策调整未与土地实际调整相衔接，没有与人口变动情况有机协调，造成了严重的不公平问题。仅从浔龙河村各户林地面积来看，林地最多的户有 42.1 亩，其次为 37.2 亩，最少的只有 0.2 亩，最大相差 210.5 倍；按各户林地面积和现有人口数量计算人均面积，最多的每人拥有 27.2 亩林地，其次为 25.2 亩 / 人，最少的仅为 0.04 亩 / 人，最大相差 68 倍；即使在同一组内，最大差距也有 79 倍之多。

二是土地效益不高。土地粗放经营，产出水平低，导致农民增收有限。农业用地既是农民赖以生存的基础，又是繁荣农村经济的来源。但根据调查情况来看，村民真正从农业用地上获得的收入极为有限。在耕地方面，全村耕地水田面积为 1177.31 亩，除双江垸 500 亩良田外多数为中低产田。从浔龙河村每亩农田投入产出表中可以看出，如果不计算劳动力成本，每亩农田的毛收入仅为 788 元；如果计算劳动力成本，每亩还要亏 112 元。正是因为种田不赚钱，农村劳动力纷纷涌入城中，农村"空心化"和农田抛荒等现象大量存在。

浔龙河村每亩农田投入产出表

项 目	数 量	金 额
种子	两季稻6斤	150元
地膜		20元
复合肥	140斤	180元
磷钾肥		100元
农药		180元
插秧	劳动力投入	190元
收割机		200元
育秧	劳动力投入	200元
田间管理	劳动力投入	500元
灌溉电费		20元
运输成本		50元
晒谷	劳动力投入	50元
总计		1840元
产出	1350斤	1728元
毛利润	不计劳动力投入	788元
纯利润		−112元

　　林地同样没有发挥出应有的综合效益。不仅林木依靠自然生长，生产周期长、见效慢，影响了农民发展林业的积极性。而且由于现有林业经营管理制度制约，林业政策不活、机制不灵，与现代市场经济不相适应，造成林地难增收增效，林业陷入低水平发展的困境。

　　第二步，实施土地承包经营权流转。2005年，农业部出台了《农村土地承包经营权流转管理办法》，对土地流转进行鼓励、支持和规范。各省、市、区也相应出台了规范管理的实施办法、细则等。在实施的过程中，部分土地流转工作出现了一些较为突出的问题：擅自改变土地农业用途，进行商业开发；土地流转规模过大，经营管理不善，形成经营风险；随意改变土地承包关系，强迫流转，损害农民的承包经营权；流转价格低位固化，与民争利；流转合同不规范，指导服务不到位，引发矛盾纠纷等。为此，2013年湖南省出台了《关于进一步规范农村土地流转切实维护农民合法权益的通知》，要求各地站在确保国家粮食安全的高度，按照土地利用总体规划确定的土地用途，加强对流转土地的用途管制，确保耕地用途不改变。既要鼓励社会资本参与农村土地流转，进行农业产业开发；又要切实加强监管，防止改变土地用途，破坏农业综合生产能力。面对南方农村经营分散化、地块碎片化、劳动弱质化、产业低效化以及农业缺乏竞争力、农民难以增收、农村留不住人的客观现实，为了彻底解决30年不变的遗留问题，浔龙河村在推进土地流转、促进规模化经营上进行了如下积极探索与创新。

一是土地经营权确权后，村民小组召开全组村民大会，经80%以上村民签字同意后，将经营权收回到组。其中林地按每亩3600元的价格对原林地承包经营权人进行补偿，如遇征收，则按每亩3600元从征地款中扣除。林地附着物归原林地承包经营权人所有。即"确权不确地"，农民拥有承包经营权，但不特指具体的某块土地。

二是按照依法、平等、自愿的原则，由村民小组自主申请，并由该组全体村民签字同意后开展流转工作。耕地300公斤谷/亩·年、林地75公斤谷/亩·年、水塘坡土100公斤谷/亩·年，按照当年国家制定的粮食保护收购价（早、晚稻收购价平均）折算成现金进行支付。村民小组获得流转收入后，按照本组当年可分配人口进行平均分配，有效解决了土地分配不公的问题。

第三步，对流转土地开展现代农业经营。对项目区内不需要开展建设的10000亩土地实施集中流转，并根据其不同类别有针对性地发展现代农业。土地通过流转实现大规模农地经营后，为现代农业生产要素的引进创造了条件，通过利用现代农业科学技术手段，让单位面积的农地更多地吸收劳动力、资金、技术等农业生产要素，使得农地产生了小规模经营难以获取的农业规模效益和产业发展质量。例如，在基本农田发展绿色蔬菜、优质稻种植等，严格控制生产标准，不使用农药、化肥，保护土壤不被破坏。在旱土、坡地等一般农田开展花卉苗木、水果等种植。通过提升农业科技水平和现代化装备水平，促进农业提质增效。同时，开办农产品加工厂，通过整合基地内和周边优质农产品资源进行加工，打造浔龙河名、优、特、精农产品品牌。按照休闲旅游的标准建设蔬菜、花木基地，结合项目区优美的山水资源、深厚的文化底蕴，发展农村休闲旅游，打造最具特色的5A级休闲旅游景区，按照景区建设要求对山地予以保留并开展残次林改造和生态环境建设，充分保留农村整体风貌，提升区域整体品质。

（三）探索城乡建设用地增减挂钩机制

农村宅基地使用权是农民基于集体经济组织成员资格而取得，并非通过市场行为交易所得，是保障农民拥有住房的一种社会福利。因此，《中华人民共和国土地管理法》第六十二条规定："农村村民一户只能拥有一处宅基地，其宅基地的面积不得超过省、自治区、直辖市规定的标准。"第六十三条规定："农民集体所有的土地的使用权不得出让、转让或者出租用于非农业建设。"不过，目前的试点政策已经允许利用村集体建设用地自主建设出租房面向城里人出租，也开始试水农民住房的"新三权分置"改革。

从浔龙河村来看，以往农户宅基地使用普遍存在以下问题：

一是宅基地实际使用水平低，基础设施配套差。由于农村青壮年劳力大多外出打工创业，文化程度较高的村民特别是大中专学生在城镇企事业单位工作，实际从事农业生产的村民并不多，导致村民房屋大量空置（根据九三学社发布的调查报告显示，近年来我国农村常住人口以1.6%的速度在减少，宅基地的面积却以每年1%的速度增加，农村每年建房占地200万亩，年投入数千亿元，但其中有1/4的住房常年无人居住），有效居住率不高。特别是有些老屋因无人照管、年久失修而倒塌，造成了住房和宅基地资源的浪费。同时，由于缺少建设规划，村庄建设用地粗放管理，既浪费了土地，没有发挥土地资源应有的综合效益，又加剧了农村建设用地的短缺。分散居住的方式，显著增加了水、电、路、气、网等公共基础设施配套的成本，不利于农村社会事业的发展和农民生活水平的有效改善。因此，抓紧清理农村住房，规范住房建设使用，有效整合农村宅基地，合理配置土地资源，提高农民群众居住水平，是浔龙河村必须解决的一个重要问题。

二是宅基地不能转让、出让的性质，使大量的"不动产"变成了"呆资产"，影响了农民致富增收特别是财产性收益的增长。浔龙河村村民和其他中西部地区农村村民一样，将在外打工的收入主要投入宅基地的住房建设之中，但这些宅基地及其房产却因为无法上市流通而变得一文不值，多数出现自建起之日起就是贬值之时，每年大量资金在土地和住宅上沉淀，造成大量的社会财富被浪费。

三是造成土地权属混乱，易产生产权纠纷。尽管法律上对农村宅基地的流转作了限制，但由于经济利益驱动、农民与市民需求互补、农村景观和生态吸引力等原因，宅基地买卖、出租、抵押等形式的流转已大量存在，形成了以自发流转为特征的农民宅基地隐性市场，加剧了土地权属混乱和产权纠纷，给土地权属管理造成了很大的障碍。

那么，如何解决宅基地使用权存在的问题？浔龙河村的探索是，通过城乡建设用地增减挂钩，实施农民宅基地置换城镇住房，无疑是一条重要的途径。城乡建设用地增减挂钩是指依据土地利用总体规划，将若干拟整理复垦为耕地的农村建设用地地块（即拆旧地块）和拟用于城镇建设的地块（即建新地块）等面积共同组成建新拆旧项目区（以下简称项目区），通过建新拆旧和土地整理复垦等措施，在保证项目区内各类土地面积平衡的基础上，最终实现建设用地总量不增加，耕地面积不减少，质量不降低，城乡用地布局更合理的目标。

2008 年，国土部颁发了《城乡建设用地增减挂钩试点管理办法》，要求增减挂钩工作必须"以落实科学发展观为统领，以保护耕地、保障农民土地权益为出发点，以改善农村生产生活条件、统筹城乡发展为目标，以优化用地结构和节约集约用地为重点"。自 2009 年起，国土资源部改变批准和管理方式，将挂钩周转指标纳入年度土地利用计划管理，国土资源部负责确定挂钩周转指标总规模及指标的分解下达，有关省区市负责试点项目区的批准和管理。目前，各省市每年都有一定数量的土地增减挂钩指标。2012年，针对少数地方片面追求增加城镇建设用地指标、擅自开展增减挂钩试点和扩大试点范围、突破周转指标、违背农民意愿强拆强建等一些亟须规范的问题，国务院出台了《关于严格规范城乡建设用地增减挂钩试点切实做好农村土地整治工作的通知》，对土地增减挂钩工作进行了严格的规范。

湖南省国土资源厅〔2012〕103号文批复同意的《长沙县2011年城乡建设用地增减挂钩项目实施方案》，将双河村确定为土地增减挂钩试点村。该政策通过腾退的农村建设用地等面积置换城镇新增建设用地指标，并明确将土地增减挂钩置换用地土地收益全额返还，以解决农民拆迁安置、公共基础设施建设等的资金问题。

按照户均1.2亩宅基地的标准计算，村上560户共有宅基地面积672亩，实施集中居住后可节约建设用地300亩，将节约的建设用地指标在黄花镇的空港城进行异地置换，并将原有宅基地复垦为耕地。通过土地增减挂钩推动村民实行集中居住，既节约了集体建设用地，增加了耕地面积，同时也解决了农村公共资源配套难、农民居住品质低等问题，从而为提升农民住房等不动产的资产价值和财产性收益打下了制度基础。

浔龙河生态艺术小镇在实施增减挂钩政策中，按照长沙市政府103号令拆除农民的旧房，每户村民可获得50万—60万元的补偿。新房按1—3人户按210平方米建筑面积的基准分配，每增加1人则增加70平方米，以一楼商铺1300元/平方米、二楼和三楼住房800元/平方米的价格购买，购得新房并装修后农民还有盈余。通过置换，农民可获得一栋别墅、一个门面、一个菜园、一个车库、一个院子，享受了与城市相同的公共设施配套和比城市空间更大、环境更好的生活条件，大大提升了村民的获得感与幸福指数。

◆ 居民集中居住区近景

    从浔龙河村的探索实践看，增减挂钩宅基地置换对城郊型和半城郊型乡村振兴的意义非常重大：

    一是推动了农村社区建设，实现了农民就地、就近城镇化。农民集中居住后，配套建设水、电、路、气、网及医院、学校、文体中心、图书馆、公园等各种设施，形成崭新的美丽乡村社区——"城镇化的乡村、乡村式的城镇"，农民就近转变为社区居民，既享受与城市居民同等的社会服务与社会保障待遇，又保留了农民的权利，生活品质大幅提升。

    二是大大提升了村民不动产的资产价值。农民的集中居住用房建设在小城镇中，可以办理房屋所有权证和集体土地使用权证，可用作抵押贷款。

农民住房就从原来的"呆资产"变成了"活资本"，大大提升了其资产价值和财产性收益。

三是引导城市人群下乡居住，增加人流、物流，促进城乡融合。小城镇建设既保留了农村优美的自然风光，建设了农民菜园、民俗文化宫等，保留了农民的生活习惯，又实现了公共设施的配套，利用便捷的交通区位，能够吸引大量的城市人群下乡置业，真正实现城乡互动、城乡融合。

（四）试水村集体经营性建设用地上市交易、同价同权

党的十八届三中全会《关于全面深化改革若干重大问题的决定》指出：建立城乡统一的建设用地市场。在符合规划和用途管制前提下，允许农村集体经营性建设用地出让、租赁、入股，实行与国有土地同等入市、同权同价。自此，我国农村集体经营性建设用地从建设用地市场的"牢笼"中得以突围，成为农村土地改革的重要突破口。那么，为什么会选择农村经营性建设用地率先试水、推向市场呢？

农村集体建设用地分为农村公益性用地、宅基地和集体经营性建设用地三类，是指具有生产经营性质的农村建设用地，包括农村集体经济组织使用乡（镇）土地利用总体规划确定的建设用地兴办企业或者与其他单位、

◆ 居民集中居住区远景

个人以土地使用权入股、联营等形式共同举办企业、商业所使用的农村集体建设用地，如过去的乡镇企业用地。

一直以来，关于集体建设用地的入市有着诸多争论。农业专家认为，集体建设用地上市将导致农民卖地建房，耕地就保不住了，影响农业发展和粮食安全。国土部门认为，开放集体建设用地入市，土地出让金就没有了，地方财政就崩盘了，土地也管不住了。在普遍存在上述认识的前提下，要开启集体经营性建设用地上市交易的探索的确是个难事，而在现实困难中要突破集体经营性建设用地同价同权的上市操作难题更属不易。所以，湖南省国土资源厅在选择试点时也格外谨慎，考量了经济发展潜力好、用地需求量大、村支两委班子坚强有力、有专业的企业运作能力等诸多因素。浔龙河村的成功实践表明，推动集体建设用地入市，逐步建立城乡统一的建设用地市场，推动农村集体建设用地在符合规划的前提下与国有建设用地享有平等权益，不仅有利于形成紧贴市场供求关系的土地价格，建立与城镇地价相衔接的集体建设用地地价体系，而且明显促进了土地在竞争性使用中实现更合理的配置。

浔龙河村的做法是：

（1）确定规模及主体。

一是组建村集体资产管理中心。村集体是集体经营性建设用地使用权出让、租赁、入股的实施单位。由浔龙河村集体成立资产管理中心，统一开展土地的开发、利用和经营活动。管理中心的股东为浔龙河村 13 个村民小组，股份比例按照村民小组所拥有的具有经营权的土地面积在全村土地总面积的比例确定，股东代表由各小组选举产生。

二是确定集体经营性建设用地规模。根据土地利用规划，确定集体经营性建设用地的规模约为 300 亩。双河村村委会召开村民代表大会，经代表大会表决同意，将集体经营性建设用地委托给资产管理中心进行经营。资产管理中心根据村庄发展需要，分期办理集体经营性建设用地手续。

（2）土地征收。

集体经营性建设用地出让、租赁、入股涉及收回建设用地使用权、宅基地使用权和土地承包经营权的，浔龙河村集体对相应权利人的土地权利及附着物进行补偿，补偿标准参照长沙县农村集体建设用地征收的相关标准实施。

（3）上市交易。

首先是确定土地交易价格。为确保集体经营性建设用地交易价格有据可依，县国土局、果园镇浔龙河村委会制定了"试点村范围内集体建设用地基准地价"，根据"与国有出让用地同价同权"的要求，原则上参照浔龙河项目范围内国有建设用地使用权出让的价格进行确定。

其次是用途管制。浔龙河村范围内的集体经营性建设用地仅采用入股的方式，用于浔龙河生态示范点项目的公共经营性配套项目的建设，如民营医院、学校、商场、文体中心、加油站等。

再次是过程监管。农村集体经营性建设用地经营权的使用应按有关规定办理规划、环保等相关手续。县国土局将集体经营性建设用地纳入土地市场动态监测监管系统，对超过土地利用合同约定竣工期限一年以上未竣工验收的，县国土局有权参照国有建设用地闲置土地收费标准，报同级人民政府批准后征收土地闲置费，直至竣工验收或另行处置（协商交回农村集体所有权主体或进行转让）。

（4）收益分配。

一是政府财税收益。浔龙河村集体经营性建设用地使用权交易参照国有建设用地使用权交易应缴税费的标准缴纳相关税费。

二是股东分红收益。土地经营所获得的可分配收益按照股东（村民小组）的股份比例进行分红，村民小组按照当年可分配人口进行平均分配。

三是审计管理。县财政、审计、国土等相关部门出台政策，指导村委会建立土地交易收益的内部审计制度，并制定规范的土地收益分配和使用的外部审计制度。对发现集体所得收益使用方向不符合有关管理制度的，政府有权不受理后续相关土地交易手续申请。

（五）浔龙河村土地混合运营与众筹共享

"浔龙河范本"是农民就地就近城镇化的典型样板，它既要通过生态社区的建设引导农民就地、就近变居民，并引导城市居民下乡居住，同时也要通过发展现代农业、乡村旅游、文化创意和乡村地产等综合产业，实现农民的就近就业和致富增收。项目用地必须有满足农民集中居住和公共配套需要的集体建设用地和满足产业需要的农用地、国有出让用地，因此，必须开展土地混合运营。

土地混合运营是保护耕地的基本要求。新型城镇化建设要避免过去无边界、摊大饼、无序占有、破坏耕地的弊端，以耕地面积有所增加、质量有所提高作为前提，在进行产业规划时把现代农业作为基础产业，采用规模化、标准化、现代化的种植方式和生态、有机、健康的思维模式进行经营，提高农田的产出效益。同时，农业作为安置当地劳动力就业的重要途径，能够有效地将农民转化为产业工人。

土地混合运营是保护生态环境和人文环境的必然要求。新型城镇化的要求是"看得见山、望得见水、记得住乡愁"，也就是要充分保留农村的自然风貌和生态文化。因此，从用地的布局上来讲，建设用地必须采用点状、带状布局，保留山塘、自然景观和人文景观等，使不同类型土地有机融合，做到"你中有我、我中有你"，使生态、人文等农村典型要素得以保留。

土地混合运营是保护民生的根本要求。在城镇化进程中，对农民土地基本上采取了一征了之的做法，使农民失去了对土地的三大权利，直接变为市民。虽然农民获得了土地补偿、拆迁补偿等，但却失去了赖以生存的基本权利。新型城镇化建设不是对农民进行掠夺，而是通过农民土地承包经营权流转、宅基地使用权的置换和集体经营性建设用地的上市交易分红，来增加农民收入、改善农民生活水平、实现农民市民化。因此，不能将所有的土地全部调整为建设用地，而必须控制建设用地规模，实现产业发展和农民基本权利保障的双赢。

浔龙河村土地混合运营的试点是从浔龙河生态示范点项目开始的。首先，它的土地利用规划是根据项目建设和产业发展的需要调整出来的；其次，它的建设用地布局没有采用传统的成片布局方式，而是创造性地采取了点状、带状、片状布局。项目区 14000 多亩的总面积，其调整的结果为：

农业用地 10000 亩，不改变使用性质，将承包经营权进行流转，基本农田种植水稻、蔬菜、油菜等粮食和经济作物，一般农田种植花卉苗木，农民直接获得土地流转收入，购买粮食解决吃饭问题。同时，安排农民就业，使农民获得工资收入。

建设用地 4500 亩，其中国有出让用地 3500 亩，企业通过国土部门征地后招拍挂获得土地，建设农产品加工厂、乡村度假农庄、小城镇地产、乡村地产等；集体建设用地 1000 亩，又分为公益性用地、农民集中居住的宅基地和集体经营性建设用地三类。公益性建设用地用来解决道路、交通、广场、公园等基础设施配套，宅基地用来解决农民集中居住问题，集体经营性建设用地用来建设医院、民办学校、加油站、商场等经营类项目。

随着农村集体土地不用经过国家征地环节直接进入城镇租房市场，以及农户宅基地及其住房的"新三权分置"等改革政策的普及与推广，乡村住房租赁、共享度假小院等与乡村旅游、乡村振兴密切关联的产业将会在城郊型、半城郊型和景区型、半景区型地域得到迅速发展，甚至会带来新一轮城镇人口与工商资本的"上山下乡"，大幅度推进包含人口、土地、资金、技术、理念、模式等全维度资源的城乡双向和相向流动，促进城乡生产与生活的融合发展。尤其是这些政策的实施与深度推进，将大幅改善城镇房地产市场的供给，必然带来城镇房地产市场刚需的"软化"，对降低城市土地和房产交易价格，平抑未来城镇房地产市场的房价与租金产生重大影响，给城镇居民带来意想不到的福利。

按照试点政策，村镇集体经济组织可以自行开发运营，也可以通过联营、入股等方式建设运营集体租赁住房或者共享度假小院。这不仅兼顾了政府、农村集体、企业和个人利益，理清了权利与义务的关系，而且也平衡了项目收益与征地成本的关系。如果集体组织自行开发，不仅政府征地环节没有了，连开发商这个环节也省去了，节省的成本会非常巨大。以北京、上海为例，土地成本占房价构成的70%，长沙也达50%，这部分就可以免去。加上开发商环节的省去，农村集体建设的租赁房成本可能只有商品房成本的20%（一线城市）到30%（二线城市）。至少可以这样看，对于城郊型、半城郊型农村或者旅游景区周边乡村来说，村集体和广大村民将成为大批租赁住房的股东，长期享受土地红利，这必然带来农村户口的价值大增，也将会出现一大批乡村百姓的新富阶层。这一结果是完全可期也是非常令人震撼的！

随着大数据、人工智能和物联网的普及推广，浔龙河村不仅出现了上述令人振奋的结果，而且正在积极探索"众筹共享"的模式，加快推进城

◆ 民宿街

市居民和外地游客"上山下乡"的进程。

共享度假小院，是结合市场刚需打造的城市家庭回归田园自然、享受共享度假生活方式的第二居所。在这里，城市居民和游客可以享受到共享度假的田园生活：共享旅游、共享文创、共享禅修、共享运动、共享医护……免费享受阳光、空气、养分、水……从浔龙河村拟订的计划看，这种共享度假小院的实现路径是"众筹共享"模式。

"众筹共享"项目的建设、运营有着严格的要求：

一是项目用地应当符合城乡规划、土地利用总体规划及村土地利用规划，以存量土地为主，不得占用耕地。

二是尊重农民集体意愿，合理确定项目运作模式，维护权利人合法权益，确保集体经济组织自愿实施，自主运作。

三是建立项目报批（包括预审、立项、规划、占地、施工）、项目竣工验收、项目运营管理等规范性程序。

四是集体租赁住房出租，应遵守相关法律法规和租赁合同约定，不得以租代售。承租的集体租赁住房，不得转租。探索建立租金形成、监测、指导、监督机制，防止租金异常波动。

五是承租人可按照国家有关规定凭登记备案的住房租赁合同依法申领居住证，享受规定的基本公共服务，逐步建立健全对非本地户籍承租人的社会保障机制等。

PART

05

"党建引领"的浔龙河组织振兴

实施乡村振兴战略，让广大农村居民享受到改革发展的红利，不断提高农村居民的获得感和幸福感，是党的各级干部必须扛起的责任和使命。从手段上讲，必须全力推广用好"党建＋"模式，通过组织振兴把党的组织优势转变为发展优势，充分发挥党员的先锋示范作用，以党建引领乡村治理，全力开启乡村治理新征程。

第一节　中国特色的治理体系与模式

党的十八大提出全面深化改革的总目标是完善和发展中国特色社会主义制度，推进国家治理体系和治理能力现代化。党的十九大进一步围绕"健全人民当家作主制度体系，发展社会主义民主政治"主题，深刻阐述了中国特色社会主义政治发展道路、制度体系与治理模式，进一步完善、丰富和发展了中国特色社会主义理论，成为习近平新时代中国特色社会主义思想的重要组成部分。

那么，中国特色的治理模式是一个什么样的模式呢？我们认为是党的领导核心与多元合作治理的模式。这一模式的最大特色在于"坚持党的领导、人民当家作主、依法治国有机统一"。中国特色的治理模式是共产党领导的多元政治治理、企业治理与社会治理的共同演进，中国共产党领导、人民当家作主、依法行政和协商民主制度是中国特色治理体系的核心内容与本质特征。习近平总书记在党的十九大报告中指出："党的领导是人民当家作主和依法治国的根本保证，人民当家作主是社会主义民主政治的本质特征，依法治国是党领导人民治理国家的基本方式，三者统一于我国社会主义民主政治伟大实践。"从治理体系的组成模块与内容分析，如下图所示，这个特色具体表现在以下三个方面。

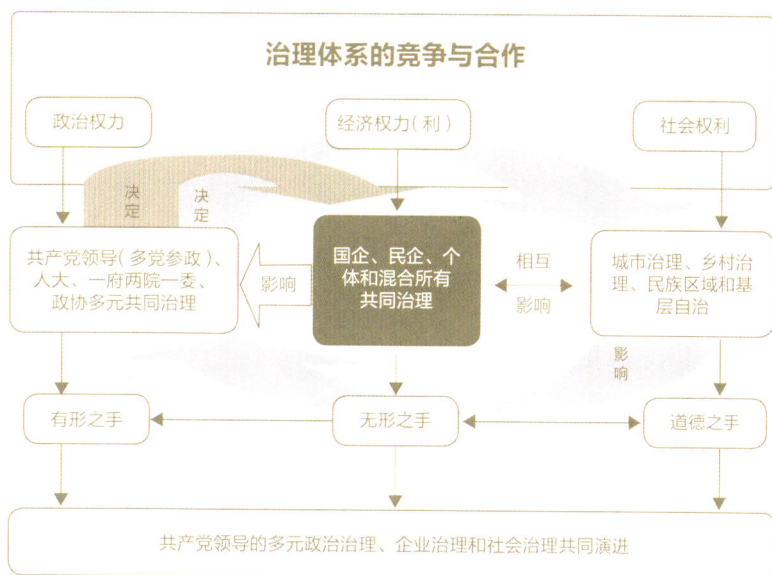

中国特色社会主义的治理体系

一、政治权力：党的领导核心与"有形之手"的治理

（一）坚持中国共产党领导

党的领导是中国特色社会主义制度的最大优势，是实现经济社会持续健康发展的根本政治保证，任何时期都必须坚持发挥党总揽全局、领导一切的核心作用。在我国政治生活中，党是居于领导地位的，加强党的集中统一领导，支持人大、政府、政协和监察委、法院、检察院依法依章程履行职能、开展工作、发挥作用，这两个方面是统一的，并通过健全依法决

策机制，构建决策科学、执行坚决、监督有力的权力运行机制。办好中国的事情，关键在党，关键在党要管党、从严治党，通过不断改进党的领导方式和执政方式，保证党领导人民有效治理国家。党的十九大报告指出：党政军民学，东西南北中，党是领导一切的。必须增强政治意识、大局意识、核心意识、看齐意识，自觉维护党中央权威和集中统一领导，自觉在思想上、政治上、行动上同党中央保持高度一致，完善坚持党的领导的体制机制，坚持稳中求进的工作总基调，统筹推进"五位一体"总体布局，协调推进"四个全面"战略布局，提高党把方向、谋大局、定政策、促改革的能力和定力，确保党始终总揽全局、协调各方。

（二）坚持人民当家作主

我国是工人阶级领导的、以工农联盟为基础的人民民主专政的社会主义国家，国家一切权力属于人民。我国社会主义民主是维护人民根本利益的最广泛、最真实、最管用的民主。发展社会主义民主政治就是要体现人民意志、保障人民权益、激发人民创造活力，用制度体系保证人民当家作主。人民代表大会制度是坚持党的领导、人民当家作主、依法治国有机统一的根本政治制度安排，必须长期坚持、不断完善。要支持和保证人民通过人民代表大会行使国家权力，发挥人大及其常委会在立法工作中的主导作用，健全人大组织制度和工作制度，支持和保证人大依法行使立法权、监督权、决定权、任免权，更好地发挥人大代表的作用，使各级人大及其常委会成为全面担负起宪法法律赋予的各项职责的工作机关，成为同人民群众保持密切联系的代表机关。

（三）坚持依法行政与依法治国

全面依法治国是国家治理的一场深刻革命，坚持厉行法治，推进科学立法、严格执法、公正司法、全民守法。按照党的十九大的战略部署，党中央将成立中央全面依法治国领导小组，加强对法治中国建设的统一领导，加强宪法实施和监督，推进合宪性审查工作，维护宪法权威。强调建设法治政府，推进依法行政，严格规范公正文明执法。转变政府职能，深化简政放权，创新监管方式，增强政府公信力和执行力，建设人民满意的服务型政府。赋予省级及以下政府更多自主权。在省市县对职能相近的党政机关探索合并设立或合署办公。深化事业单位改革，强化公益属性，推进政事分开、事企分开、管办分离。深化司法体制综合配套改革，全面落实司法责任制，努力让人民群众在每一个司法案件中感受到公平正义。加大全民普法力度，建设社会主义法治文化，树立宪法法律至上、法律面前人人平等的法治理念。

（四）发挥社会主义协商民主的重要作用

习近平总书记指出："有事好商量，众人的事情由众人商量，是人民民主的真谛。协商民主是实现党的领导的重要方式，是我国社会主义民主政治的特有形式和独特优势。要推动协商民主广泛、多层、制度化发展，统筹推进政党协商、人大协商、政府协商、政协协商、人民团体协商、基层协商以及社会组织协商。加强协商民主制度建设，形成完整的制度程序和参与实践，保证人民在日常政治生活中有广泛持续深入参与的权利。"学习、理解时要把握三点：其一，中国共产党领导的多党合作与政治协商制度是我国的基本政治制度。"共产党执政、民主党派参政，共产党领导、多党派合作"的中国特色政党制度是全世界独一无二的政党制度。其二，人民政协是具有中国特色的制度安排，是社会主义协商民主的重要渠道和专门协商机构。人民政协工作要聚焦党和国家中心任务，围绕团结和民主两大主题，把协商民主贯穿政治协商、民主监督、参政议政全过程，完善协商议政内容和形式，着力增进共识、促进团结。加强人民政协民主监督，重点监督党和国家重大方针政策和重要决策部署的贯彻落实。尽管选举民主、协商民主、自治民主都是人民民主，但从发展新时代和解决新的主要矛盾的角度看，协商民主是我国目前和今后一段时期最为需要的一种民主形式。事实上，与选举民主将多数人的意志转变成党委政府决策行为相比，协商民主更能将少数人的真知灼见或基层呼声纳入决策程序，因而它能更有效地整合各种政治资源，调动一切积极因素，拓宽民众诉求渠道，广纳不同政见，进一步增加推力、减少阻力、形成合力。人民民主不仅要保证每个公民的民主权利，而且要努力维护和实现最广大人民的根本利益。强调在中国共产党领导下推进协商民主，就是为了维护和实现最广大人民的根本利益，找到这个最大公约数，画好最大同心圆。其三，维护好、实现好民族区域自治制度和基层群众自治制度。从政治民主建设看，选举民主、协商民主、自治民主都很重要，哪一个也不能少。没有选举民主，人民就没有决定权；没有协商民主，人民就没有发言权；没有自治民主，人民就没有管理权。但是哪一种民主形式都不是完美无缺的，都是有局限性的，都需要其他民主形式来补充。中国特色的治理体系正是保证多种民主方式的优势得以发挥而又有效避免其劣势，实现多元优势的互补与合作。

（五）"有形之手"的调控方式

习近平总书记在党的十九大报告中指出，深化依法治国实践。全面依法治国是国家治理的一场深刻革命，必须坚持厉行法治，推进科学立法、严格执法、公正司法、全民守法。成立中央全面依法治国领导小组，加强对法治中国建设的统一领导。各级党组织和全体党员要带头尊法学法守法用法，任何组织和个人都不得有超越宪法法律的特权，绝不允许以言代法、以权压法、逐利违法、徇私枉法。所以，"有形之手"的本质内涵是讲"规矩"、立"法治"。尽管其表现形式多种多样，有法律、《章程》、纪律、规章、法规性文件、规划（含计划）、审批、核准、认证、诉讼等，所有这些，包括被人们广泛认同或使用的经济领域的"有形之手"——"计划调控"，都具有强制性的规范约束特征。因此，基于政治权力及其治理的根本特征是具有强制性特征的"法治"，全力发挥"有形之手"的作用。

二、经济权力（利）：基于法治的企业治理与"无形之手"

坚持和完善社会主义市场经济体制是我国经济治理制度与模式的根本特点。社会主义市场经济的制度基础有三个基石：一是法治。所有的"无形之手"发挥作用都必须建立在"法治"这只"有形之手"的基础之上，世界上不存在脱离"法治制度"的市场经济，越是发达的市场经济越是法治经济。二是诚信。市场经济是诚信经济，不讲诚信、不讲道德、违背良心是构筑不起市场经济秩序的。诚信是自生秩序形成的基点，是规范人们心理契约的准绳，是做人的底线和市场经济得以持续的"底边"。三是产权。清晰的产权制度安排与严格的产权保护，是市场经济得以前行的基础，是市场主体对利益理性追求的根本保障。实践中强调，以完善产权制度和要素市场化配置为重点，实现产权有效激励、要素自由流动、价格反应灵活、竞争公平有序、企业优胜劣汰。上述三大基石共同支撑市场经济这座大厦。在这一点上，不管社会制度如何，都必须坚持与维护。

但是，中国特色社会主义市场经济的治理模式与西方资本主义国家市场经济的治理模式有着根本的不同。其一，尽管在经济领域都实现企业治理，都强调发挥"无形之手"的主体作用，但我国的特色在于：坚持市场在资源配置中起决定性作用和更好地发挥政府作用，牢固树立各级党组织在各级经济治理和企业党委或党组在企业治理中的核心地位与作用。其二，坚持实行公有制为主体、多种所有制经济共同发展的基本经济制度，毫不动摇地巩固和发展公有制经济，毫不动摇地鼓励、支持和引导非公有制经济发展。强调要完善各类国有资产管理体制，改革国有资本授权经营体制，加快国有经济布局优化、结构调整、战略性重组，促进国有资产保值增值，推动国有资本做强做优做大，有效防止国有资产流失。深化国有企业改革，发展混合所有制经济，培育具有全球竞争力的世界一流企业。全面实施市场准入负面清单制度，清理废除妨碍统一市场和公平竞争的各种规定和做法，支持民营企业发展，激发各类市场主体活力。其三，注重激发和保护企业家精神，鼓励更多社会主体投身创新创业。发挥党员和基层党组织在一线的先锋模范作用和示范引领作用，培养造就一大批具有国际水平的战略科技人才、科技领军人才、青年科技人才和高水平创新团队。倡导创新文化，强化知识产权创造、保护、运用，建设知识型、技能型、创新型劳动者大军，弘扬劳模精神和工匠精神，营造劳动光荣的社会风尚和精益求精的敬业风气。

三、 社会权利：多元共治与"道德调控"

中国特色社会主义的社会治理虽然也强调市民治理与乡村治理，但同西方有着本质的不同。

（一）治理主体是"多元共治"

我国的治理是基于社会权利治理的一种典型的共建共治共享的社会治理，表现为中国共产党领导的"多元治理"。其一，社会治理体制上，强调完善党委领导、政府负责、社会协同、公众参与、法治保障的社会治理体制，提高社会治理社会化、法治化、智能化、专业化水平。社会治理机制上，注重预防和化解社会矛盾机制建设，正确处理人民内部矛盾。战略上，树立安全发展理念，弘扬生命至上、安全第一的思想，健全公共安全体系，完善安全生产责任制，坚决遏制重特大安全事故，提升防灾减灾救灾能力；加快社会治安防控体系建设，依法打击和惩治黄赌毒黑拐骗等违法犯罪活动，保护人民人身权、财产权、人格权。战术上，加强社会心理服务体系建设，培育自尊自信、理性平和、积极向上的社会心态。其二，强化社区治理与乡村治理。加强社区治理体系建设，推动社会治理重心向基层下移，巩固基层政权，完善基层民主制度，保障人民知情权、参与权、表达权、监督权，发挥社会组织作用，强化工会、共青团、妇女等人民团体的治理作用，发挥社会中介机构和行业性商／协会的自律作用，实现政府治理和社会调节、居民自治良性互动。加强农村基层基础工作，健全自治、法治、德治相结合的乡村治理体系，加强村党支部和村委会建设，健全融党务、政务、村务、商务、社务"五务合一"的新型村级组织。其三，强化新闻媒体的监督。新闻媒体亦称大众媒体，包括纸质媒体（报刊）和电子媒体（广播、电视、手机等）两种。随着互联网的兴起，大众媒体在当代社会不仅发挥着传递信息、提供娱乐等社会功能，还不断改变着人们的价值观念和生活方式，塑造着社会公共生活，从而成为影响力巨大的文化存在形式与监督方式。在我国特别强调新闻媒体的"正能量"的价值导向功能，当然也十分注重发挥媒体的监测社会环境、协调社会关系、传承文化、提供娱乐等多项功能与作用，但必须强调党对舆论阵地的绝对领导。

（二）治理方式是"道德调控"

其一，坚持马克思主义。牢固树立共产主义远大理想和中国特色社会主义共同理想，培育和践行社会主义核心价值观，不断增强意识形态领域的主导权和话语权，推动中华优秀传统文化创造性转化、创新性发展，继承革命文化，发展社会主义先进文化，不忘本来、吸收外来、面向未来，更好地构筑中国精神、中国价值、中国力量，为人民提供精神指引。事实上，文化自信是一个国家、一个民族发展中更基本、更深沉、更持久的力量。其二，加强思想道德建设。人民有信仰，国家有力量，民族有希望。提高人民思想觉悟、道德水准、文明素养，提高全社会文明程度。广泛开展理想信念教育，深化中国特色社会主义和中国梦宣传教育，弘扬民族精神和时代精神，加强爱国主义、集体主义、社会主义教育，引导人们树立正确的历史观、民族观、国家观、文化观。深入实施公民道德建设工程，推进社会公德、职业道德、家庭美德、个人品德建设，激励人们向上向善、孝老爱亲，忠于祖国、忠于人民。加强和改进思想政治工作，深化群众性精神文明创建活动。弘扬科学精神，普及科学知识，开展移风易俗、弘扬时代新风行动，抵制腐朽落后文化侵蚀。推进诚信建设和志愿服务制度化，强化社会责任意识、规则意识、奉献意识。其三，坚持在发展中保障和改善民生。增进民生福祉是发展的根本目的。必须多谋民生之利、多解民生之忧，在发展中补齐民生短板、促进社会公平正义；在幼有所育、学有所教、劳有所得、病有所医、老有所养、住有所居、弱有所扶上不断取得新进展；深入开展脱贫攻坚，保证全体人民在共建共享发展中有更多获得感，不断促进人的全面发展、全体人民共同富裕。建设平安中国，加强和创新社会治理，维护社会和谐稳定，确保国家长治久安、人民安居乐业。

第二节 浔龙河村的组织振兴与乡村治理

一、中国乡村治理的演变

中国古代乡村治理经历了三个阶段：第一个阶段的乡里制度，乡官制是乡里制度早期的具体形态与模式，这一时期自夏商周到春秋战国直至隋文帝开皇十五年（595）；第二阶段是由乡里制到保甲制的转折时期，大致为隋唐两宋时期，从隋文帝开皇十六年（596）至宋神宗熙宁三年（1070）；第三阶段是从王安石变法至清代，乡里制转变为职役制，治权所代表的官治体制从乡镇退缩到县一级，县为基层行政组织，县以下实行以代表皇权的保甲制度为载体、以体现族权的宗族组织为基础、以拥有绅权的士为纽带而建立起来的乡村自治政治。

由于中国古代社会的特点，其乡村治理尽管含有一定的自治因素，但始终没有发展为真正的乡村地方自治。随着中国封建社会王权的扩张，乡村社会治理越来越深地受到国家政权的干预和控制，其自治性逐渐消退。鸦片战争以后，在接连不断的内乱外患的打击下，农村社会的权力组织趋向解体，进入20世纪之后，清王朝被迫于1913年实行新政，传统的乡里制度、保甲制度被乡镇地方自治所取代。其后国民党政权虽重拾保甲制，但旋即被新政权以摧枯拉朽之势废止。在中国数千年的历史发展中，乡村治理经历了三个主要阶段的历史变迁，并以乡里制度和保甲制度为主线，结合历朝历代的具体实践形成了不同的治理模式与特点。中国古代乡村治理的变迁体现出乡村治理的内在规律，即国家政权对乡村社会治理的介入应当适度，乡村治理不应被过多限制，唯有增强其自治性，方能保持其活力。

正因为如此，新中国建立后我国实施了民族区域自治和基层自治的制度。其中，农村以行政村为单元实施村级自治制度。如果放大到乡镇，改革开放以来，我国乡村逐渐形成了以"乡政村治"为主要标志的中国乡村治理模式。乡镇是我国最基层的政府组织，行使国家最基本的政权，因此

◆ 2017年10月13日，新当选中国城镇化促进会副主席的柳中辉与中国城镇化促进会党委书记、副主席兼秘书长陈炎兵就召开中国首届特色小镇与乡村振兴大会的筹备工作进行研讨

乡镇都设有人大，部分还设置了乡镇政协联络工委。但村（一般是指行政村）一级都是实施村民自治，所以合称"乡政村治"。在我国，村民自治不仅是亿万农民直接行使民主权利的基本形式，更是乡村社会治理的制度性框架。自20世纪80年代以来，我国乡村治理从最初的民主选举"单兵突进"向"四个民主"即民主选举、民主决策、民主管理和民主监督的并重转变，各地相继建立了村民选举制度、村民议事制度等一系列村民自治制度。为进一步加强和完善村民自治制度，1998年11月九届全国人大常委会第五次会议通过了修订后的《村民委员会组织法》。

　　总体来看，村民自治虽然是近30年来乡村治理的制度性框架，但乡村实际的治理模式呈现出多样化的发展趋势，乡村治理开始成为一个综合性的体系——"1+N"的治理体系（1是指党支部或党组，N是指村建村务、合作社建社务、O2O电子商务建设与商务活动等）。进入21世纪之后，随着移动互联网的普及和大数据的广泛应用，乡村治理正在向精准治理和多元复合治理模式转变。一方面，新的社会力量诸如联村企业及其工商资本的影响、村民小组的作用凸显、宗族复兴及各种民间组织的兴起等，这些元素都促使着乡村治理模式向着多元化方向发展，如何把不断多元化、复杂化的乡村治理好，需要进行新的探索实践。另一方面，随着大数据在农村的广泛覆盖与深度运用，农村治理正在打通通往农民家庭的"最后一公里"，激发出广大农民的政治参与热情，如何有效把握舆情，积极主动、正面引导公民的有序政治参与、推进精准乡村治理，也提到了前所未有的高度。

二、浔龙河村治理体系的构建

广大农村是党的建设的重点区域，但由于较长时期以来普遍存在的"重城市、轻农村，重经济、轻党建，重建设、轻管理"现象，党在农村的建设和党员在农村的带动作用被弱化；加上广大农民群众的物质生活水平还不高，农村穷、农业弱、农民收入和地位都低的"三农"问题一直没有得到有效解决。同时，整体而言，我国主要矛盾已发生改变，人民日益增长的美好生活需要与不平衡不充分的发展之间的矛盾已然十分突出，特别是广大中西部地区的农村，由于30多年来农村青壮年的进城务工和城镇迁移，农村土地碎片化、农村空心化、人口老龄化、留守弱质化问题日益凸显。党的十八大作出了庄严承诺——"人民对美好生活的向往就是我们的奋斗目标"。面对这些问题与矛盾，我们应积极主动应对，这是我们党的职责和使命，无论前路多么坎坷，无论路途多么遥远，无论行走多么艰难，我们都要坚定不移地按照党中央的决策部署，把农村建设好，为广大农民谋利益。

浔龙河村的探索是从党建引领、组织振兴开始的。从根源上讲，实现乡村振兴，关键在人才振兴和组织振兴。党组织的战斗堡垒作用和党员的先锋模范作用首先体现为旗帜和团结的作用，即把广大农民紧紧团结在党的身边、村党支部的周围，提高村民的组织化程度；同时还体现在发挥宣传排头兵的作用，把党的理论、路线、方针和好政策传递到每个农民、入心入脑，提高广大农民的思想认识和道德水平，实现以文养人、以文化人的目的；更重要的是体现在带领群众走上发展致富的道路，把以人民为中心的发展思想变成广大农民实实在在的幸福指数。

（一）"五务合一"，强化党建

"五务合一"是新时期农村组织建设规划中对党员群众服务中心建设提出的要求，即强化党务、规范村（居）务、优化服务、拓展商务、协调事务"五务合一"。不少地方在落实党员群众服务中心建设要求时，往往以这"五务"为基准，进行相关配套设施的建设和中心服务的规范。在广大农村实践中，又进行了新的概括，亦即"党务、政务、村务、社务、商务""五务合一"。其实，这两者合起来就更完善了。例如，浔龙河村的"五务合一"内涵如下：

1. "强化党务"方面：社区服务阵地建设基本完善，社区"一站式"服务正常开展，基本制度已经上墙，村支"两委"班子换届已经完成，社区宣传教育工作开展充分，村支"两委"定期开展进门入户，与辖区单位实行共驻共建。

2. "规范村（居）务"方面：社区已经开展各项代办服务，社区已经落实了各项值班制度，社区规范开展民主决策和村务或居务、财务公开制度，社区各项服务工作已经进入电子信息化，城管、警务服务已经进入社区开展工作。

3. "优化服务"方面：社区已经提供基本医疗和计生服务，社区开展了关爱青少年的各项活动，社区提供了居家养老方面的服务，社区开展了帮扶困难人群的服务，社区提供了读书、读报服务，社区开展了丰富多彩的文体活动，社区定期开展志愿服务活动，小区物业服务已经进入社区，社区提供相关的就业服务工作。

4. "拓展商务"方面：社区生活超市定期向困难群众发放"救助卡"，社区公用事业服务提供了困难群众的减免项目，开展了电商服务，建立了湖南省首家村级供销社，开展了供销合作服务。

5. "协调事务"方面：社区深入开展民情走访、定期入户，社区规范开展信访接待工作，社区及时化解矛盾纠纷。

（二）自治、法治、德治结合，强化德治

国家治理体系和治理能力现代化是实现社会主义现代化的特征之一。乡村治理既是国家治理体系的重要组成部分，也是实现乡村振兴战略的基石。为此，党的十九大报告提出了健全自治、法治、德治相结合的乡村治理体系的具体要求，为实现乡村组织振兴指明了方向。

德治与法治在治国理政中相辅相成、相互促进，两者在价值取向和导向上相向而行。德治在乡村治理中起着基础作用，有利于预防和化解社会矛盾。乡村德治的关键是让社会主义核心价值观入脑入心，转化为人们的情感认同和行为习惯，提高村民的道德素质。为此，村支两委干部带头，党员先行，从家庭做起，从娃娃抓起，坚定道路自信、理论自信、制度自信、文化自信。

加强乡村德治建设，通过建立村规民约等形式，健全完善乡村民主管理、民主监督等制度，深入挖掘和阐发中华优秀传统文化讲仁爱、重民本、守诚信、崇正义、尚和合、求大同的时代价值，开展优秀传统文化传播，如立家训家规、传家风家教，倡文明树新风、革除陈规陋习等活动，推进家风建设、文明创建、诚信建设和依法治理、道德评议等行动，实现居民自治良性互动，形成共建、共治、共享"三共"的社会治理格局和自治、法治、德治"三治结合"的乡村治理体系，从而达到"乡风文明、治理有效"的总要求。

浔龙河村在德治创建工作中，以党建品牌为引领，以美丽乡村创建为抓手，完善基础设施建设，实现人居环境优化、生态环境美化，通过以文养德、以评立德、以规促德三项举措来践行德治工程，提升群众的道德素质，实现人文环境和谐化，努力使浔龙河村建设成为集发展之美、民风之美、人文之美、环境之美、秩序之美的魅力浔龙河。

一是通过美丽乡村创建，改造农民房屋，建设水、电、路、气、通信等，完善农村文化宣传阵地，推进文化活动室、电子图书阅览室、百姓大舞台、标准村牌、景观小品等建设，进一步完善了基础设施建设，提升了公共服务水平。同时，加强环境卫生整治，推进改厕工程，规范合理摆放垃圾，推进环境美化、硬化、亮化、绿化，从而实现人居环境优化、生态环境美化，确保乡风文明大行动长久发挥实效、美丽乡村建设成效常态化，全面建立健全后续管理长效机制，与村民签订《环境卫生管理责任状》，落实"门前三包"责任，营造干净整洁的户内外环境。

二是通过以文养德、以评立德、以规促德三项举措来践行德治工程，培育崇德向善、知法明理的新型农民，实现人文环境和谐化。其一，以文养德、修德。通过道德讲堂、爱国主义教育基地、开展志愿服务活动、文化惠民主题活动，营造崇德向善的人文环境。宣传社会主义核心价值观，不断扩大群众性精神文明创建的影响力、吸引力和参与面，引导村民践行社会主义核心价值观，传承弘扬中华传统美德，打造共有的精神家园，使浔龙河村成为弘扬中国传统文化、宣传正能量的窗口。其二，以评立德、促德。按照引导有方向、评判有标准、学习有榜样的要求，建立村道德评议会，设立个人品德、家庭美德、职业道德、社会公德"四德"榜，开展"最美"系列评议评选，引导群众树立正确的世界观、人生观、价值观，用典型的力量激励和带动全社会做好人、扬正气、促和谐，为推动乡村文化振兴提供有力支撑。其三，以规促德、养德。成立村民议事会、道德评议会、禁毒禁赌会、红白理事会，严格落实工作职责，确保"四会"机制有序运行，依靠"四会"倡导文明新风。大力推进家风家训建设，广泛开展"好家风、好家训"征集评选、展示推广等宣教活动，弘扬文明风尚，引导全社会形成以好家风、好家训为荣的良好社会风气。

（三）浔龙河村的治理：党建引领、经建支撑、村民自治与社会共治

经过八年的探索，浔龙河村不仅开展 "五务合一"的实践探索， 而且积极开展"五建同治"的探索。按照党的十八大的战略部署，积极主动

推进党的建设、经济建设、社会建设、文化建设与生态文明建设，积极探索自治、法治与德治相结合，创造出浔龙河村独有的组织振兴与乡村治理模式——"党建引领、经建支撑、村民自治、社会共治"模式。

第三节　浔龙河村的"党建引领"探索

浔龙河村组织振兴的最大特点是党建引领，即把党中央的党建指示精神落实到具体的带领群众率先脱贫、率先致富和率先实施乡村振兴的工作实践中，创造了"党建引领、经建支撑、村民自治、社会共治"的组织振兴与治理新模式。本节将专门解析浔龙河村的"党建引领"创新。

浔龙河村的党建工作按照"不忘初心、牢记使命"的总体要求，始终

◆ 2017 年 7 月 8 日，浔龙河村党总支第一党支部开展主题党日活动

◆ 2016 年 11 月 30 日，浔龙河村党支部上党课，全体党员聚精会神地听老师讲课

遵循为人民服务的最高宗旨，充分发挥基层党支部的战斗堡垒作用，立足于"服务当地村民，促进当地发展"的原则，充分发挥党员干部的示范引领作用，尽快带领村民凝聚力量、挖掘潜能，实现全村脱贫、致富、奔小康。

　　浔龙河村党组织的建立与发展历史悠久。1950 年以前，浔龙河村党支部为地下党支部，划分为荷叶坝支部和塘湾支部。1955 年，浔龙河村成立互助组；1956 年，成立初级农业合作社；1957 年，成立高级农业合作社。这期间，浔龙河村属于坪塘乡党支部，划分为坪塘社（张克明为社长）和金河社（黄顺生为社长）。1961—1963 年浔龙河村属于果园人民公社坪塘大队，划分为金丰支部（张克明为书记）和金荷支部（黄顺生为书记）。1964—1984 年，浔龙河村属于果园人民公社管辖的双河大队党支部，1985 年浔龙河村管委会改为村民委员会，浔龙河村党支部正式成立。浔龙河村党支部成立后，带领全体党员充分发挥领导核心作用，不断加强自身建设，提高政治素质，努力把党支部建设成一个廉洁高效、团结奋进的战

◆ 浔龙河村民议事大会会场

斗集体。合理设置党小组，严格按组织程序发展党员，坚持走社会主义道路，保证了党在农村的各项方针、政策得到贯彻落实。1986 年至今，浔龙河村党支部一直受果园镇党委领导。目前，浔龙河生态艺术小镇的党组织机构十分完善，按照"村企合作促发展、党群共建新农村"的宗旨，已拥有了以浔龙河村村企共建党建工作领导小组为核心，包括浔龙河村党总支、浔龙河公司支部在内的 224 名中共党员的基层组织队伍，同时将 375 名共青团员紧紧团结在党组织周围。

从 2009 年开始，浔龙河村党支部带领村民，朝着建设全国示范性生态艺术特色小镇、建设美丽宜居乡村的总体目标，采取"城镇式的乡村、乡村化的城镇"模式，从而实现了城乡融合发展的新路子。到 2014 年，在短短 5 年时间里，就把一个省级贫困村发展成为湖南省新农村建设示范村和长沙市美丽乡村建设示范村，在党和国家经济社会稳健发展的大背景下，顺利实现了率先精准扶贫、率先脱贫致富的目标。

一、组织上：党支部村企同建

浔龙河生态艺术小镇在开发、建设、运营过程中，始终坚持"党建示范、民生为本、生态优先、机制创新、产业支撑"的系统性运作，积极探索发挥"政府的公共服务配套与政策创新功能、村集体的民主决策与自治效应和乡村资源的价值挖掘功能、企业的社会资本撬动与产业导入功能"三大功能作用；并且尽可能创造条件促进政府、集体和企业三大主体围绕上述三个功能开展合作统筹，实现创新协同。同时，主动开展非公企业党组织建设，通过非公企业党建标准化、社会组织党建区域化的建设，大力提升非公企业党建水平。创造性地开展非公企业与社会资本如何植入集体主义和社会主义价值观的探索，开启了社会资本立足关注民本、民生，关注生态、文化和以此为基础撬动产业持续发展的新试验。

非公企业中的党组织是党的基层组织的重要组成部分，是职工群众的政治核心，必须在历史新时期展现其时代特征，迸发出党建的活力优势和强劲张力。新时期非公企业党组织的新魅力应充分体现在：党组织要在支持和保证非公企业发展，宣传党的路线、方针、政策，监督企业依法经营，维护员工合法权益等方面发挥核心引领作用。为此，浔龙河村探索采取村企党组织共建的模式，进一步有效地发挥浔龙河村党组织的模范带头作用，加强指导和帮助非公企业党组织的共同建设和管理，促进各板块党组织的相互融合与共建共促。

为充分发挥党的领导核心作用，浔龙河村以党建带村建、企建，推进村企"组织共建、党员共管、阵地共用、活动共抓、发展共促、机制共享"，组成了精干、有战斗力的团队。为加强党员队伍管理，两套支部按照"精细管理、规范提高、分类指导、全面推进"的工作思路，全面实施"党建＋经济""党建＋社会治理""党建＋文化""党建＋民生""党建＋生态"等"党建＋"行动计划，建立、完善了以党支部的领导为核心，以村民委员会自治组织、监督组织为基础，以群团组织、经济组织、社会组织为补充的基层社区治理组织体系。制定《村民公约》，建立村民信用评价体系，全面推进"依法治村、诚信立村、产业兴村、文化强村"。建立四级民主决策机制,形成了党支部提议、村支两委扩大会议商议、村民议事会审议(或决议)、村民代表大会决议和议事过程公开、实施结果公开的"四议两公开"制度,对重大事项实行村民公投。小镇建设至今,举行了三次重大事项的全村村民公投大会。第一次,愿不愿意把浔龙河建设成新型小城镇?支持率为97.2%。第二次,集中居住、选房选址,愿不愿意?支持率为98.14%。第三次,愿不愿意把土地流转出来?支持率达到了100%。通过"党建+"行动计划的实施,党组织的凝聚力不断加强,党员干部和党员的素质不断提升。

(一)组织共建

成立浔龙河村村企共建党建工作领导小组,成员如下:

组　　长:柳中辉

副组长:徐宏勋　张博闻

成　　员:梁鲜艳　龙敬敏　陈　静　林　柱

　　　　　吴林明　杨　益　龙立红　胡　强

2016年,浔龙河村党支部升格为浔龙河村党总支。经过精心组织安排,严格纪律要求,在镇党委的支持下,顺利完成了党总支成立选举,新选出党总支委员7人,组成了精明强干的领导班子。党总支成立后,分别成立党总支第一支部、第二支部、第三支部,重新划分了8个党小组。其中,浔龙河公司党支部成立1个党小组:浔龙河公司党小组。原湖南浔龙河生态农业开发有限公司党支部更名为湖南浔龙河投资控股有限公司党支部,将下属子公司、分公司党员合并到该支部,完成了支部换届选举,下设3个党小组。

(二)党员共管

一是建立健全工作制度。完善党员、党小组学习、谈心、党员思想汇报制度,完善民主生活会制度、"三会一课"制度、党员管理制度、发展新党员制度、党员联系群众制度、星级党小组评比制度。二是实施分类考核。以长沙县果园镇《党员"三务"分类积分管理考核实施办法（试行）》为标准，对党小组成员实施精细化管理和党员分类积分管理，作为对党员进行民主评议的重要参考依据。三是开展信用体系建设。建立党员信用评级制度，成立信用体系评价领导小组，根据党员是否遵纪守法、诚实守信、尊老爱幼、邻里和谐、家庭和睦、踏实勤劳和先锋模范作用的发挥等基本情况进行信用评级，并与其评优评先和银行授信评级直接挂钩。四是狠抓党风廉政建设。加强党内民主建设，教育引导广大党员认真贯彻民主集中制原则，重团结、求协作、促和谐。开展好党务公开，主动将党组织的决议、决定及执行情况、党的思想建设情况等党务政务工作在公开栏进行公示，自觉接受广大党员和村民的监督。

（三）阵地共用

分别在各党小组和村部建设"村企共建"党建工作阵地，做到"六个一"：一面党旗、一块标牌、一个记录本、一个宣传栏、一套桌椅、一套学习资料。实现制度上墙，增强阵地的会议、教育、培训和综合性功能，提高利用效率；增强服务群众的功能，使其成为党群交流的阵地；增强议事功能，认真开展各项党建活动，实施好民主议事制度。完善公司支部阵地建设，将原童勖营木屋餐厅改为企业支部阵地，设置党员志愿服务站、"党建＋旅游"接待点、支部办公室、会议室、党员培训中心、茶座、书吧、乒乓球台等，成为企业支部开展组织活动、企业员工交流、党员参加志愿服务的重要场所。

（四）活动共抓

一是开展"创建示范党员家庭、争当优秀党员"活动。根据党员家庭在发展经济、孝敬父母、教育子女、和睦近邻等各方面的表现，评选出优秀党员家庭和优秀党员，进行表彰鼓励。

二是广泛开展"三联三问三解"活动。每名党员联系"三户"以上群众，做到"问需于民解生活困难、问情于民化解矛盾纠纷、问计于民破解发展难题"。

◆ 浔龙河村党总支获授长沙县委党校村教学点

三是开展党员"亮身份"活动。每位党员日常都要佩戴党徽，主动亮明身份，紧紧围绕浔龙河项目这个中心工作，充分发挥党员的先锋模范作用，积极主动宣传项目建设的积极作用，正面引导村民支持项目建设。

（五）发展共促

一是夯实发展基础。通过各项活动的开展，广大党员始终保持全心全意为人民服务的本色，进一步密切党群关系，提高党支部的领导能力和工作水平。

二是加快经济建设。通过村企共建、统筹发展，推动现代农业、文化、教育、乡村旅游、乡村地产等产业的落地增效，促进企业实力壮大和农民就业增收；壮大集体经济，依托纯集体股份企业对集体经营性建设用地进行经营，以土地入股的方式建设加油站、商场等经营性项目和旅游项目，获得长期收益后对村民进行分红；按照农民自愿的原则，对农民集中居住区的住宅、商铺、菜园等统一规划、招商、管理、运营，以村民就业创业服务中心为平台，推动村民就地就近就业创业。

三是促进精神文明建设。通过抓党建加强社会主义核心价值观教育，推动依法治村、诚信立村和文化强村。依托文化艺术团、老年协会等群团组织开展丰富多彩的群众文化活动，活跃村民的精神文化生活；扎实开展信用村建设，以"乐和乡村"建设为抓手，促进传统道德回归，重塑乡风文明；深入推进法治文化建设，不断提高依法治理水平，构筑平等、公正、法治、诚信、友善、和谐的社会氛围。

（六）机制共享

制定了支部对党小组的管理考核办法，从日常管理、特色活动开展等方面对党小组进行考评管理。进一步强化了对党员的日常管理，实施"三务"积分考核，为每名党员发放了电子积分卡，实施标准分管理和动态分管理，根据党员的表现进行评分积分。进一步加强党员干部作风建设和廉洁文化教育，成立党员志愿者服务队，开展了"微心愿"品牌活动，党建各项工作取得了突出成绩，被评为"湖南省先进基层党组织"，是中组部及省、市、县各级党校农村党员培训教学点。

总之，通过村企"组织共建、党员共管、阵地共用、活动共抓、发展共促、机制共享"的探索，现已产生了良好效果：

一是实现了组织振兴，完善了村级治理体系。随着城乡一体化农民生产生活方式的转变，传统的简单、粗陋的村级管理方式已经很难适应新形势的变化。因此，必须摆脱传统思维，以组织为平台，使农民由"自由人"变为"组织人"。为此，浔龙河村建立了以支部为核心，以村委会、村务监督委员会为基础，以群团组织（团支部、妇代会）、经济组织（村供销社、村资产管理公司）、社会组织（文化艺术团、老年协会、青年联谊会）为补充的"1+5"村级组织体系，组织得以振兴。同时，通过制定《村民公约》，构建了新的社会治理体系。2015年，小镇社区选举成立了村民议事会，在村民代表大会的授权下，对部分重大事务进行民主讨论决策，形成了党支部提议、支村两委扩大会议商议、村民议事会审议（或决议）、村民代表大会决议和议事过程公开、实施结果公开的"四议两公开"制度。在党支部的领导下，小镇的政治组织、管理组织、经济组织、群团组织的作用

◆ 浔龙河村党总支开展"两学一做"教育活动现场

得到了充分的发挥，在服务群众、发展经济、推动文化建设等方面发挥了重要作用。

二是健全了基层管理制度，提升了治理效率。（1）加强村基层党组织建设，这是完善乡村治理机制的核心。在坚持《党员管理十项制度》《党员民主评议制度》《党员民主生活会制度》《党员联系群众制度》等常规管理制度外，还完善了《党小组考核管理制度》《党小组、党员述职制度》《村企共建党建工作制度》等，强化了对党组织、党小组和党员的管理。（2）健全基层民主制度，这是完善乡村治理机制的基础。浔龙河村建立和完善了《四级民主决策制度》，一般事项由村支两委集体会议决策、较大事项由村支两委扩大会议决策、重大事项由村民代表大会集体决议决策、特大事项由全村村民民主决策。完善了《村民议事会制度》，确保了村民议事会在村民代表大会的授权下实施民主决策。在上述基础上，村委会、合作经济组织的青年、妇女、民兵、治保、调停等组织配套健全，任务标准，活动正常，作用明显。（3）创新农村基层管理服务，这是完善乡村治理的途径。在坚持完善村务、财务公开管理等相关制度的同时，建立了

O2O微信服务平台，成为党务、村务、财务公开的重要渠道以及服务群众的重要载体。完善了《O2O管理制度》《O2O限时办结制度》等，搭建"群众群、党员群、干部决策群"三级"线上"服务平台，由党员担任民情速递员，及时掌握群众的诉求，并在线下落实服务措施，实现了"群众线上点单、党员线下服务"的服务与管理模式。建设O2O服务平台，打造集意见收集、问题转办、信息反馈等功能于一体的便民服务系统，及时为群众排忧解难、答疑解惑，切实增强党组织在群众中的影响力和号召力。该平台充分发挥了"管理员、服务员、宣传员"的作用，使党群联系的渠道进一步畅通、群众办事进一步方便快捷、基层治理进一步精准高效。

二、管理上：标准化、规范化、精准化

（一）推进规范化管理

原村党支部在组织上较为涣散，主要原因是党组织的新生力量少，导致其号召力、带动力弱。新成立的党支部增加了新生的年轻骨干力量。例如党支部第一书记柳中辉是一个有成就的青年企业家，党建理论知识扎实，产业实践经验丰富，能力强、品德优、作风正，在基层党支部和当地群众中具有很高的威信与影响力。因此，选他为"班长"，大家都心服口服。当然，配好班子、选好人只是走好了关键的第一步，还有重要的第二步，那就是规范好村党支部的组织管理。坚持"围绕中心工作抓党建，抓好党建工作促发展"的思路，突出农村、社区、非公和社会组织党建"四位一体"、相互促进的路径，原来村党支部组织相对涣散的局面得到了彻底改观。

在这个基础上，按照党中央对基层党支部提出的"554"要求，即"健全基本组织、建强基本队伍、完善基本制度、开展基本活动、落实基本保障"的五项基本建设，"有人管事、有钱办事、有章理事、有地议事、有责问事"的"五有"要求和"支部阵地建设规范化、班子队伍运行规范化、党员干部教育规范化、组织经费保障规范化"的"四个规范化"的工作思路，按照《村民委员会组织法》规则，积极推行村务公开、民主管理制度，进一

步完善村务公开、民主管理的内容和方式，重点完善村务公开、财务公开制度，严格控制收支，取消招待费开支。研究制定《党支部和村委会任务标准化管理办法》，进一步标明"两委"任务。总之，通过抓先进、促规范，推行党员、干部承诺制以及村干部坐班制、积分制考核强化组织管理规范化与标准化建设，乡村治理开始进入规范发展之路。

（二）实施互联网管理

浔龙河村 O2O 党建服务平台是浔龙河村党支部开展"两学一做"活动的重要载体。党支部将全村村民按照村民组划分为 13 个一级群，每个群设立了民生快递员，目前全村经常在家的 560 户群众中，已经有 426 户群众加入了一级群；所有民生快递员为二级群，主要负责信息的收集和上传；O2O 决策群为三级群，负责对群众的问题进行解答和办理。设立了 O2O 信息员，加入每一个群中，随时了解、搜集、整理群众反映的问题，并对问题解决进行督促、落实和反馈。建立了群组管理制度，确保了 O2O

党支部领导班子成员

柯中辉	周文忠	柳建武	龙敏敏
支部书记	支部副书记	支部副书记	支部副书记
姚爱明	谭香玲	李展慧	陈建明
村干部	村干部	村干部	村干部
史润东	梁辉艳	刘利	万立	谭明
村干部	村干部	村干部	村干部	村干部

平台的正常运营。对所有村干部的职责分工进行了明确和公示，确保责任到人。

自 O2O 平台建立以来，充分发挥了服务员、管理员和宣传员"三员"作用。目前，已接到群众反映的问题 38 件，全部进行了登记、反馈、处理和公示。同时，对社保办理、医疗保险办理、残疾证办理等关系群众切身利益的政策进行了及时发布。此外，浔龙河村利用 O2O 平台发布创业项目、招聘信息、生活小贴士等，大大方便了村民的生活。

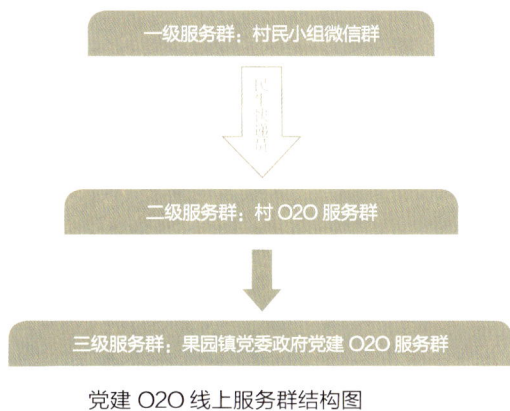

党建 O2O 线上服务群结构图

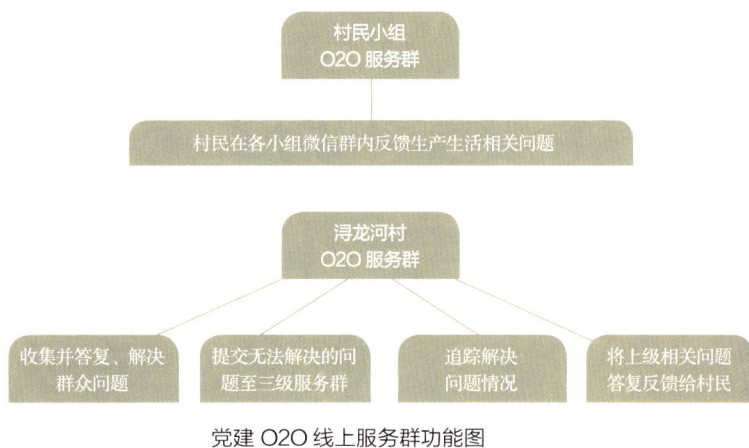

党建 O2O 线上服务群功能图

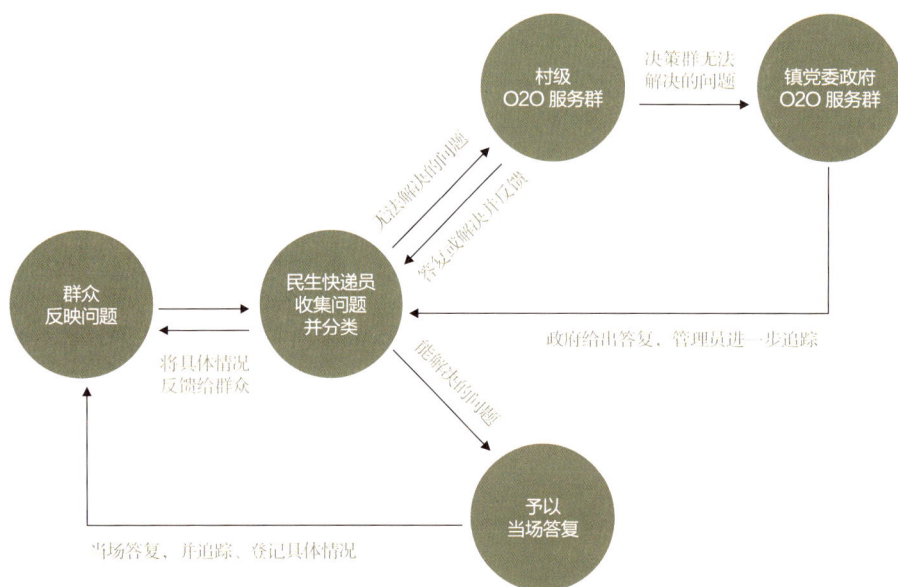

村级
O2O 服务群 —— 决策群 无法解决的问题 → 镇党委政府 O2O 服务群

群众
反映问题 ⇄ 民生快递员 收集问题 并分类

无法解决的问题 / 答复或解决并反馈

政府给出答复、管理员进一步追踪

将具体情况 反馈给群众

能解决后的问题

予以 当场答复

当场答复、并追踪、登记具体情况

党建 O2O 线下服务流程图

（三）探索精细化管理

浔龙河村干部全部挂牌上岗，公示姓名、职务、工作职责以及个人承诺事项等内容，接受群众监督。规范机关内部管理，定岗定员定职责，明确班子成员的行为规范。特别是对涉及服务群众、项目审批等事关群众利益的事项，明确服务流程、审批程序和时限要求，做到办事程序公开、依据公开、时限公开、结果公开，切实提升服务水平。坚持开展"党团活动日"，每周组织村委、企业党员干部学习讨论、志愿服务、走访慰问等，有效增强了党组织的凝聚力和号召力。

浔龙河村严格执行村干部坐班值班制度，积极开展党员先进性和"两学一做"学习教育，发挥党员的先锋模范作用。加强对党员的理想信念、根本主旨、组织纪律和科技文明教育，强化经常性管理和监督。广泛开展党员联络户、示范户活动，推进广大党员在乡村农业结构调整、乡村发展中的先锋模范作用。抓好发展党员和推行发展党员"公示制"，重点在优秀团员、青年、妇女、经济"能人"、科技标兵等中发展新党员，严肃处理不合格党员，保持党员队伍的先进性和纯洁性。

三、机制上：党员受教育，群众得实惠

在社会政治生活中，治理是一种偏重于工具性的政治行为。无论哪一种社会政治体制，都希望有更高的行政效率、更低的行政成本、更好的公共服务、更多的公民支持。同时，治理是实现一定社会政治目标的手段。相对于乡村治理而言，治理的目标是：坚持以人民为中心的发展思想，把"增进人民福祉、促进人的全面发展、朝着共同富裕方向稳步前进"作为治理的出发点和落脚点。这一点，我们任何时候都不能忘记。部署工作、制定政策、推动发展都要牢牢坚持这个根本立场。所以，浔龙河村的治理模式，在强调"党建引领"的基础上必须选择产业发展富民的"经建支撑"，这是一个治理模式得以长期有效发挥作用的基础与前提。

推进基层党组织建设，实施"党建引领"，必须紧扣经济建设和增加农民收入这个核心，这是打造长效机制、提高基层治理效率的根本，亦即"党建引领、经建支撑"。浔龙河村始终围绕"党员受教育，群众得实惠"这根主线，着力处理村民在思想观念、政治观念、政策观念和工作作风等方面的突出问题，高标准、高质量地发展经济，增加农民收入，积极探索新形势下发展经济、增加农民收入的新路子。一是利用区位优势，想方设法招商引资，为村组劳动力就地创业与就业创造条件。2010年，浔龙河村通过招商引资，引入了湖南棕榈浔龙河生态城镇发展有限公司，开发浔龙河生态艺术小镇项目，大力发展生态产业、文化产业、教育产业、旅游产业和康养产业等五大农业综合产业。二是推进乡村农业结构调整，积极拉长产前、产中和产后产业链，协助村民处理好一二三产业融合发展的关系。浔龙河村的"经建支撑"是通过吸引工商资本下乡发展农业综合产业，发展壮大集体经济，形成集体经济发展的源头活水来体现的。从2010年至今，公司已经累计完成产业投资8亿元。生态产业完成了550亩现代农业基地、

加工厂和500亩花木基地建设，发展生态绿色农产品和高端花卉苗木。旅游产业完成了浔龙岛基础设施、大塘冲现代农庄及附属设施、浔龙河接待中心、童勋营、牧歌山、云田谷、地球仓酒店一期、木屋酒店一期、民宿酒店、麦咭农场、浔龙河奇妙樱花谷等项目的建设并投入了运营，水上世界预计2018年6月底对外开放。同时，通过与湖南金鹰卡通频道战略合作，成功举办"麦咭音乐节""疯狂的麦咭嘉年华"、春节灯展、樱花节、龙虾节、长沙乡村休闲旅游节"嗨夏·青春季"启动式等活动，迅速聚集人气，成为长沙市近郊休闲游的重要目的地，客流高峰日达到游客量3万余人次，开业一年多来接待游客120万人次。文化产业完成了电视剧《浔龙河》拍摄，完成了与湖南金鹰卡通频道合作的麦咭启蒙岛儿童乐园一期建设，成为湖南金鹰卡通卫视《疯狂的麦咭》《嘭！发射》等节目的拍摄录制基地。目前，正以田汉120周年诞辰和田汉戏剧艺术文化园项目建设为契机，与绿地集团、星光集团、国家大剧院强强联手打造戏剧小镇。与海湾智库合作建设田汉生态大剧场，引进中国电影集团打造中影南方影视拍摄基地。教育产业方面成功引进了北师大附属学校，一期规划班级54个，将于2018年9月开学；同时建设了童勋营中小学国防素质教育基地、北师大南方教师培训基地、村干部培训基地等。康养产业"浔龙隐·连山""浔龙河·时光潇湘"等项目已经启动建设并销售。项目正式开园以来，游客络绎不绝，节假日游客达到万人以上。2016年，接待游客达到了100万人次。产业的发展为浔龙河村开展土地流转、集体资产租赁、集体经营性土地经营等集体经济的发展和村民就业、创业提供了平台。依托产业发展，开展土地流转、安置村民就业，促进了村民致富增收。

通过几年的努力，在长沙县委组织部、果园镇党委的大力支持下，浔龙河村党总支通过严格开展党员日常管理，深入推进"两学一做"学习教育，率先实施O2O党建服务，大力开展"党建＋"，"党建引领、经建支撑"的格局已经形成。村党总支得到了各级领导的高度评价，被评为湖南省先进基层党组织，并先后承办了中组部贵州台江县党组织书记培训班、省委

◆ 浔龙河村党建宣传栏

组织部全省党委书记培训班、全省贫困村党支部书记培训班，接待学员2000余人次，迎来了党的十八届六中全会宣讲团到村与全县党员代表座谈交流。今天，我们走进浔龙河村委，一幢占地面积近10亩的灰白江南小院立即吸引了大家的目光。星火党建标志、入党宣誓墙、省委党校教学点课堂、党支部办公室、档案室、村级供销合作社，还有一处可容纳200多人的民兵训练基地等，处处彰显着"党建风尚"，展现着浔龙河生态艺术小镇美丽乡村的发展新貌。

浔龙河村党支部由"冷"到"热"、由"散"到"治"的蝶变过程，充分说明了农村基层组织建设是党的全部工作和战斗力的基础。建设党建示范点就是为了促进党的基层工作的全域提升，只有以党建为核心，以点带面，以带扩面，才能进一步推动基层党建全面进步、全面过硬、全域提升、全面发展，最终让农村走上富裕、和谐、美丽、文明的发展之路。

习近平总书记指出："党的工作最坚实的力量支撑在基层，经济社会发展和民生最突出的矛盾和问题也在基层，必须把抓基层打基础作为长远之计和固本之策，丝毫不能放松。"基于此，加强农村基层党建工作，一方面是推动农村社会经济发展、民生改善、社会安定的基础；另一方面，只有紧紧抓住农村基层党组织建设这个"牛鼻子"，才能把广大农民群众紧紧凝聚在一起，形成坚不可摧的强大力量。

浔龙河"党建引领"的实践带来以下三条基本经验：一是农村组织振兴的固本之举，首先在于建立覆盖全面、功能齐全的农村基层党组织建设体系，特别要加大在"空白点"设立党组织的力度，不断提高农村基层党组织组建质量，使党执政的组织基础进一步夯实，使党同人民群众的血肉联系进一步密切，让农村基层党组织真正站到扶贫开发"前台"、成为率先致富的排头兵。二是基层党组织建设必须有个好的带头人。带头人好，支部就坚强、农村就发展、农民就满意。因此，选好配好用好农村基层党组织带头人，使其真正成为精准扶贫和农业农村现代化的组织者、实施者和推动者，是实现乡村组织振兴的关键。三是农村基层党组织要改变党组织直接抓具体事务的方式，变成引领型党组织，抓大事、抓方向、抓决策，并督促有关部门搞好公共服务，吸引、带动群众参与农村公共事务，让农民群众有更多的获得感。

第四节　"四层级"村民自治

一、浔龙河村农民公投

城镇化的快速推进，大量的农业、农村土地被城市扩张征用，农民在城市建设中被边缘化，在农村土地的征地拆迁、补偿安置中，农民的利益被大量转移至政府和房地产开发商手中，农民利益受损问题非常突出。特别是，失地农民如果得不到就业、创业、技能培训、医疗、养老、城市文明的熏陶等配套保障，他们就只能是失地农民，而非真正意义上的市民。

除了部分积极进取的农民去打工、创业外，不少农民拿着征地补偿款坐吃山空后返贫。即使是没有被征地的广大农村，随着快速的城镇化，大量农民进城务工，平时在外打工，过年过节回乡，在城里赚钱了，回乡建房子，过着两栖式、候鸟般的生活，不仅导致了大量的留守老人、留守妇女和留守儿童等严重的农村社会问题，也形成了全国性节假日"民族大异动"式拥堵，带来全国性交通运输服务业的"节假日困囧"。事实上，全国2.65亿农民工中也只有少部分农民在外务工后，找到了发展的机会，过上了真正的城市生活，全家老小齐进城，通过异地城镇化的路子来谋生、发展。而其中绝大多数人沦为"第三种人"——农民工，既非市民也非农民，特别是新生代农民工，已基本上不懂得农活，也不再愿意回乡务农。

浔龙河生态艺术小镇的发展模式是上述路子的创新发展。农民将集体土地所有权、承包经营权和宅基地使用权进行出让、流转或置换，以土地资源支持项目建设，通过项目建设实现致富增收。农民能做到离土不离乡、上岸不上楼，实现了就地就近就业、创业，彻底解决了农村"三留守"的社会问题。

浔龙河生态艺术小镇的创新充分体现农民的意愿，引进了"全体村民公投"，即村民全体公投票决村集体事务的全新机制与方式，这一机制与方式成为村集体农民意愿表达的最佳方式。今天的农村发展，需要进一步解放思想，解放生产力，创新管理机制。随着时代进步、农民文化素养的提高，农民的投票表决制度成为理顺农村治理、管理、经济发展的一把金钥匙，能大力促进实现广大农民心中的中国梦。

我国基层治理制度中的基本制度安排是"基层自治制度"，通常指城镇社区市民和行政村村民自治的制度。而自治的方式也有多种，其中就有自治公投的方式。自治公投是指社区居民或村民全体投票对重大问题作出决定的方式。自治公投是一种直接的民主形式，是由村民或社区居民通过直接投票的方式，就相关议题表达同意、反对或弃权的明确态度进行表决，然后根据表决结果达成决策的一种制度。它是人民自决权实施的一种特定程序选择，属于民主政治的范畴。从性质上讲，它不是对代议制民主的否定，而是对代议制民主的补充和修正。浔龙河村就是采用这种方式开启了民主决策的探索。

第一次，2010年9月19日，村党支部、村委会（简称"村支两委"）和浔龙河农业科技开发公司联合组织召开了申请城乡一体化试点村民民主决策大会，村里18岁以上村民全部回来参加投票。全村村民投票支持率为97.2%。对不同意的28户农民，村支两委又专门挨家挨户上门宣传，终于赢得了大家的广泛支持，最终做出了在双河村建设浔龙河生态艺术小镇的重大决定。从此，村民集体决策成为重要决策程序。如果村民不愿意，村支两委绝不会强制推进任何事项。

2010年12月23日上午，长沙县在该县果园镇双河村村部举行"长沙县果园镇第一次政府公众开放日浔龙河生态小镇集中居住选址公投活动"和长沙县农村服务平台启动仪式，这标志着覆盖农村、集聚民智的政府信息公开和公众参与平台正式运行，也是践行农民有序参与政府行政决策的生动案例。当天一大早，双河村五七组的村民就来到村部参加"公投"活动。村民卢高士说，2009年村里就开始组织村民搞土地流转，农民把自己的土地转包给公司进行经营，每年可以得到每亩700元的粮食补助，公司还可以安排自己和家人在那里上班，"以前家人都在外打工，导致很多土地都荒废了，今天，政府又征集民意，以房换房建设生态小镇，而且补助款比购房的价格还要高。我们变成了真正的城里人"。

第二次，2010年11月24日，双河村召开了村民集中居住地选址全村民主决策大会，村民投票支持率达到98.14%。

第三次，2012年4月26日到5月1日，全村再次举行了浔龙河土地合作社成立征求意见暨公投大会，这一次，群众支持率达到100%。此后，浔龙河村依靠国家、省、市、县各级的政策支持，通过确权和流转把土地集中起来，使之成为与企业平等合作的资本，确立了农民的主体地位，使农民在乡村振兴的过程中有了主动权。

浔龙河村的村民公投改变的是什么呢？最重要的改变是通过村民公投让村民承认土地进行流转的合法性和合理性，释放了农村土地资源的价值潜力，为现代化农业生产创造了条件；而土地经营权流转及其诱发的规模化、标准化与公司化经营又进一步解放了农村生产力，为农村现代化建设打下了基础。

二、浔龙河村基层自治

基层群众自治制度是依照宪法和法律在中华人民共和国成立后的民主实践中形成的、由居民（村民）选举的成员组成居民（村民）委员会，实行自我管理、自我教育、自我服务和自我监督的制度。党的十七大将"基层群众自治制度"首次写入党代会报告，正式与中国共产党领导的多党合作和政治协商制度、人民代表大会制度和民族区域自治制度一起纳入中国特色政治制度范畴。截至 2007 年年底，我国农村有 61 万多个村民委员会，城市有 8 万多个社区居民委员会。村民自治是党领导下农村基层民众的智慧结晶和伟大创举，是党和政府在基层实现社会主义民主的一种积极探索，是今后更为广泛和深刻的社会主义民主全面发展和实践的探路石，也是向世界宣传中国社会主义民主实践的重要载体。在 40 年的改革和实践过程中，村民自治探索出了一整套较为完备的、符合新农村建设和发展以及民主选举、民主决策等基本要求的运行机制。自《中华人民共和国村民委员会组织法》（以下简称《组织法》）和《中华人民共和国城市居民委员会组织法》实施以来，全国绝大多数农村和城市已进行了 6 次以上的村（居）民委员会换届选举。85% 的农村建立了实施民主决策的村民大会或村民代表大会，90% 以上的农村建立了保障民主监督的村民理财小组、村务公开监督小组等组织，村务公开、民主评议等活动普遍开展。89% 的城市社区建立了居民（成员）代表大会，64% 的社区建立了协商议事委员会，22% 的社区建立了业主委员会。居民评议会、社区听证会等城市基层民主形式普遍推行，收到了很好效果。总的来看，我国基层群众自治制度体系已基本确立，组

◆ 浔龙河村村民公投现场

织载体日益健全，内容不断丰富，形式更加多样，城乡基层自治正在社会主义民主政治建设中发挥着越来越大的作用。

（一）村民自治制度的要求

就农村基层群众自治而言，其主要范围如下：

一是民主选举制度的明确建立。《组织法》中明确规定，凡是我国年满 18 周岁的村民，不分教育程度、种族、居住年限等，都具有选举权和被选举权。《组织法》以法律权威的形式保障了基层民众当家作主的权益。

二是民主决策制度的初步完善。民主决策制度是集中村民智慧，在科学和民主基础上提出的决策，属于基层民主建设必须遵从的决策。该制度综合考虑了集体利益的使用和分配、村级财务的支出和收缴、村级公共事务的具体应用以及农村基层群众自治所需要的村规、自治章程的设计和修改等。以上各类章程和制度均需要随着农村基层群众自治制度的实践应用而逐步完善。

三是民主管理制度的逐渐形成。民主管理制度在农村基层群众自治制度应用过程中，是以保障人民民主实体地位而构建起来的制度。我国农村基层群众按照村规民约和村民自治章程的要求管理村级事务，在具体执行中又将民主管理制度逐渐延伸成"四议一审两公开"以及政务公开、村务公开等民主管理体制。

四是民主监督制度的现实应用。民主监督制度是以村委会组成人员为对象，在我国相关法律条款的要求和约束下，组织、纠正并监督村委会成员管理方式和方法的制度。缺乏监督和制约的权力势必会走向腐化和滥用。民主监督制度的实际应用，同样覆盖到政务公开和党务公开等直接关系农村基层民众管理组织的廉政建设层面，尤其是委员会成员的罢免要求设置，更是监督和管理村委会成员的基本制度。

（二）浔龙河村的实践

浔龙河生态艺术小镇在民主集中制的前提下，通过探索村集体四级民主决策机制，形成了农民普遍能接受的、操作规范且公开透明的、高效率的基层治理制度。浔龙河村建立和完善了《四级民主决策制度》：一般事项村支两委集体会议决策、较大事项村支两委扩大会议决策、重大事项村民代表大会集体决议决策、特大事项全村村民民主决策。在此基础上完善了《村民议事会制度》，确保了村民议事会在村民代表大会的授权下实施民主决策。

1. 民主决策的内容。

农村集体土地的承包经营；

农村集体土地的出租转让；

农村集体所有的建筑物的承包、租赁、出售、拍卖；

农村集体资产的购置、维修、处置；

新办集体经济的立项、建设；

集体经济经营所得的分配；

农村集体资产产权制度改革；

种植业用地变性为林业用地或养殖用地；

农用土地变性为非农建设用地；

农业结构调整；

宅基地使用；

农村集体土地征收征用、补偿安置；

自来水、有线电视、村级道路、办公用房、文化体育、村内生活用电等需由村集体投资的建设维修；

生产、公益事业的一事一议筹资、筹劳；

绿化美化、垃圾清运、村内保洁等需由村集体投资的环境治理；

涉及公共安全的突发事件的处理应对；

农村宅基地的安排使用和旧村改造；

救济、救灾款物的使用分配；

村民会议或村民代表会议认为应当列入的其他事项。

2. 民主决策的程序。

民主决策程序分以下六步进行：

第一步：提出议题。村党支部、村民委员会主要负责人深入群众，调查收集民意，列出需经民主决策的重大事项，并达成一致意向，提交村级组织联席会议讨论。

第二步：召开联席会议。村党支部书记召集和主持由村党组织成员、村民委员会成员参加的村级组织联席会议，形成初步方案。

第三步：上报把关。初步方案形成以后须经包村干部、包片领导审核把关，凡需进行行政审批的项目，包村干部、包片领导审批把关后，上报镇党委、镇政府有关职能部门，镇党委、镇政府将提出指导性意见。

第四步：召开党员会议。组织召开党员大会，在认真吸纳镇党委、镇政府意见基础上，对方案进行进一步补充完善。

第五步：提交村民会议或村民代表会议讨论。将方案提交村民会议或村民代表会议讨论。按照有关规定，必须有代表总数 2/3 以上的成员参加，所作决定须经到会人员过半数通过形成决议。到会代表必须在决议上签名（备查），并将决议结果在公开栏上公布，同时报镇党委、镇政府有关部门备案。

第六步：组织实施。村党支部、村民委员会、村集体经济组织依照村民会议或村民代表会议所作的决议，按照各自职责，组织实施。

3. 民主决策的目的。

一是立足把村里的"蛋糕"做大，把村内闲置资源及利用效率低的资源的价值充分发挥出来；二是分好"蛋糕"，通过把"蛋糕"分好来调动村民的积极性与创造性。我国农村社会历来有"不患寡而患不均"的观念，所以，做大"蛋糕"和分好"蛋糕"同等重要。但必须强调，无论是做大"蛋糕"还是分好"蛋糕"，都必须体现习近平总书记"以人民为中心"的发展思想，守住底线，突出重点，完善制度，引领发展，统筹教育、就业、收入分配、社会保障、医疗卫生、住房、食品安全、安全生产等各方面，切实做好改善民生的各项工作，让村民共同富裕、共享发展。

第五节　浔龙河村的社会共治

一、社区治理规范化、网格化

（一）目标锁定网格化

习近平总书记在庆祝中国共产党成立95周年大会上强调，要"让治理更有水平，让人民更有获得感"。从手段上说，今天的社会治理受互联网影响很大，变成了"网格化管理"。当然，社区服务管理网格化是促进社会治理精细化的重要方法，是新形势下社会治理创新的重要实践。所谓网格化管理，就是在保持原有街道—社区管理体制不变的基础上，按一定标准将城市社区划分为若干个单元网格，并搭建与统一的城市管理数字化平台相连接的社区信息化平台，通过加强对单元网格的部件和事件的巡查，建立起一种监督与处置相分离的新型基层管理体制。作为我国政府在基层社会管理模式选择上的最新尝试，网格化管理模式最早诞生于"数字城市"建设之中，是一种通过数字化平台整合资源、传递信息以加强管理的方式。值得注意的是，近年来在维稳任务凸显和社会管理体制改革创新的背景之下，网格化管理表现出巨大的社会治理功效，在政府各部门得到较高的肯定性认同，并显示出极强的横向拓展和复制的能力，很快扩展到社会的其他领域，逐渐在社会管理中发挥了重要作用。

推进社会治理网格化有利于实现治理和服务的常态化、精细化、多元化、信息化，构筑全覆盖、全天候、零距离服务的网格化治理新模式。这一模式带来的好处主要有：（1）能直接体现政府管治效能，促进服务型政府建设。政府服务好不好，各部门做了哪些实事，对群众而言，他们就看家门口的事情解决得怎么样，眼前的事情解决得如何。通过社会治理网格化把社区层面的事情办好，能够面对面、零距离地与群众接触，较好地解决"最后一公里"的问题，让群众有最实在的获得感。（2）有助于构建和谐社会。面对违建、环保、安全生产等社会管理层面的问题，推进社会治理网格化，一方面能第一时间发现问题，并将问题解决在萌芽状态；另一方面能够形成一个有效解决群众诉求的通道，掌握群众的需求，并将部门和村居的为民服务送到群众家门口，改善党群、政群与商群关系，促进社会和谐。（3）可进一步提升城市与乡村品质。推进社会治理网格化，就是要提升精细化的社会治理和服务，力求攻克类似"治安死角""环保黑点""服务盲区"等"顽疾"，提升形象，优化发展环境。

（二）起步于"一核多元"规范化

从目标看，浔龙河村下一步将朝着"网格化管理"的方向推进。但从已经践行的情况分析，浔龙河村的治理起步于"一核多元"规范化。随着浔龙河项目的深入推进，乡村治理结构发生深刻变革，传统的简单、粗放的乡村治理模式已经难以满足治理需求，建立更加民主高效、精细精准的治理模式势在必行。浔龙河村通过建设"一核多元"的治理机构，创新开展O2O服务，逐步推进传统乡村治理向新兴社区治理转变。

坚持党的领导，完善"一核多元"的治理机构。创新开展村企共建党建工作，通过实施村党总支和企业支部的"组织共建、党员共管、阵地共用、活动共抓、机制共建、发展共促"，实现了党员管理的精细化，有力地发挥了党员的先锋模范作用。同时，以党的领导为核心，建立了以村民委员会、村务监督委员会为依托，以群团组织为补充的社会治理体系。对重大事项实行全村18岁以上的村民民主投票。从项目建设至今，分别就是否开展项目建设、如何实施集中居住、是否开展土地集中流转等事项举行了3次村民民主投票大会，支持率均在97%以上。坚持创新手段，搭建"党建O2O"服务平台。浔龙河村在全省率先建立O2O党建服务平台，彻底打通联系服务群众"最后一公里"，还利用O2O平台开展了"群众微心愿"活动，由党员对群众的现实需求进行认领并解决，短短10天内群众心愿达成率达100%，深受群众好评。

坚持不断探索，逐步实现社区化治理。当城市"回归民"在浔龙河村形成一定规模的时候，浔龙河村就要撤村建社区，实施"网格化管理"。通过户籍改革，将村民的户籍转为城镇居民户籍，实现真正的"城乡一体"。社区开展文化、卫生、计生、民政、社会保障、医疗保险、就业服务等公共管理，并实施部分村级工程。经济管理方面则推进集体产权的确权改革，成立乡村资源资产管理公司，将农民手中的资源固化为资产，开展市场化的经营，使农民的产权收益得到保障。

二、价值观主导的"三治"结合的治理体系

（一）自治、法治、德治相结合的乡村治理

总体上看，我国必须创新乡村治理体系，走乡村善治之路。建立健全党委领导、政府负责、社会协同、公众参与、法治保障的现代乡村社会治理体制，健全自治、法治、德治相结合的乡村治理体系，做好农村基层组织工作，加强农村基层党组织建设，深化村民自治实践，严肃查处侵犯农民利益的"微腐败"，建设平安乡村，确保乡村社会充满活力、和谐有序。

就村级基层来说，政治治理主体也离不开党委政府，但具体体现在村支两委及其主体责任上。从经济上看，治理主体则是村级集体经济组织和下乡工商资本提供商等，例如合作社、供销社、混合所有制的集体性质公司和民营企业等；从社会主体看，有村支两委、妇女、共青团组织，还包括全体农村居民和上山下乡的城镇居民等，他们都是社会治理的主体。因此，一个良好的基层治理必然是村党支部领导下的全体社会组织与成员的社会共治，因而必须调动全部参与主体的积极性与主观能动性。

千治理万治理，最核心、最关键的一条是要每个公民真正具有社会主义核心价值观，且要知行合一。社会主义核心价值观融合了国家道德、社会道德、公民道德，三者互相支撑、互为前提。只有在富强、民主、文明、和谐的国家，人们才能够在社会生活中享有自由、平等的权利。一个有良好伦理秩序的社会，一个关注民生、公平正义的社会，才能支撑起强盛而文明的国家。个人核心价值观是个人道德和公民道德的统一。当人们能够具有诚信、友善的品格，自觉维护社会秩序，尽职尽责地扮演社会角色，就为自由、平等、正义的社会生活创造了条件。只有通过践行社会主义核心价值观，建立公平正义的社会合作体系，才能促进个人道德的提升。

（二）浔龙河村的"家国文化"与共治

浔龙河村立足"家国文化"提升乡土文化，发挥德治在乡村治理体系中"看不见的手"的作用，通过不断加强文化阵地、文化组织建设和开展系列文化活动，使乡风文明成为浔龙河村的显著特质，这也成为浔龙河村治理的突出特色。

浔龙河村村支两委明确提出：一方面，以"家国文化"为核心提升乡风文明，让文明内化于心。浔龙河村把"爱家爱国"作为文明建设的抓手，着力建设"家庭、家园、家国"的"家"文化体系。家庭文化：先后开展了孝亲家庭评选、婆媳关系评选、家风家训评选、乡贤评选等活动，倡导"和谐、孝顺、贤达"等优秀传统家庭文化。家园文化：制定了《村规民约》，并使其成为村民的日常规范，使广大村民自觉参与到建设家园、爱护家园的行动中来；村民自发成立环境督查组、志愿服务队、民兵应急分队等，开展保护环境、维护秩序行动。家国文化：倡导国歌精神，成立村民国歌护卫队，定期开展升国旗、唱国歌活动；以 O2O 党建服务平台为载体，经常性地开展爱国、爱党教育，使传播正能量蔚然成风。另一方面，以文化组织为载体开展文化活动，让文明外化于形。2012 年开始，浔龙河文化艺术团、老年协会、青年联谊会等组织相继成立。同时，专门建成村民活动中心，开辟了图书室、棋牌室、文化广场等活动场地。依托文化组织和阵地，浔龙河村开展了丰富多彩的文化活动：浔龙河文化艺术团先后举办了第一、第二届村民歌手大奖赛，拍摄了《浔龙河》电视剧，并经常性地举办广场舞、戏剧票友活动等；老年协会则组织开展书画活动、棋牌活动，组织编写了《浔龙河村志》；青年联谊会组织开展了多次青年联谊活动和青年创业论坛。浔龙河村还创办《浔龙河》报，成立笔友会，为文学爱好者刊发诗歌、散文等文学作品提供了平台。这些活动既丰富了村民的精神文化生活，又有效提高了村民的文化素养。

PART

06

"经建支撑"的浔龙河产业振兴

产业振兴之所以位于"五大振兴"之首，是因为产业是经济发展的最核心支撑，是发展这个要务最基本、最重要的体现。浔龙河村八年来的探索实践也证明，产业是浔龙河生态艺术小镇的支柱，是小镇的内核和主要内容，是浔龙河村持续发展的根本动力。所以，浔龙河村在实践中提出了与通过"党建引领"实现组织振兴相适应的、依靠"经建支撑"实现产业振兴的同步战略与构想。

第一节 "经建支撑"的产业振兴

一、发展壮大集体经济

浔龙河村的"经建支撑"是通过吸引资本下乡发展农业综合产业和发展壮大集体经济形成产业发展的源头活水来实现的。2010 年，浔龙河村通过招商引资，引入了湖南棕榈浔龙河生态城镇发展有限公司，开发浔龙河生态艺术小镇项目，大力发展生态产业、文化产业、教育产业、旅游产业和康养产业等五大农业综合产业。从 2010 年至今，公司已经累计完成产业投资 8 亿元。小镇开园以来，节假日游客达到万人以上。仅 2016 年，接待游客就达到了 100 万人次。产业的发展为浔龙河村开展土地流转、集体资产租赁、集体经营性土地经营等集体经济的发展和村民就业、创业提供了平台，促进了村民致富增收。浔龙河村的具体做法是：

（一）成立"党建＋经济"工作领导小组

推进"党建＋经济"，做好引领发展文章。成立"党建＋经济"工作领导小组，制订实施"党建＋经济"工作计划，推动浔龙河村美丽乡村建设和农村综合产业发展。开发主体、村委会经常性地向党组织、村民代表大会汇报工作，确保正确的政治方向，确保村民的知情权、参与权。2009年以来，组织村支两委和村民代表召开会议60多次，充分了解群众想法，达成共识，为小镇发展集思广益打下了良好的群众基础。实行村企合一，成立生态艺术小镇协调管理委员会，设主任一名，由企业董事长、浔龙河村第一支部书记担任；下设副主任两名，分别负责管理村集体和企业事务。同时，打破村级管理现有模式，建立经济管理中心、公共服务中心和文化发展中心。经济管理中心主要负责土地合作社管理，重点对农村土地资源进行经营管理；公共服务中心主要负责社会治安、计划生育、就业指导等，为农民提供日常所需的管理服务；文化发展中心主要负责全村的精神文明建设和文化活动的开展。企业按照市场经济原则，负责生态艺术小镇的综合开发。通过协调管理委员会搭建桥梁，既能充分发挥村企双方在项目建设中的作用，又能做到有分有合，确保健康发展。

（二）组建浔龙河商贸有限公司和村集体资产管理公司

浔龙河村成立了浔龙河商贸有限公司作为集体经济发展主体，该公司与长沙县供销社、湖南浔云农业科技公司联合成立了湖南省首家村级标准化新型供销合作社，探索形成了"党建＋村建＋社建"的村级集体经济发展新模式。目前，已累计投资100万元，建成了长沙县北部农产品展示销售中心、线上销售平台、24小时无人购物店、浔鲜餐厅等，为浔龙河项目的村民和游客提供优质服务。同时，浔龙河村还被批准为湖南省农村集体经营性建设用地上市交易同价同权试点村，在浔龙河项目区内规划了300亩集体经营性建设用地作为集体企业的资产，建设超市、加油站、停车场等经营性项目，经济实现健康稳步发展。

◆ 浔龙河村的星空木屋

　　浔龙河村与项目开发公司按照 95 ∶ 5 的股份比例，成立了浔龙河村集体资产管理公司，作为发展集体经济的主体。公司按照现代企业管理制度，主要以土地入股、租赁的方式开展经营，确保收益稳定。财务接受村委会、村务监督委员会的审查和监督，并定期公开。村民以组为单位对公司的收益进行分配，每个村民小组已确权的土地面积在全村土地总面积中所占的比例为分配比例。集体资产公司成立后，成为对接企业、市场的发展平台，为村级集体经济壮大奠定了基础。

　　（三）探索服务型和经营型集体经济发展模式

　　基于不同的土地性质，也考虑到集体资产的经营方式，浔龙河村发展集体经济主要有两种模式。

　　1. 经济服务型。

　　以村集体经济组织为平台，对接浔龙河项目内的开发企业，为村民和村集体开展流转、租赁服务，收取 5% 左右的服务费。一是土地流转。目

◆ 浔龙河村的星空木屋

前，浔龙河农业科技公司流转土地 921 亩建设现代农业基地，浔龙河现代农庄流转土地 97 亩，湖南樱之谷文化公司流转土地 540 亩建设樱花谷，湖南顺业文化旅游公司流转土地 345 亩建设水上世界，浔龙河生态农业公司流转土地 180 亩建设童勋营，共完成土地流转 2000 多亩，每年村民获得流转收入 116 万元，村集体年收入 6 万元。二是房屋租赁。由集体公司对 80 户村民集中居住房屋门面和部分住房租赁后再出租给浔龙河公司，2016 年租金收入 321624 元，按照村民的实际租赁面积进行了分配，村集体收入 1.6 万元。三是资产租赁。对村上闲置的集体资产——旧村部、两所旧学校进行租赁，年租金收入为 5 万元。

2. 市场经营型。

对集体经营性建设用地进行经营，目前已经投资和将来计划投资的项目主要有：

（1）浔龙河公共停车场：占地面积 80 亩，以村集体经济补助资金

50万元为资金来源。建设停车位1800个，主要为浔龙河项目区内的游客提供停车服务。目前已完成建设。按照目前的客流量和每辆车10元每次收费计算，预期年收入80万元。

（2）浔龙河加油站：占地面积16亩，计划总投资3000万元。村集体企业以土地入股，占股22%。2017年年底启动建设，计划2018年9月投入使用。村集体预计年收入120万元。

（3）大型综合超市：占地面积25亩，计划总投资2000万元。村集体企业以土地入股，占股45%。2017年年底启动建设，计划2018年10月投入使用。村集体预计年收入60万元。

（4）其他经营性领域：2017年启动北师大附属学校、时光潇湘、浔龙隐、水上世界产业项目建设，实现浔龙隐和时光潇湘项目开盘销售。通过加快产业发展，为村民提供更多的就业、创业机会，为村集体经济发展提供支撑，带动村民致富增收。

成立浔龙河村集体企业，通过开展土地租赁、土地流转服务，建立供销社浔龙河村供销点等多种形式开展经营，增加集体经济收入。同时，与浔龙河村土鸡养殖、蜜蜂养殖、优质稻种植合作社开展合作经营，引导支持合作社实施产业扶贫。

通过发展壮大集体经济，浔龙河村已经发生了巨大变化：

（1）农民的收入水平显著提升。村集体通过大力发展农村综合产业，搭建为群众服务的经济平台，大大提升了村民的收入水平。一是土地流转收入。按2015年的粮食收购保护价计算，村民户均每年可获得6270元的现金收入，村民以土地流转收入购买粮食，保障了基本的生活需要。二是集中居住后的财产性收益。按照"宜居宜业""两型生活"的要求，充分考虑村民生活习惯和长远生计需求，按照"前临街道下有门面，后有院子旁有菜地"的标准进行设计，建成具有一定综合承载能力、生态宜居的集中居住区，夯实村民就地市民化的基础，目前已建成一期一批安置房80栋并完成了分配，农民已经乔迁新居。通过门面和部分住房出租，村民每年可收入 2 万—4 万元。三是就业和创业收入。目前公司已安排当地劳动力就业 289 人，月平均工资 3210 元；带动创业 100 多人，每年增收 8 万—10 万元。

（2）集体经济的发展活力显著增强。一是通过开展经济服务，每年可以获得 10 多万元的经济收益。二是通过集体经营性建设用地的经营，为浔龙河村的长远发展预留了足够的空间，集体经营性项目建设后，每年预估收入可达到 260 万元。同时，村集体经济与产业发展同步推进、捆绑发展。产业发展越好，集体收入水平越高，村民收入也越多，项目发展的群众基础也就越好。建设的服务性项目收益可靠，发展稳定，为集体经济的稳步壮大提供了保障。

（3）大力开展精准扶贫，做到精准识别、精准分类、精准帮扶。主要通过就业安置、产业扶持、金融支持、移民安置、政策兜底、扶贫基金参与等六大举措，确保 2017 年年底全村贫困户实现脱贫。同时，通过大力发展综合产业、加快搬迁安置等举措，早日实现全面小康与基本现代化的目标。

二、构筑浔龙河特色的现代产业体系

（一）现代乡村产业的特色

以"三农"为基础发展起来的浔龙河生态艺术小镇，其产业与城市产业的发展模式有较大差异：（1）城市产业以工业、服务业即二三产业为主，特色小镇是农业、工业、服务业一二三产业融合发展，是一个产业多元、互补、业态边界融通的产业生态圈；（2）在运营主体上城市工商业的核心主体是企业，而乡村产业则是村集体（村民）、企业、政府多元主体的协同；（3）其价值诉求是政治价值、生态价值、社会价值、民生价值、经济价值的系统整合，比城市产业的价值诉求维度多得多，也较为复杂。

浔龙河生态艺术小镇以生态农业、农产品加工、田汉文化、教育产业为基础，大力发展全域旅游；以康养宜居产业、农业创客产业、农村电子

◆ 浔龙河村的幼儿园

商务等为基础，打造产业创新发展平台，实施多方利益共享，放大投资乘数，增释边际效用。由于小镇功能、业态复杂，不是单纯的旅游景区，还涉及承担城乡融合式城镇建设与实施乡村振兴战略的双重任务，需要实现当地农民与外来市民的安居乐业，所以其运作不能像竞争性工业产业一样完全靠市场的力量进行，需要政府监督、引导、扶持，要结合城市发展的先进要素进行产业培育，还需要整合行政管理、公共工程、土地与资源、税费优惠、营销促进、招商引资、制度保障、户籍改革、土地机制创新等，以市场化、商业化理念，按照经济发展规律，结合短、中、长期发展目标，围绕综合边际效益最大化，开展经营运作，形成具有浔龙河特色的产业振兴案例。

（二）推进"多规合一"的实践

2014 年 8 月，国家发改委、国土部、环保部和住建部四部委联合下发《关于开展市县"多规合一"试点工作的通知》，提出在全国 28 个市县开展"多规合一"试点和空间规划改革试点，推动经济社会发展规划、城乡规划、土地利用规划、生态环境保护规划"多规合一"。浔龙河生态艺术特色小镇的"多规合一"规划，主要考虑前瞻性与科学性，重点围绕"五个突出"来实施。

1. 突出以人为本。把突出以人为本的民生规划放在首位，做到"三生合一"，即生态、生产、生活规划三位一体，从而提升群众幸福指数、创建和谐美丽的人居环境。

2. 突出可持续发展。优先考虑生态环境容量，实现人口、资源与生态环境相均衡的发展，为小镇的长期、稳定、健康的经济社会生态效益相统一、实现可持续发展奠定基础。

3. 突出产业支撑。立足浔龙河的比较优势，重点发展生态产业、文化产业、教育产业，以此为基础发展全域旅游产业、现代农业和乡村健康养老产业，建设美丽、宜居、富饶的特色园区。

4. 突出集约高效。突出乡村资源的集约高效，盘活土地资源，充分提高土地、生态资源的使用效益。

5. 突出城乡融合。突出城乡一体、统筹兼顾和融合发展，推动社会资本向农村聚集，促进城乡公共配套均等化，实现把农民留住、请市民下乡的田园综合体梦想。

规划以实现康养、旅游、乐业、研学为目标，促进村民、市民一体化融合，力图实现人口"进得来、留得住、活得好"，将浔龙河生态艺术小镇建设成为能承载 4.1 万常住人口和年 300 万人次左右的旅游、研学人员规模，具有中国元素、欧美风范、城乡一体、生活富裕、生态优美、社会和谐的特色小镇。

（三）促进五大产业融合发展

浔龙河生态艺术小镇项目树立了"功能化＋立体化＋互联化"的产业发展理念，整合产业优势资源，充分实现产业间融合、内外资源互动的多元复合价值，构建和谐、高效、富有活力的产业体系与生态圈，是人与自然、人与产业、人与社区和谐共生的国家级田园综合体、中国元素与欧美风范结合的生态艺术小镇。

浔龙河生态艺术小镇的产业布局，充分考虑"文化为底蕴、生态为承载、教育为核心、旅游为脉络、宜居为目标"的特征，构筑起浔龙河产业规划轴线，形成了"生态产业、文化产业、教育产业、旅游产业、康养产业"五大特色产业有机结合、相容并生的产业布局，突出供给侧结构性改革，突出模块化产业单元功能及其产业链之间的互为依托、相互促进的产业逻辑，构筑现代浔龙河产业体系。其中，主导或支柱产业是全域旅游产业和康养产业，生态产业、文化产业、教育产业作为基础产业，做到盈亏基本平衡，与其他配套产业一起，为全域旅游产业和康养产业的发展奠定了良好的基础。在中短期内重点发展教育和康养产业，实现盈利；长期则以旅游产业、文化产业、现代生态农业来形成持久稳定的经济支撑。

第二节　"多规合一"绘就发展新蓝图

一、"多规合一"的规划要求

2017 年中央农村工作会议指出："实施乡村振兴战略，是我们党'三农'工作一系列方针政策的继承和发展，是中国特色社会主义进入新时代做好'三农'工作的总抓手。必须立足国情农情，切实增强责任感使命感紧迫感，举全党全国全社会之力，以更大的决心、更明确的目标、更有力的举措推动农业全面升级、农村全面进步、农民全面发展，谱写新时代乡村全面振兴新篇章。"明确要求："加快推进农业农村现代化，走中国特色社会主义乡村振兴道路，让农业成为有奔头的产业，让农民成为有吸引力的职业，让农村成为安居乐业的美丽家园。"这些要求是浔龙河村做好乡村振兴规划，推进"多规合一"的根本指针。

（一）以产业培育为重点

以产业培育为重点进行科学规划布局，小镇的镇区人口、基础设施建设、镇区规模为小镇的主要指标和考核"硬件"，产业培育不仅为其"软件"，更为其内核。一要做好产业发展定位——依托区位交通、生态环境、文化底蕴的优势，做好产业发展规划，通过以生态、文化、教育产业为主导，配备合理的产业链，形成联动关系；二要构建好小镇现代产业新体系——形成以生态、文化、教育主导产业为龙头，以康养产业、全域旅游产业、现代生态农业为支持，融合运动产业、休闲商业等相关产业互动发展的产业生态圈。

（二）以公共工程为基础

公共配套设施工程是小镇建设发展的基础，对区域整体发展作用显著。主要有三个方面：一是交通建设——通达性。这是乡村资源开发的基础，也是开发价值最大的影响因子。有无便利的交通，是社会投资商介入的主要评价前提。二是建筑风貌建设——标志性。小镇本身即为旅游吸引物，其风貌打造要实现本土化、特色化、品牌化，形成鲜明的建筑风格和浔龙河的特色。建筑风貌方面，要运用本地的建筑风格、形态、材料、符号等，形成创意建筑的独特性；景观风貌方面，要在区域定位的指导下，通过标志性景观设计、家具设计、元素装饰、植物配置、绿道建设、景观工程等，构建景观识别系统。三是全域旅游氛围打造——提升"软价值"。小镇已进入了以慢生活、休闲为主的阶段，休闲氛围的营造体现在许多方面，比如特色餐饮、休闲商业、民俗演艺、活动广场、休闲农业、创客吧、森林游憩带等。

（三）以扶持政策为背景

利用各级各类政策为小镇的发展创建一个健康、宽松的政策环境：产业政策——给予农业、文化、教育、旅游、健康养老产业及其相关产业政策支持；土地政策——在明晰产权和确立集中统一管理体制，在坚守"生态红线、耕地底线和城乡分界线"的基础上，进行科学的土地开发利用，正确处理小镇建设用地、旅游用地与保护耕地之间的矛盾，防止打着小镇的旗号，干房地产开发的勾当；金融及税收政策——融资方面，加大政策性银行、商业银行、其他金融机构的支持范围，并在土地开发成本、税收、投资回报等方面给投资商以优惠的政策，实现投融资方式的灵活性与多样性。

（四）以企业运营为支撑

只靠政府还不能盘活小镇的建设与发展，必须依靠投资商深度参与开发和建设，通过企业的市场运作来做好智力引进、资本引进、产业引进、商业运营等各项工作。一是做好全面运营。企业应站在区域发展的高度，将城镇建设、城镇居民转型、农民搬迁、城镇发展、产业运营等全面结合起来，形成产业发展、景区发展、城市发展相结合的产城一体化模式，构建企业投资、运作与项目开发的架构。在这一过程中，企业全面运营小镇，扮演着乡村资源区域运营商的角色。二是做好板块运营。更多的投资商选择旅游小镇中的某一个板块来进行运营，这样相对来说风险较小。其中，特别吸引企业进行投资的，集中在特色项目与旅游地产两方面。特色项目是小镇发展的动力基础，包括观光景区、文化体验区、特色街区、民俗演艺等，可以集聚人气，形成消费，实现收益。康养地产是小镇发展的支撑，包括度假酒店、度假别墅、养生养老地产、庄园等，可以平衡小镇的高投入，进一步促进产业发展。

（五）以市民与农民融合为纽带

小镇的开发建设不仅对市民、农民转化融合的城乡统筹有着重要的意义，而且对调控城市房地产政策，落实习近平总书记"房子是用来住的，不是用来炒的"指示精神，意义重大而深远。随着农村集体建设用地面向城市特别是大都市开发租赁住房，也随着农民宅基地和住房可以面向城镇人口改造出租，大量生态文化资源优越的城郊租赁住房的低成本供给，会导致城市房地产一级市场的刚性需求软化，房地产价格会因此下行，城市房地产投资会进一步下降。这对于改善城市房地产市场供求关系、抑制房价上涨、规避经济脱实向虚都有百利而无一害。不仅广大城市居民因此可以减少大量的房价支出，提升市民的福利水平，也可显著增加农村集体和农民的财产性收入，明显改善城乡关系，缩小城乡差别，提高广大农村居民的幸福指数。更重要的是，这些政策的实施，会开启城乡人口的"双向流动"，特别是大量的城镇退休居民会把许多城市的现代经营理念、现代经营要素和市场资源带到广大城郊乡村，甚至是生态资源区位优势显著的边远地区，这必将深度促进城乡融合发展。

对于城市居民，基于生态移居，可以寻找到更多更好的青山绿水、蓝天白云；基于城镇建设和产业发展，可以获得更多的亲近大自然的就业机会；基于旅游休闲，可以享受到更加纯真的自然美食、乡土文化与民俗风情；基于身心健康，可以呼吸到新鲜的空气，陶冶情操，获取更多的创作、创意和创造灵感，不仅提升了健康水平，还能得到更高的精神享受，人们的获得感、幸福感会大幅提升。

对于农村居民，在城镇化过程中，基于城乡基础设施的互联互通和社会设施的共建共享，城乡一体化水平会大幅提升；基于城市的现代经营要素、理念和人力资本的注入，农村、农业的现代化水平会得以迅速提高；大量的城市银发"上山下乡"，会引发新一轮乡村革命，带来广大农民就地务工、就地创业，彻底解决"老人、妇女、儿童""三留守问题"。通过就地开店、开厂、开办旅游或文创等其他创新业态与经营业态，实现职业转换，并进一步通过培训，增加自身技能，新一代现代农民就会迅速成长，土地碎片化问题、农村空心化问题、农业弱质化问题、农民收入低地位低等问题都会迎刃而解。随着乡村振兴战略的深入推进，"城市尾、农村头"

式的美丽乡村及其吸引力必将超越城市而成为人们的向往之地。

二、"多规合一"的国内外特色思路

党的十八大明确提出："推动城乡发展一体化。解决好农业农村农民问题是全党工作重中之重，城乡发展一体化是解决'三农'问题的根本途径。要加大统筹城乡发展力度，增强农村发展活力，逐步缩小城乡差距，促进城乡共同繁荣。"2014 年 8 月，国家发改委等四部委联合下发《关于开展市县"多规合一"试点工作的通知》，提出开展空间规划改革试点，推动经济社会发展规划、城乡规划、土地利用规划、生态环境保护规划"多规合一"。

目前，国内特色小镇在规划设计和建设经营上出现的很多问题，归根结底是因为小镇特色主题化差异不明显，文化特色不鲜明，或休闲产品不够有创意创新，核心产品不具有核心吸引力，个性化不明显，有的甚至步入"畸形"的房地产开发轨道。

完整的小镇规划建设运营，是一个严谨而专业的流程，需要经历资源评价、文化内涵挖掘、景区总体定位、产品体系设计、规划总体布局、建筑景观设计落地等多个步骤。要将自然景观、人文景观等资源进行评价与整合，通过资源的整合及文化的挖掘明确小镇的总体定位及产品谱系。

从国内外看，特色小镇的规划、设计一般有四种模式：

（一）自然生态式

这类小镇一般位于独特的地形地貌区，拥有得天独厚的生态景观资源。其打造应以自然景观环境为背景，注重对环境的保护，强调原生态的环境景观，景观设计为画龙点睛之笔，对人工景观的打造应强调遵循中国古典园林"虽由人作，宛自天开"的设计理念，最终形成城景共融、人在景中、景在城中的氛围。

（二）主题营造式

这类小镇依托独特的资源形成某种主题，如基金小镇、滑雪小镇、温泉小镇、滨海小镇、黄桃小镇等。对其打造，应强调主题式的设计，整体建筑和小镇环境都应该体现主题内容，整体上形成鲜明的主题形象。

（三）文化体验式

这类小镇的活动以艺术文化体验为主，如中国传统的古镇古村，或是现代的壁画小镇、动漫小镇等。其空间体验的尺度可以小到一条休闲商街，也可以大到整个空间环境，从建筑的文化符号到整个小镇的肌理形态，构成完整的文化体验氛围，在打造时应突出有韵味的文化空间体验。

（四）互动游乐式

如浔龙河生态艺术小镇与湖南卫视金鹰卡通频道合作，以举办大型活动或赛事为主要吸引物，以协调人与主要的活动场地之间的关系为主，游客参与性强，打造了核心的麦咭亲子活动 IP。

◆ 浔龙河村金鹰卡通节目《嘭！发射》录制现场

三、浔龙河村的"三生三产三民"规划体系

该规划体系的总体思路是，以全局的胸怀、统筹的方法、创新的手段，通过立体、多维的技术措施来促进浔龙河生态艺术小镇的空间、地理、资源的科学布局。构建起"三生融合"（生态、生产、生活）"三产融合"（农业、工业、服务业）"三民融合"（农民、市民、旅游者）的科学规划体系。形成以民生规划为核心、产业规划为引领、建设规划为支撑、社会发展规划为长远目标、土地利用规划为保障的"多规合一"的科学规划体系。

（一）民生规划为核心

浔龙河生态艺术小镇的民生规划充分考虑了当地农民群众的生产、生活与生态的需求，从改善农民群众的生活品质，提升居住质量、劳动就业、教育医疗、社会保障等各个方面进行全面的民生规划，从维护农民的利益出发，将农民所掌握的土地资源、生态资源转化为财富，实现农民的快速脱贫、增收、致富。

（二）产业规划为引领

浔龙河生态艺术小镇的产业规划建立在当地资源禀赋的基础上，分析本区域的交通区位、生态资源、人文资源、市场需求，整合社会资本，确定了发展生态产业、文化产业、教育产业、旅游产业和康养产业。这五大产业中的前三大产业是根本，后两大产业是支撑。这些产业的发展，不仅可以加快推进浔龙河村供给侧结构性改革步伐，提升近郊农民的生产生活水平，而且为市民提供了新的投资与消费品市场。在经济快速发展、人民物质生活水平快速提高，人民对生活品质需求日益强劲的今天，这些产品既具有良好的市场预期，又具有较好的互动性，因而成为实现当地劳动力就业创业、吸引城市居民下乡、实现小镇长远发展的动力源泉。

（三）建设规划作支撑

建设规划始终遵循"绿水青山就是金山银山"的理念，以"不破坏生态环境、不减少耕地面积"为原则，确保"看得见山、望得见水、记得住乡愁"。浔龙河村邀请了国际知名的香港贝尔高林、中欧设计院和广州棕榈园林等

国内外一流的机构参与规划设计，确定了高标准、高起点的建设规划设计，立志将小镇打造成为国内一流的具有典型区域文化风范、生态环境优美、富饶宜居宜游宜学的特色小镇。对于没有列入规划范围内的区域，保持原来的山地、林地，进行整体流转，并进一步优化生态环境，发挥其更好的生态价值；对已列入规划范围内的开发建设区域的生态环境进行全面改造，打造出更具人文特征的山水园林景观，提升项目的整体影响力、旅游吸引力，体现小镇的美学价值和形象。规划中依山傍水、就地就势进行规划布局和开发建设，对建筑密度、高度、风格进行严格把关、控制，做到风格统一、格调雅致，不脱离、不破坏自然生态环境的景观和景区设计。对小镇生活污水、生活垃圾进行了城市化的集中处理，避免产生生活污染导致的自然生态环境的破坏。在建筑的设计中充分利用自然通风采光、能源循环利用、智慧物业、康养等理念，全方位践行资源节约的要求。

（四）社会发展规划为目标

浔龙河生态艺术小镇的社会发展总目标是建设成为有4.1万常住人口、每年300万人次的旅游、研学人口的小镇。这是根据自然生态环境的承载能力、配套的公共工程设施规划的总体容量和建设用地规模的容积率等多个指标进行综合测算而得出的。因此，要明确各个指标的边界，使人口与自然永久性协调发展。同时，根据农村人口发展为城镇人口的需要，逐步完善社区管理方式，建立与小镇相适应的科学化、智慧化的管理体系。

（五）土地利用规划是保障

土地利用规划是实现小镇建设目标、产业发展目标，并保证民生规划得以实施的基础。根据五大产业发展和建设的需要，小镇对土地的开发利用进行了混合运营的创新。形成了耕地全部保留、林地基本保留、建设用地则根据环境的需要呈点状、带状布局的土地利用规划形态，对原来的边坡地、荒地、山地进行开发利用。在14700亩的项目区内，对于8000多亩不改变使用性质的耕地和林地，采用流转的方式先从农民手中流转到村集体的公司，再由村集体的公司流转到开发、建设、运营的公司进行统一经营；1000 多亩的集体建设用地用于村民集中居住区建设、基础设施建设、公共设施配套建设；2500 多亩国有出让用地由政府招拍挂后进行产业开发。目前，浔龙河生态艺术小镇通过集中流转 3600 多亩农民土地，建成了 1100 亩优质稻、620 亩绿色蔬菜、600 亩苗木基地以及 200 栋民宿农业创客、美食和乡村旅馆空间，用于开发乡村旅游、现代农业、文化教育等绿色产业。

第三节 "五大产业"协同推进

浔龙河生态艺术小镇树立"功能化 + 立体化 + 互联化"的产业发展理念，形成"生态产业、文化产业、教育产业、旅游产业、康养产业"五大特色产业有机结合、相容并生的产业布局，突出模块化产业单元功能及其产业链之间的互为依托、相互促进的产业逻辑关系。其中，以全域旅游产业和康养产业为主导产业，生态产业、文化产业、教育产业作为基础产业；中短期内重点发展教育和康养产业，长期则发展旅游产业、文化产业、现代生态农业，以此形成持久稳定的经济支撑。

一、生态产业奠定可持续发展基础

生态产业是继经济技术开发、高新技术产业开发产生的第三代产业。生态产业是包含工业、农业、服务业，与社区生活一体的、在生态环境和生存状况上相结合的一个有机系统。通过自然生态系统形成物流和能量的转化，形成自然生态系统、人工生态系统、产业生态系统之间共生的网络。生态产业同样是按生态经济原理和知识经济规律组织起来的基于生态系统承载能力、具有高效的生态过程及和谐的生态功能的聚合型产业。不同于传统产业的是，生态产业将生产、流通、消费、回收、环境保护及能力建设纵向结合，将不同行业的生产工艺横向耦合，将生产基地与周边环境纳入整个生态系统统一管理，谋求资源的高效利用和有害废弃物向系统外的低、零排放，是技术、体制和文化领域开展的一场深刻革命，将显著促进人与自然和谐、经济与环境协调发展。

（一）基本设想

浔龙河生态艺术小镇的生态产业主要是将生态工业、生态农业、生态旅游业与文化产业、教育产业融合。在生态工业上的做法是发展农副产品的多层次深加工闭路循环体系，大力发展与养老、养生、健康相结合的中药材深加工工业，实现废物资源化、废物产品化、废热废气能源化，形成无废物、无污染的工业体系。在生态农业上的做法是主张顺应自然、保护自然，采取低投入方式，不用化肥农药，减少机械使用，极力强调生态环境安全、稳定，大力发展现代有机农作物种植业，森林植被改良的养蜂业，发展与健康养老养生配送相关的中药材种植业。推进退出养猪业，促进水域的生态治理，形成农业生产系统的良性循环。生态旅游上采用科技、生态、智能型旅游设施地球仓酒店。"地球仓"整个房间采用全模块化设计与生产，施工整装调运，通过货运车辆抵达指定地点，根据不同地势与景观环境进行摆放设计，调整至最佳景观面。屋内是现代化的精致组合，屋外是一场又一场与大自然美景的完美邂逅。生态康养住宅产业的做法是，推行适度消费，厉行勤俭节约，反对过度消费和超前消费，强调精神消费为主的发展消费观，减少物质消费的数量，增加精神消费和自然生态消费的时间和空间，建立森林型生态住宅，推进生态商业、生态文化、生态教育、生态住宅的第三产业的生态综合体。特别强调两个方面：一是采用节能技术和防治污染措施，采用科学的雨水收集和雨污分流系统；二是注重节约能源、水资源和土地资源，促进生产集约与精量消费，坚决反对浪费，高强度保护环境。

（二）主要做法与成效

浔龙河生态艺术小镇的园区生态产业规划是广东棕榈园林股份有限公

司的智慧结晶，该公司是国内排名第一的园林类上市企业，在生态规划、生态建设和生态技术应用领域具有行业领先优势。他们根据浔龙河村原有的"七山二水一分田"的优美生态资源环境，将小镇建设成四季有花、时时有果、色彩绚烂的生态花园。

第一，立足绿色生态，打造了浔龙河品牌。浔龙河生态艺术小镇在发展现代农业方面，先从无公害农业着手，然后做绿色农业，再升级到生态有机农业。在基本农田发展绿色蔬菜、优质稻的种植业，在旱土、坡地和一般农田开展花卉苗木、水果的种植。建设农产品加工厂，整合了基地内和周边的优质农产品资源进行深加工，通过打造浔龙河农产品品牌，形成一批"浔龙河标志"的名、优、特、精产品。完善绿色农产品标准体系，打造浔龙河特色农产品。公司与湖南农业大学建立产学研战略合作伙伴关系，成为湖南农业大学产学研长沙唯一基地及教研示范基地；与湖南省蔬菜研究所合作成为省蔬菜研究所成果转化基地和原生态品种培育基地。目前，浔龙河绿色农业产业已获得长沙市"农业产业龙头企业"称号和农业部"浔龙河"牌绿色食品认证（南瓜、番茄、空心菜、辣椒、丝瓜），纳入长沙市重点菜篮子工程生产基地、农业部标准化蔬菜基地建设试点项目。

第二，立足土地资源，建好了生态产业园。从 2009 年开始，生态农业的板块现已流转了当地的农田、果园、山地共计 1.2 万多亩，建成了一个高标准的蔬菜生产种植基地，基地设计规模为 2000 亩，其中核心示范区 1000 亩，区域辐射面积达到 10000 亩；投资 7400 万元积极推广绿色农产品生产技术和种植技术，加大了绿色农产品基地的建设，建成了一个生态农业基地、一个长沙县北部乡镇农产品展示平台；已种植优质水稻 580 亩、绿色蔬菜 620 亩、花卉苗木 600 亩，近 4 年共实现营业收入 1600 多万元。

依托小镇得天独厚的自然地理条件，整合棕榈园林、贝尔高林等规划设计院，对区域景观进行提质再造，提升生态质量和生态品质，建设三大生态园：

◆ 浔龙河村农场

　　（1）樱花园、紫薇花园：在小镇范围内规划 1000 亩土地，种植不同品种的樱花、紫薇花，形成集花卉培育基地、浪漫樱花观光园、玫瑰观光园、紫薇花观光园及配套产业于一体的休闲观光旅游产业链，把浔龙河的原生态环境建设成四季有花、色彩绚烂的乡村花园。现已完成奇妙樱花谷一期建设，并于 2017 年 3 月正式开园。

　　（2）生态农业产业园：规划建设 2000 亩生态农业产业园，发展绿色蔬菜、优质稻、花卉苗木、水果等种植，积极推广绿色农产品生产技术，加大绿色农产品基地建设，坚持不使用农药、化肥的原生态种植方式，减少机械使用，极力强调生态环境安全、稳定，提高农产品供给质量。目前已种植优质水稻 580 亩、绿色蔬菜 620 亩、花卉苗木 600 亩。

◆ 浔龙河村农场餐厅

（3）乡村湿地公园：小镇范围内金井河、麻林河、浔龙河交织环绕，自然资源丰富，通过延续乡村景观和本地民俗风情，保护生物多样性，打造集生态、文化、休闲、教育等多功能于一体，具有乡村气息的自然生态湿地公园，构建人类与自然亲近的桥梁和城市的绿肺。

第三，组建基层供销社，构筑了工农业产品双向流通管道。成立湖南省首家新型供销合作社，搭建线上线下交易系统，结合全省"农改超"项目建设销售渠道，打造全国范围内特色农副产品的集成商业平台。目前，已建成集农村基础生活用品、农业生产资料、特色农产品于一体的供销展厅；从田间到餐桌的农产品无缝对接，让顾客看得到、吃得到、买得到的浔鲜餐厅；弥补农村生活配套服务缺失，设有全年无休的24小时智能售货店。

生态产业的高科技、高效益、低能耗、低排放，使得浔龙河生态艺术

◆ 浔龙河村供销社

小镇山更青、水更绿、空气更甜、人民生活更幸福。

二、文化产业塑造发展灵魂

文化产业是以生产和提供精神产品为主要活动，以满足人们的文化需要为目标的文化内容创作与传媒产业等的总称。按照习近平总书记关于"文化自信"的系列讲话精神，将文化自信与文化产业结合起来，大力发展文化产业，推动中国文化事业、文化产业的繁荣与发展，对于创造出有中国元素、中国风范的文化精品力作来传承文化、影响世界是十分重要的。总体来讲，中华文化底蕴深厚、文化资源极其丰富，但无论是从内容产业还是传播手段、方式以及产业规模与国际影响力来说，同发达国家和地区比，差距依然很大。

正如第一章所述，浔龙河村有着得天独厚的文化资源。基于这些已有资源，村里按照"记得住乡愁"的要求，以弘扬民族民间特色文化为宗旨，以打造农村特色文化品牌为目标，以促进全域旅游和文化产业发展为出发点，切实抓好民间文化的抢救保护和挖掘传承，在继承的基础上不断创新与发展，使乡村特色文化愈加明显、品牌愈加响亮、价值愈加彰显。目前，随着代表作——田汉文化园的开园，浔龙河村已正式开启了乡村文化振兴的序幕。

三、教育产业奠定基业长青

（一）对接一流资源，打造基础教育样板

小镇引进国内一流的北京师范大学附属学校优质教育资源，以民办公助的办学模式开发建设一个集幼儿园、小学和中学于一体的基础教育示范基地，以打造小镇的教育动力源泉，树立长沙县基础教育的标杆。显然，融合、引进这样的优质基础教育资源，在很大程度上可以弥补、满足长沙县作为全国经济六强县在基础教育资源上强劲增长的需求，也可以促进本地基础教育资源结构调整，优化本地基础教育资源的配置。北京师范大学长沙附属学校浔龙河校区总占地面积353.9亩，规划的总学生容量为5200人，规划班级117个。其中一期工程于2017年8月开始动工，2018年6月校舍交付使用，2018年9月开学。一期计划为小学、初中一贯制九年义务教育，开设班级54个，学生总容量为2250人。

（二）对接优质资源，发展研学教育基地

以1.47万亩原生山林为承载基础，深度融入湖湘文化、湖湘精神，规划、开发不同类型的研学体验产品和体验内容。包括以培养学生担当、求是、进取、创新等素质、能力、品格为主的素质教育；以湘中地区的自然、农耕、非遗文化等知识为主的科普教育；以忠诚、爱国、担当、奉献等精神为内核的国防爱国教育；以培养学生独立、创新能力、社会责任感、良好习惯，了解学习湖湘文化、劳动技能等为主的营地教育。

浔龙河生态艺术小镇与湖南省军区合作，引进国际先进的素质教育模式，建设面向青少年的国防素质教育营地——童勋营。长沙县人民政府将该营地作为全县中小学国防素质教育的基地，采取政府购买服务的方式，该营地现已成为长沙县 6 万小学生的国防知识学习、国防身体素质训练、强军富民爱国主义教育营地。一期建设已投入 5000 万元，占地面积 152 亩，具体建设是在湖南省军区的指导下推进的，后期将扩大占地约 300 亩，打造成为湖南省国防素质教育的重要基地。

浔龙河生态艺术小镇与金鹰卡通卫视合作，打造的亲子素质教育品牌麦咭启蒙岛，涵盖了云田谷、麦咭密室等一系列项目。该系列项目自 2015 年 10 月开始对外开放以来，已投入 1.3 亿元，两年内共开展了 15 个大型活动，吸引了近 5 万名青少年参加，在湖南产生了巨大反响，已成为长沙市亲子素质教育的知名品牌。

（三）服务终身教育，建设成人特色培训基地

浔龙河生态艺术小镇的教育产业的基本构想是，将"基础教育""研学教育""培训教育"三大板块有机组合，打造成为全域教育产业与研学旅游的重要基地。

1. 服务于实施乡村振兴战略的培训基地。

根据浔龙河村党建引领积累的先进经验开展基层党建培训、美丽乡村建设培训、乡村干部培训、党员培训、特色小镇运营培训、职业农民培训、创客培训等。同时，开展全国范围的乡村资源开发的企业家、干部、管理人员的培训，立志打造出具有中国特色的"农业产业 MBA"。

2. 服务于弘扬田汉文化艺术的培训基地。

浔龙河生态艺术小镇与全国艺术类院校联合，以田汉大剧院、田汉艺术学院、田汉艺术话剧节、田汉木偶艺术节为依托，打造全国艺术类人才的实习实训、艺术人才创新创业、演艺产业和人才输送相融合的重要基地。

3. 服务于民兵和退役军人的培训基地。

浔龙河生态艺术小镇与湖南省民兵预备役师合作，建设有省级民兵训练基地，一方面开展民兵训练，另一方面开展保安、特勤人员的社会化训练，

实现军民融合、军地两用的建设目标。浔龙河生态艺术小镇与湖南省退役士兵就业创业服务促进会合作，打造全国退役军人再就业与创业培训基地，搭建政府与社会、军队与地方、退役士兵与用工单位的合作桥梁，组织开展专题调研和学术交流，向有关部门建言献策，协助政府部门为退役士兵提供就业创业服务，促进社会和谐稳定。

四、全域旅游引爆兴村富民

浔龙河生态艺术小镇成立了湖南下乡客浔龙河文旅有限公司，打造了湖湘民俗风情街，汇聚了创客街、"三土美食"好呷街、土菜街、民宿街和休闲街；推出了特色民宿酒店集群，包括木屋酒店、故湘、云素和极具科技感、体验感的地球仓生态智慧酒店，深受游客欢迎。特色民宿酒店集群从 2015 年 10 月投入运营以来，已投资 4000 万元，形成了各种不同风格和档次的特色民居，为游客提供了多样化的生态居住体验服务。浔龙河生态艺术小镇开发了中南地区最大的赏樱胜地"浔龙河奇妙樱花谷"项目，2017 年 3 月 11 日成功实现开园，开园期间前三天即迎客 5 万人，是全国乡村旅游的样板工程。

2016 年浔龙河生态艺术小镇接待游客量超过 100 万人次；2017 年浔龙河生态艺术小镇新春灯会（1 月 20 日—2 月 19 日）接待游客近 20 万人次，清明小长假期间浔龙河生态艺术小镇接待游客 12 万余人次，"五一"期间整体游客接待量为 9 万余人次。

五、康养产业创造极致品位

浔龙河生态艺术小镇遵循民生为本、生态优先的理念，在区域内按照生态自然循环的理论原理，促进自然生态与人工生态的相互契合，在地理组织、物理空间、中医养生原理上，把山、水、田园与人的身心完美地结合起来。康养产业在地理上充分利用了原生坡地肌理，保留自然的原森林植被、山水风光，结合开放的空间布局，将国有建设用地、集体建设用地、流转土地进行混合使用、合理布局，发挥它们各自的属性与功能，再与中药材种植、加工、饮用以及中医的养生、养身、养心结合起来，构建了低成本、高附加值、增值空间巨大和物超所值的康养产业园区，彰显一种人生极致的自由、私密、健康、乡愁的庄园式生活空间。

创新的康养产业市场潜力大、需求强劲，保护和发展了民生与生态的内涵，将实现三大群体的回归：

一是村外湘籍人士乡愁的回归。湖南是人口大省，在外省工作、创业的成功人士众多。他们不同于一般在外务工、创业的农民工群体，是一群具有较高学识，在外工作、创业几十年，生活在外地城市的中产阶层或富人群体。他们要回归湖南，但又回不去生养的农村（因为原生态的农村缺乏他们生活的社区，缺乏他们需求的学养配套，更没有他们生活的知识圈层），只有在浔龙河生态艺术小镇这样的地方，才有他们能记住的乡愁、回归的故里、生活的圈层。

二是在长沙大城市里工作的中产者。他们正处于事业的关键时期，工作稳定，收入较高，城中有房，上有老人要照顾，下有小孩要读书。他们要把老人从乡下接进城，方便照顾，也要老人帮忙照看上中小学的小孩。但是老人不习惯住在喧嚣的城市中央，他们喜欢有山、有水、有田园，能有乡村记忆的地方。大城市中央肯定没有，只能在城市的近郊，交通便利，城市设施齐全，更重要的是要有高质量的教育设施，这样的近郊十分稀缺。浔龙河生态艺术小镇正是为这个人群量身订制的一个全维度的解决方案。

三是在大城市打拼了一二十年，取得了一定成就的本地人群。他们前30年外出奋斗，为的是衣锦还乡，荣归故里。后几十年他们返璞归真，回到田园山水间，可以继续投资创业，也可养生养老，享受生活。浔龙河生态艺术小镇在生态、旅游、休闲、研学方面的特色打造正好符合他们心灵的归宿。

上述三大人群，在中国关乎 1.5 亿个家庭，约 4 亿人口，他们是国家拉动投资与消费的中坚力量，将成为特色小镇的主要消费人群。浔龙河项目区的构想与建设，正是顺应了这样一个庞大群体的需要。因此，顺应生产、生活、生态融合发展的大趋势发展"大康养产业"是时代所需。

基本思路是，依托良好的自然资源基底，将国有建设用地、集体建设用地、流转土地进行混合使用、合理布局，加速打造集养老、养生、旅游于一体的康养生态圈，包括基础层的康养护理、康养保险、康养医疗、康养生活社区、森林康养园等；延伸层的康养消费、康养娱乐、康养精神慰藉、康养金融等；环境层的康养科学研究和康养观念（社会文化、舆论环境）等。

引入"医养结合"，融合绿色与自然发展理念。"医"即通过建立健康管理系统，制订健康计划、8小时在线咨询、教授健身气功、进行膳食调养、举办养生主题课和专家预约挂号等服务；"康"即通过专业的康养训练和各种文体娱乐活动，促进身心健康；"养"即通过日托服务，为有生活照料需求的老年群体提供饮食照护、营养午餐、服药管理、起居照护、助浴服务等专业日间照护服务，满足人们"身体健康、心情愉快，生有所养、老有所乐"的基本诉求。以融医、疗、养、社区服务于一体的健康产业作为高端配套。

随着浔龙河生态艺术小镇"五大产业"协同并进的发展，一个中国元素、欧美风范的生态艺术特色小镇正在茁壮成长。

六、五大产业整体建设的进度与节奏

（一）2015年度

2015年10月建成了STAR PARK乡村生态主题公园，含童勋营、云田谷和牧歌山三大板块，以儿童素质培训、农耕乐趣体验、草场放牧等亲子概念为主题，融合原生态环境资源，打造出孩子寓教于乐、快乐成长的基地，也让成人实现和重返了儿时的梦想。同时打造了目前湖南省内唯一一家富有江南婉约风格的豪华木屋酒店，以及怀旧风格的云田民宿客栈，让人们在感受大自然无比美妙风光的同时体验别样的风情。主要建设项目有以下 5 个。

1. 童勋营素质教育基地。

童勋营是一个通过有组织、有系统的训练课程来提升儿童综合素质，从而培养良好公民意识的素质教育基地。在童勋营里，每个孩子都能和同龄的小伙伴们丛林探险、野外露营、紧急避险、岩壁攀爬、觅食生火，让孩子们在轻松愉悦的体验过程中强身健体、磨炼意志，懂得关爱感恩，学习独立生活，掌握各种技能和常识，也让父母与孩子在训练中能够拥有更多的互动，提升彼此间的默契度。

2. 牧歌山。

牧歌山是麦咭启蒙岛乐园的入口广场和大型活动举办地，可容纳近万人。金鹰卡通频道的大型户外活动如"爸爸去哪儿"嘉年华、麦咭音乐节等在此举办，并以此为依托，形成园区常态化品牌活动。

3. 云田谷。

云田谷农场区域内是大面积农耕菜田，结合这一优势资源，以私人订制的形式为都市家庭量身打造作物"认养园"，给孩子农耕体验的学习机会，给老人回归田园的温馨回忆，给全家绿色蔬果的供给。农场内还设有"观光采摘园"，可提供当季瓜果、蔬菜、花卉等作物的观光、采摘、耕种等体验。

4. 木屋酒店。

木屋酒店是将江南水乡的古典气息与现代时尚元素相结合的豪华酒店。酒店共 8 栋房屋，其中 2 栋 1 层建筑和 6 栋 2 层建筑，共 10 个床位，每栋房屋均按照独栋别墅结构进行设计。为了保留大自然的自然风韵，使建筑物与自然巧妙融和与协调，全部采用木质材料进行构造。木屋在树丛中若隐若现，夜晚点灯后，从远处眺望，仿佛星光闪烁，因此又称为星光木屋。酒店所处地理位置较高，视线开阔，可以直接眺望左前方的艺术小镇。在这里入住，能让你完全远离都市的繁华，全身心感受大自然的无穷魅力，

◆ 浔龙河村云田谷

仿佛童话世界一般，鸟儿为你歌唱，虫儿伴你入眠。

5. 云田民宿。

民宿主题酒店是以不同主题的民宿打造而成的休闲度假主题酒店。园区内每一个民宿都将浔龙河特有的民俗文化和现代的居家体验融为一体，形成独特的主题风格，为来此旅游度假的人们提供一处极具舒适感又不失深厚文化底蕴的假日小憩之处，让他们在感受大自然无比美妙风光的同时，

也能静静感受来自浔龙河的文化气息。故湘客栈打造的是怀旧风情的农家院落，走进小院，花木之间弥漫着浓郁的岁月气息和故乡的韵味。那些珍藏的生活器物，无论是细细观赏，还是厮磨慢品，都能深深感受到岁月积淀下的那份质朴家味。

（二）2016 年度

1. 地方特色美食好呷街。

2016 年 4 月 30 日，长沙首个乡村美食好呷休闲街在长沙县果园镇浔龙河生态艺术小镇开街。浔龙河好呷街网罗三湘四水美食小吃民间高手，40 户来自全省 14 个地市的美食创客，秉承用心成就作品的工匠精神，精心制作"上食材、土工艺、土器具"的"三土"美食，使其成为长沙乃至湖南省的美食目的地。在这里，游客通过味觉体验"看得见的安全、吃得到的健康、品得出的妈妈的味道"。在这里，游客通过美食缓解乡愁，拾起童年的记忆。在这里，一家家特色小店等着你去感受饮食背后那可触摸的温度、脉脉人情和浅吟低唱的故事。

2. 新农村示范区商业街。

2016 年 10 月 1 日，浔龙河新农村示范区商业街正式开街，位于浔龙河村居民安置区一期，将浔龙河村民集中安置街区打造成新农村服务综合体，突显湘东特别是长沙地区的特色文化，辐射整个湖南以长株潭为主的东部地区，充实全域旅游的文化特色与内涵，满足游客游、玩、吃、住、购、学等需求，汇聚创客街、好呷街、土菜街、民宿街和休闲街。

（三）2017 年度

1. 中南最美樱花谷。

2017 年 3 月 11 日，浔龙河樱花谷正式开园。浔龙河樱花谷由湖南樱之谷生态农业开发有限公司投资建设，樱花栽种面积达 500 余亩，投资总额超 8000 万元，种植 30 多种樱花共 10000 株以上。浔龙河樱花谷将建成中南地区规模最大、品种最全的赏樱胜地，是集樱花种植和观赏婚庆广场、高空原生态独栋木屋酒店、民俗竞技、玻璃拉索桥、田园餐厅等于一

◆ 浔龙河村樱花谷

体的综合性休闲体验景区。

2. 田汉大道。

2017 年 2 月 9 日，作为连接黄兴大道北延线和果园大道的主要通道——田汉大道举行开工开建仪式，正式动工建设，已于 2018 年元旦建成通车。田汉大道投资 1.94 亿元，全长 5.4 公里。田汉大道北端起于黄兴大道北延线，南端止于果园大道，将浔龙河生态艺术小镇和田汉故居两个景点紧密连接在一起。道路全长 5.6 公里，路幅宽度达到 15 米，跨越浔龙河村、花果村、田汉社区等。

3. 北京师范大学长沙附属学校浔龙河校区。

根据浔龙河教育产业规划定位及发展需求，坚持"优势互补、资源共享、互惠双赢、共同发展"的原则，引进全国知名院校进行合作办学，将国际化、特色化教育作为学校差异化发展的重点，打造湖南地区高品质精品名校，提升企业可持续发展竞争力，树立教育地产新典范，将取得良好的社会效益和经济效益。

2016 年 12 月 27 日，长沙县人民政府与北京师范大学签订《教育文化合作框架协议》，双方携手合作在长沙县新建北师大附属学校，并确定学校选址为长沙临空经济示范区及果园镇浔龙河生态艺术小镇。总投资预计达 15 亿元，办学体制为幼儿园、小学、初中到高中，共计招生 8000—10000 人。此外，还将设置相对独立的国际部。北京师范大学长沙附属学校浔龙河校区规划占地约 234.6 亩，总投资近 5 亿元，有约 5200 个学位，涵盖幼儿园、小学部和初中部，学校分两期开发建设。其中，一期校区占地 82.3 亩，总建筑面积 52310 平方米；一期小学部及初中部于 2018 年 9 月对外开学，规划班级 54 个，可容纳学生约 2250 人，其中小学 36 个班级，招收学生 1440 人，初中 18 个班级，招收学生 810 人；一期学校配套建设素质教育拓展基地——"童勋营"，占地 86.8 亩。二期校区占地 152.3 亩。学校由湖南浔龙河教育咨询有限公司进行校区的建设及运营；长沙县人民政府给予政策和制度支持，监督办学质量；北京师范大学负责业务管理、品牌及师资力量输出、课程体系设置。

4. 时光潇湘。

该项目是集文化、旅游、商业及生态教育住宅于一体的宜居宜投资产品。项目占地约 108 亩，规划地上总建筑面积约 9.3 万平方米，位处小镇中心门户腹地，北邻浔龙河北师大附属学校，南邻浔龙河樱花谷赏樱基地，东临田汉大道。其中，生态教育住宅——"时光潇湘·学府"是浔龙河生态艺术小镇精心打造的生态宜居洋房作品，项目从描绘山馆读书场景的画卷、湖湘书院文化内涵和当地特色建筑形式中提取设计元素，打造白墙灰瓦为主色调的新中式住宅，辅以中式园林景观设计再现湖湘书院文化。该项目建筑面积约 5 万平方米，共 18 栋 6 层板式电梯洋房，居住总户数为 397 户，容积率低至 1.33，绿地率达 35.67%，户型区间为 81 平方米——240 平方米，项目采用板式结构设计，一梯两户，户型方正，享飘窗、阳台超高赠送，阳光、清风入户，拥抱惬意生活。湖湘民俗艺术街区——"时光潇湘·印象"规划建筑面积约 5 万平方米，集文化、旅游、儿童游乐、生态餐饮、非遗技艺及休闲娱乐等于一体。

5. 浔龙隐·连山。

位于浔龙河生态艺术小镇腹地，自然风光秀丽，依托山地优势，浔龙隐坡地别墅群包罗丰富空间，隐于半山，融于自然，居住的舒适性和私密性都恰到好处；浔龙隐别墅类型多样，有山地情景合院、山地情景双排、山地水景合园、山地情景双拼、坡地水景合院等，面积大小、建筑风格不一。

6. 水上世界。

2017 年 2 月 8 日，湖南顺业文化旅游产业有限公司与湖南棕榈浔龙河生态城镇发展有限公司举行签约仪式，水上世界正式入驻浔龙河。双方旨在共同打造一个主题特色鲜明、游乐内容丰富的水上世界，以丰富浔龙河生态艺术小镇的旅游项目，为市民朋友们带来更多样、更好玩的游乐体验。

水上世界项目总投资 3 亿元，旨在打造中南地区最大、设备最先进、水上游乐项目最多的大型水上主题乐园。其主要规划建设有超级大水寨、家庭漂流滑梯、大回环滑梯、超级巨兽碗滑梯、大喇叭滑梯、水上飞龙滑梯、超级水炮等游乐项目。浔龙河水上世界预计于 2018 年 6 月 1 日开放，届时必将让游客流连忘返。项目总体规划用地 179 亩，总建设面积约 89585 平方米，其中建筑面积 61208 平方米，娱乐项目面积 28377 平方米。建成后水面面积 19594 平方米，可同时容纳 14000 人，高峰期可容纳 25000 人。项目建成之后，预计年营业额 7998 万元，能提供就业岗位 400 个，年度纳税预计 794 万元。

7. 东八线（黄兴大道）辅道。

东八线辅道工程是在浔龙河生态示范区内的主要通道东八线南北两

侧范围内新增辅道，以便满足节假日生态示范区内短途旅游交通集散的需求。东八线主线设计速度为 80 公里 / 小时，道路级别与现状一致，为一级公路；路幅总宽度 80 米，与规划一致，南北辅道设计范围与规划用地范围一致；南北辅道设计速度为 35 公里 / 小时；南北辅道道路级别为城市支路，横断面宽度为 22 米，具体规划为 14 米机动车道（双向四车道）+2 米单侧绿化带 +3.5 米单侧非机动车道 +2.5 米单侧人行道；新建道路里程总长度为 6.029 公里，其中南辅道 3.375 公里，北辅道 2.654 公里；工程直接费用造价估算为 1.66 亿元。

寻龍河
生态艺术小镇

全力补短板的浔龙河人才振兴

党的十九大明确提出，实施乡村振兴战略，关键在培养造就一支懂农业、爱农村、爱农民的"三农"工作队伍。2018年3月，习近平总书记在出席山东代表团讨论时发表重要讲话进一步指出，实施乡村振兴必须实现"五大振兴"，其中关键是实施人才振兴，没有人才振兴，其他振兴都是一句空话。这为我们做好新时代的"三农"工作和实施乡村振兴战略进一步指明了方向，也进一步坚定了我们做好"浔龙河范本"的信心。

第一节　乡村振兴关键在人

　　农业农村经济社会发展得怎么样，说到底，关键在人。党的十八大以来，习近平总书记站在党和国家事业发展全局的战略高度，多次对人才发展作出重要指示，强调农业农村人才是强农兴农的根本；建设现代农业，首先要解决好人的问题。党的十九大报告指出，人才是实现民族振兴、赢得国际竞争主动的战略资源。要坚持党管人才原则，聚天下英才而用之，加快建设人才强国。习近平总书记在接见清华大学经济管理学院顾问委员会委员时指出，人才是创新的根基，是创新的核心要素。2018年"两会"期间，习近平总书记在广东、山东代表团发表了重要讲话，指出"发展是第一要务，创新是第一动力，人才是第一资源"，并把乡村振兴细化到"五个振兴"，即要推

◆ 2017 年 10 月 14 日，上海社科联主席王战教授、上海崇明区委书记唐海龙博士等专家领导在中国经济国际交流中心上海分中心举行《湖南长沙浔龙河生态小镇发展道路研究——工商资本推动农村供给侧改革的"浔龙河模式"》课题评审会

动乡村产业振兴，推动乡村人才振兴，推动乡村文化振兴，推动乡村生态振兴，推动乡村组织振兴。这为我们做好农业农村人才工作进一步指明了方向。

一、乡村振兴需要什么样的人

对于乡村振兴而言，目前，我们需要什么样的人？就全国来说，应该是为农村培养了一大批留得住、用得上、干得好的带头人和造就一支懂农业、爱农村、爱农民的"三农"工作队伍。但就现实情况看，最需要人才的地方也是人才最奇缺的地方，特别是广大乡村。

原农业部调查数据显示，2016 年年末全国农村实用人才总量已接近 1900 万，但占乡村就业人员总数的比例还不足 5%。新型职业农民总量不足，年轻后备力量缺乏，文化程度普遍偏低。基层农技推广人才"青黄不接"、队伍老化问题严重，农技人员学历、专业、水平参差不齐的现状还没有根本改变。县乡农业新产业新业态急需人才严重不足，特别是贫困地区、少数民族地区尤为突出，不能满足现代农业发展和农村产业扶贫的需要。以能力和业绩为导向的农业科研人才分类评价机制尚未推开，以推广业绩和服务对象满意度为基准的农技推广人员评价机制还不完善，"招人难、留人更难"的情况还较为突出。乡村振兴战略，实施的主体是农民，受益的主体也是农民。因此，实施乡村振兴战略的一个重要着力点，就是要加快培养和造就一大批符合时代要求、具有引领和带动作用的农业农村人才，充分发挥好人才在乡村振兴进程中的支撑作用。

具体到每个村来说，目前最需要、最缺乏的是能人，尤其是能够带领农民致富奔小康的领路人。大学生好找、找带头人难，投资者好寻、寻领路人难。因为，这样的人必须是牢记初心、不忘使命的共产党人，必须是有打工或从军、从学经历，经历过苦难锻炼和意志坚强的人，必须是懂市场、会经营、善管理的人，如果这样的人成为村党支部的带头人，那这个村再差也差不到哪里去。因为他们肩负着带领群众发家致富，建设社会主义新农村，建成全面小康社会的重任。他们会明白，经济发展程度不但决定一个村的经济地位，还在一定程度上决定一个村的社会地位和政治地位。因而他们会把经济建设放在首位，牢记发展第一要务，不断解放思想，拓宽思路，创新工作，积极探索符合本村实际的发展之路。通过发展，加快富民强村步伐，让本村人民群众得到实惠，认清跟着村支部、村委会和村组干部才有奔头。俗话说："团结出凝聚力，团结出战斗力。"村级班子是带领群众致富的核心。团结和稳定是乡村振兴的首要问题，是能否搞好村的工作、能否加快村经济发展、搞好村的建设、带领村民致富奔小康的关键和根本。班子内部只有团结好，尤其是村支两委团结协作，才能形成强大的力量。作为村党支部书记，要做到以下三点：

一要善于团结人。在村级班子中，由于每个人的职务、文化程度、政治素质、工作经历的不同，难免产生思想认识、工作、行动上的分歧。要解决好这些问题，首先，村支部书记要有平等待人的态度，有实行民主协商共事的作风，使人感到有一种"可亲力"；其次，在平时工作和生活中，以情感沟通交流，具有容人的"凝聚力"；再次，严于律己，宽厚待人，具有无形的"号召力"。

二要做到"三个结合"。第一，中心与一般相结合。书记要做的工作很多，但要有主次之分、中心和一般之分，也要有轻重缓急之别，要善于从烦琐的工作中抓住关键环节。第二，软硬结合。村里的经济建设、社会事业发展都是硬任务，要千方百计高质量地去完成。而软的任务也不可忽视，要通过思想教育的方法提高人的素质，统一党员干部思想，推动工作的完成。第三，清楚与模糊相结合。由于村里工作具有多样性、复杂性，书记要集中精力抓中心工作、重点工作，对工作的主次要分清楚，要抛开那些细枝末节的东西。

三是要发挥班子的整体效能。要充分发挥班子每个成员的才干，在工作上多支持、多关心、多体贴，确保每个干部在负责的事项中有职、有权、有责。

二、浔龙河村的人才解决之道

党的十八大以来，随着浔龙河生态艺术小镇建设步伐的加快，浔龙河村支两委坚决贯彻落实党的十八大、十九大精神，坚定不移地实施人才强村战略，按照"高端引进、分类激励，不求所有、借脑汇智"的原则，努力培养造就一支懂农业、爱农村、爱农民的农业农村人才队伍，为推进乡村振兴战略提供强有力的人才支撑。

一是强化"人才先行"在乡村振兴战略全局中的定位。坚持党管人才原则，强化"一把手"抓"第一资源"的意识，把培养人才和发挥人才作用纳入乡村振兴战略全局中通盘考虑，做到项目推进到哪里，人才工作就跟进到哪里，切实发挥人才在推进生态艺术特色小镇建设运营中的第一驱动力作用，促进形成人才队伍建设与特色小镇发展相互促进、良性发展的好局面。

二是构建村企人才同建共用的机制。充分发挥集体企业、合作社、行业协会、产业化龙头企业、社会化服务组织等各类新型经营主体在农村实用人才培养中的"蓄水池"作用，创新引人、育人、用人、留人环境，完善相关激励政策，解决好人才服务"最后一公里"的瓶颈制约问题。创新对各类人才的培养支持机制，加大生态艺术小镇实用人才带头人示范培训力度，加强职业技能培训，弘扬工匠精神，促进农业技能人才培养，建设知识型、技能型、创新型艺术小镇劳动者大军，全面提升劳动者职业技能水平。

三是进一步完善本村人才建功立业的发展环境。把对推进浔龙河村发展的实际贡献作为衡量人才的基本标准，要求他们"把论文写在大地上"，在服务乡村振兴中建功立业。对不同类型和层次的人才、实行分类分级评价。充分保障和落实用人主体自主权，尊重用人单位在人才培养、评价和使用上的主体地位。完善有利于各类技术岗位管理及人员聘用、晋升、奖惩、工资待遇等配套措施，增强人才发展活力。搭建让各类人才创造活力竞相迸发、聪明才智充分涌流的发展平台，建立更加体现人才价值导向的分配激励机制。充分利用、整合现有各类支持政策，积极推动在市场准入、财政税收、金融服务、用地用电、教育培训、社会保障等方面出台扶持政策，为各类人才在农村创新创业营造良好环境。加大人才遴选资助和表彰奖励力度，实施好"全国农业劳动模范和先进工作者""全国十佳农民"等表彰和资助项目，弘扬劳模精神，树立先进典型，在全社会积极营造重视农业、尊重人才的良好氛围。

第二节 浔龙河村人才队伍建设

一、选准领路人，发挥"头雁效应"

柳中辉，1974年出生在湖南省长沙县果园镇浔龙河村，中共党员，长沙县人大常委，青年企业家。1993年参加工作，进入建筑行业，曾任工程施工员、质检员等职，1999年在湖南望新建筑公司担任项目经理，2002年在长沙市建设工程集团四分公司担任副总经理，2003年9月创办湖南圣力房地产开发有限公司和长沙圣力建材贸易有限公司并任公司董事长兼法定代表人，2009年起任湖南浔龙河生态农业综合开发有限公司董事长，2014年任湖南浔龙河控股有限公司董事长。可以这样说，早期是柳中辉选择了浔龙河，而到后来则是浔龙河选择了柳中辉，这种选择也许是一种天意。因为，在大千世界，柳中辉的确是个十分难得也不可多得的"领头雁"，因为父母恩、故乡情，因为担当、责任和格局！

柳中辉自称是个乡下人，尽管职务是湖南长沙浔龙河投资控股有限公司董事长，可他更在乎另一个称呼——长沙县浔龙河村党总支第一支书。2018年1月23日下午，他被选为中国城镇化促进会副主席，同时增补为副主席的，还有中国移动通信党委书记、董事长尚冰，原科技部党组成员、科技日报社原社长张景安和中青旅实业发展公司董事长伞翔宇。毫无疑问，和这三位新增副主席相比，1974年出生的柳中辉，无论是资历和阅历，都属于"小"字辈。但乡下人有乡下人的底气。8年多来，柳中辉在家乡浔龙河村，依托长沙城郊的优势，探索乡村振兴的路子，带领老百姓脱贫致富，创造了全国瞩目的"浔龙河范本"。

柳中辉初中毕业，干过农活，做过生意，后来进了乡镇企业上班，再出来自主创业……理想中，一个人的梦想终归是梦想；现实里，很多事情还是残酷的现实。带领百姓脱贫致富是一个系统工程，仅靠小恩小惠，无疑难以长久，也解决不了根本问题。授人以鱼，不如授人以渔。话是这么说，可做起来却很难。"功成不必在我，但功成必定有我。"柳中辉认为，人生在世，就要不断挑战难题，何况对于家乡，更有责任和义务。把事业的发展方向，从城市转向农村，本身就意味着担当、付出和责任，也体现了一个人的心智、格局和追求。乡村振兴，精准扶贫，着力点就是要调动亿万农民的积极性、主动性和创造性，因为他们才是乡村的主人。人心齐，泰山移。柳中辉回乡创业，首先就是要聚集村民的心。"我来干什么？要向父老乡亲们一点点讲清楚。"为了统一思想，仅2010年全年就召开了163次大大小小的村民代表大会。农民的想法很朴素：老板带着资本下乡，到底是掠夺还是共享？一句话，你投资对我有没有长远的好处？如果没有，即便是土地闲置，也不会让你赚钱。作为乡下人，柳中辉深知农民的心思。

一分耕耘，一分收获。到2016年，浔龙河集体经济总量达到了900多万元，比2009年增长近100倍，村民人均纯收入2.7万元，增长6倍多，贫困村变成了富裕村。在柳中辉的眼中，未来中国城镇战略发展中，大城市是太阳，中小城市是月亮，而像浔龙河这种城市近郊型乡村就是星星。没有星星的夜晚，世界就显得孤单。那么，如何让群"星"璀璨？柳中辉说，依然是政府推动为主导，社会资本运作为主体。政府要厘清行为边界，既不能"大包大揽"，也不可"甩手不管"。有所为，有所不为。到2017年年底，全村项目投资超过10亿元，浔龙河村已将农村由政府投资为主，转变为企业、政府、村集体多元主体的投资结构。

在原国家行政学院，刚刚增补为中国城促会副主席的柳中辉，应邀给全国各地参加特色城镇培训班的学员分享了浔龙河范本。"我有一个浔龙河之梦，就是要把这里打造成城镇化的农村、乡村式的城镇。如今这个梦想正一步步变为现实……"柳中辉是个有梦想、有担当的自信心强、做事果断、态度坦诚的男人，这样的人作为浔龙河的"领头雁"，而且能满票当选村支部书记是必然的。火车跑得快，全靠头来带。无数实践证明，有个好的带头人，农民就满意，地方发展就快。

二、搭班子发挥村支两委和公司核心团队的作用

正如本书前面所描述的那样，搭建好村支两委班子，发挥党建引领和村民自治的作用，对于浔龙河解决人才短缺的问题，推进乡村人才振兴至关重要。为充分发挥党的领导核心作用，浔龙河村在柳中辉书记的带领下，以党建带村建、企建，推进村企"组织共建、党员共管、阵地共用、活动共抓、

发展共促、机制共享"，组成了精干、有战斗力的团队，建立、完善了以党支部为核心，以村民委员会自治组织、监督组织为基础，以群团组织、经济组织、社会组织为补充的基层社区治理组织体系，推进了乡村组织振兴，为实现浔龙河村振兴奠定了坚实的组织基础。

但是，要实现乡村产业振兴，还必须要具有现代产业经营理念和市场经济观念的善筹划、懂管理、会经营的产业运营与运作团队，而这一团队又正是目前我国实施乡村振兴战略中的最大"短板"，它难以从现有的乡村土壤上生长出来，必须靠外部"植入"。为此，柳中辉积极主动发挥"头雁效应"，带领和他一起在商海打拼多年的同事、朋友、同乡等毅然回归故土、投入家乡的怀抱，形成了一个有事业心、有战斗力、能打硬仗的核心市场经营团队，既弥补了浔龙河村实施乡村振兴的最大"短板"，又成就了他们心目中的伟业。他们主要有：

王聪球，1972 年出生在湖南省长沙县春华镇九田村，中共党员，湖南省政协委员、长沙县政协常委。1991 年 6 月长沙县一中毕业，1992 年

◆ 王聪球——湖南棕榈浔龙河生态城镇发展有限公司董事长、浔龙河项目重要创始人

1月至1992年12月从事个体汽车运输，1993年1月至1995年1月担任长沙县果园汽车改装厂路口分厂质检员、质检科长，1995年2月至1996年12月担任长沙县果园汽车改装厂微型车分厂供应科员，1997年1月至1998年5月担任长沙县光明塑钢门窗厂厂长，1998年6月至2000年10月担任湖南创程实业有限公司董事长，2001年1月至2004年12月担任长沙市建工集团副总经理兼四分公司总经理，2005年1月至今担任湖南圣力房地产开发有限公司总经理，2009年3月至2016年1月担任湖南棕榈浔龙河生态农业开发有限公司总经理，2016年2月至今担任湖南棕榈浔龙河生态城镇发展有限公司董事长。

黄建平，男，汉族，1976年出生于长沙县黄兴镇鹿芝岭村，中共党员，文化程度本科，1994年开始参加工作。现担任湖南天苗房地产开发有限公司董事长、浔龙河控股集团执行总裁、湖南下乡客浔龙河文旅有限公司董事长。1994年6月至1997年7月，在长沙县仙人市建筑公司任资料员、施工员；2005年2月任星大建筑公司项目经理；2005年2月开启人生的第一次创业——投资成立星大典当公司并担任公司董事长；2008年6月开始担任湖南天苗房地产开发有限公司董事长；2013年9月起同时担任浔龙河控股集团执行总裁；2015年5月着手筹备湖南下乡客浔龙河文旅有限公司，并担任公司董事长。

赖国传，男，汉族，1974年生于广东梅州平远仁居镇，1992年考入华南农业大学风景园林本科。1996年大学毕业之后，到棕榈园林（棕榈股份的前身、中国最早的民营园林企业）工作，1998年任棕榈园林副总经理，继而任总经理，担任景观设计师和项目经理期间主持设计与施工的项目，包括广州翠湖山庄、汇景新城、成都金林半岛、贵阳在水一方等，为居者所称道，成为行业典范，被中国风景园林学会评为"优秀项目经理"。2004年，棕榈园林与保利、万科、星河湾、华润、富力、合生创展以及栖霞、滨江、中南等一系列全国知名房地产企业建立了长期合作伙伴关系，基本完成全国布局，并于2010年6月上市。上市后致力于打造"中国园林行业的 IBM"，2014 年，棕榈园林成立 30 年时，年收入突破 50 亿元，位居行业第一，成为中国风景园林行业的龙头企业，主营业务从传统的生态环境建设延伸到生态城镇的"建设—运营—内容"全产业链。同年 5 月，赖国传卸任棕榈园林董事、总经理，全身心投入生态城镇试点项目打造和相关产业投资。伴随公司的战略转型，棕榈在前期生态城镇各试点项目中持续贯彻"绿色、集约、智慧、循环、低碳、民生"的理念，力图打造自然与人生、古典与现代、人文与科技完美融合的生态小镇。

因为筑梦浔龙河以及资本背后的战略远见，志同道合的他们走到了一起，形成了最佳的组合与团队。园林行业是一项持续造福民生的行业，市场容量大但集中度低，受国家经济政策影响显著，要在市场竞争中取得成功并非易事。越是在风光的高处，战略的眼光也就放得越长远。作为国内最早的民营园林企业，从最初的中山苗圃场发展成为一线的园林景观服务商，棕榈在生态环境领域坚守了几十年，为包括迪士尼、华为、万科、保利等在内的传统商业客户以及政府客户提供服务，在中国乃至全球创造各类经典作品超过 15000 多件。2013 年以前，棕榈的生态城镇战略还仅仅只是一个构想，没有实践经验的支撑，难以获得市场的接纳和认可。通过与柳中辉的接洽，赖国传找到了生态城镇棕榈梦的落脚点——浔龙河。从 2013 年开始，棕榈园林先后为浔龙河提供了从顶层规划、景观设计到施工的一系列落地服务，并持续参与到小镇后续的产业导入和运营。在棕榈人的助力下，这座位于湖南省长沙市长沙县浔龙河畔的一座小村庄，实现了从省级贫困村，到省级生态示范点的华丽蜕变。自 2015 年项目首期产品问世以来，经过三年的沉淀，建设运营成果喜人，既产生了经济效益，又呈现出社会效益，一跃成为中国新型城镇化的建设新样板。

经过近几年的酝酿和探索践行后，基于浔龙河小镇范例，棕榈园林对外发布战略，正式转战特色小镇万亿级市场，通过在湖南长沙、贵州贵阳、贵州贵安新区等地展开生态城镇的试点，一步步从建设到运营，形成了一整套行之有效的标准化体系。为了更好地服务生态城镇项目建设，2015 年 3 月，棕榈园林在上海成立了棕榈生态城镇研究院。该研究院由住建部生态城市、智慧城市专家唐震先生牵头，旨在搭建生态城镇发展的全产业链、全过程服务系统，为新型城镇化的增量创新、存量优化、城乡融合发展提供一站式方案解决服务平台。2015 年 7 月，棕榈生态城镇研究院又与中城智慧成立城市生态智慧联合实验室，共同为生态城镇提供理论支撑与技术标准的输出。2016 年 4 月，棕榈园林正式更名为棕榈股份，并提出了"致力成为全球领先的生态城镇运营商"的新的奋斗目标。通过参股整合浙江新中源、控股贝尔高林（香港），从规划、设计、基建、园林、建筑等提供与国际接轨的生态城镇建设端一体化解决方案。并通过"上市公司＋产业基金"的形式整合全球产业资源，围绕"生态城镇＋文化旅游、体育、教育、康养"等产业内容为生态城镇运营端导入特色化主题与产业，形成了浔龙河、时光贵州、乡愁贵州、海南呀诺达、棕榈体育等具有自主知识产权的特色产品，真正打通生态城镇从建设到运营，再到内容的全产业链。

三、一支高效率的操作队伍

经过上述努力，目前，浔龙河村已经构建起一支"懂农业、爱农村、爱农民"的乡村振兴操作队伍。具体情况如下：

（一）总体情况

除了村党支部成员以外，公司现有员工共 300 余人，主要由本地村民、青年企业家群体、农村与农业创客群体、外来城市的高学历专业技术人才组成。另外，在工程建设上，还有 400 多名建筑类工人在各个项目上务工。

员工队伍中主要为 30—45 周岁的青年，占员工总数的 60%，这是一支典型的年富力强的团队。同时员工中录用了当地大量的农村人口就业，通过一定的职业素养的培训，使他们都具备了一定的技能，实现就地就近城镇化。在所有员工中，农民占 60%，他们在自家门口上班，既能照顾好家里，又能有稳定、可观的收入，从此过上了幸福生活。

从青年企业家和外来的专业技术人员分析，这些青年企业家大多是20多岁从农村出去创业，成功后返乡置业、创业，成为反哺农村的"归雁""乡贤"。他们带来了资金，带来了资源，带来了发展的新思维、新理念，他们懂经济、懂政策、懂管理。同时还引进了一大批懂农业、金融、经济的专业技术人员，他们有能力、技术、学识，这两拨人的"牵手"，带来了农村、农业的发展。

近年来，还有一大批农村创客，他们带着理想，带着情怀，带着工匠精神，把自己的心血倾注到产品上，开发出一个个各具特色、各具吸引力的创新产品，促进了市场经济的发展。

（二）结构分析

1. 学历结构。员工中高中、本科学历相对较多，高中以上的有183人，本科以上的有6人，他们奠定了乡村振兴的人才基础。

2. 年龄结构。员工年龄相对集中在30—45岁，这些人正处于想做事、能做事、能干成事的黄金时期。

3. 工龄结构。公司的实力虽然不很强大，但员工在公司相对稳定，流失率、离职率都比较低。

4. 员工性别结构。公司有男性员工145人，女性员工96人，男女比

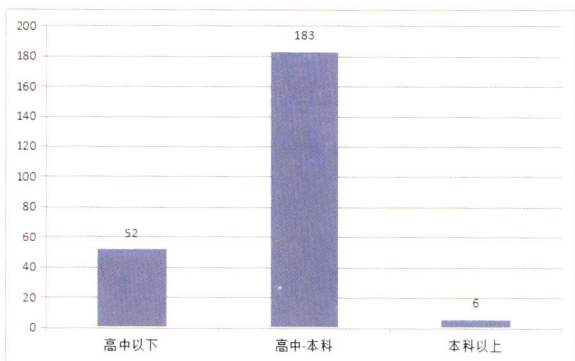

公司员工学历结构

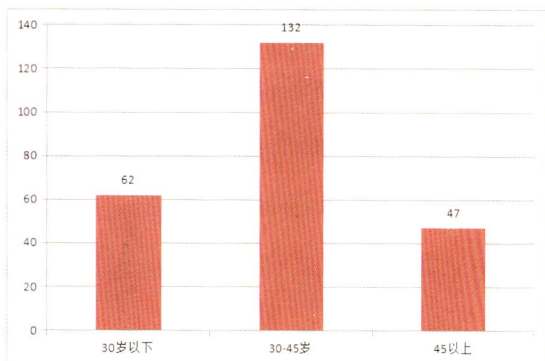

公司员工年龄结构

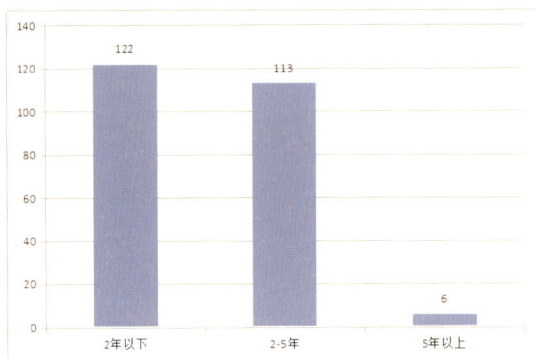

公司员工工龄结构

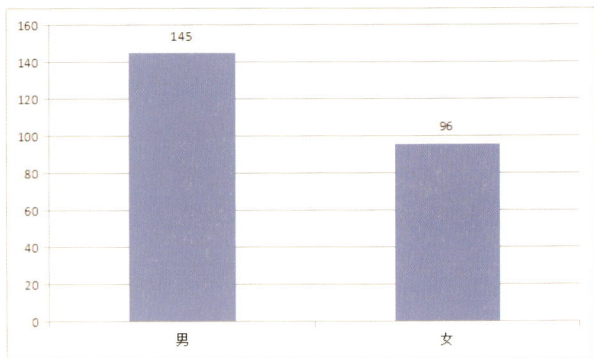

公司员工性别结构

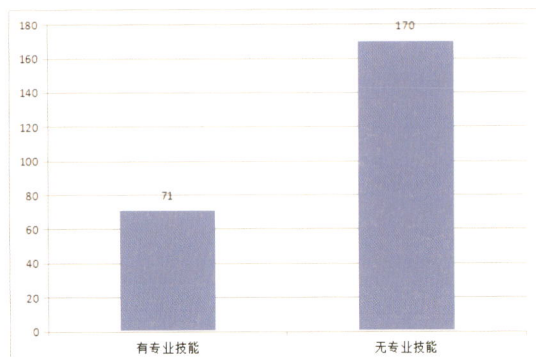

公司员工拥有专业技能的结构

例适度，既能满足大多数人员就业的需要，又能构建相对稳定的员工团队。

5. 专业技能拥有比例。公司中有专业技能的员工达到71人。由于公司吸收了大量的农民就地就近工作，就地就近城镇化，所以公司员工专业技术职称比例相对偏低，但是对于新型农民的培养将起到非常好的作用。

6. 引进智力情况。根据公司业务发展、乡村振兴的需要，公司聘请了大量的专业机构以及农业科研单位来实地研究，对乡村振兴的稳健发展、乡村振兴的模式提炼和理论提升，起到了不可或缺的促进作用。具体情况见下表。

公司引进智力情况

单位名称	专业领域
湖南农业大学	对水稻、土鸡、土地、龙虾等农业合作社、农村创客提供科技力量支持
中国国际经济交流中心	由王战理事长牵头，负责经济政策、宏观市场、商业模式研究
中国乡村旅游研究院	由张建永院长牵头，负责农村文化旅游策划、规划、设计、开发、运营等研究
中国城镇化促进会	由陈炎兵副主席牵头，负责特色小镇模式的研究，全国树立示范标杆
新华社中国名牌杂志社	由周志懿总编牵头，负责村、镇、产品、产业、人物等系统的品牌打造推广
广东棕榈园林设计研究院	负责生态策划、规划，园林、景观的设计与建设、投资开发
香港贝尔高林规划设计研究院	负责农业生态园林规划、设计

PART

08

发挥优势的浔龙河文化振兴

从国际、国内看，体验经济正在成为替代工业经济与服务经济的一种新经济形态。目前，全球都在反思传统工业化和服务经济带来的问题与弊端中回归自然，且自觉不自觉地跨过了体验经济的门槛，越来越多的消费者渴望得到体验，愈来愈多的企业精心设计、销售体验。在体验经济中，企业不再只是销售商品或服务，它提供最终体验并带来充满灵感与情愫的力量，给顾客留下难以忘却的愉悦记忆，赋予人们幸福，触及人的灵魂。从本质上说，文化产业是一种创造、创意、创新与情趣、审美、情感的交融，是体验产业的最高形式，是形成体验经济的根基与根本。例如，休闲旅游、餐饮、观光农业、体验陶瓷、工业设计、文化创意与消费、演艺、保健产业等都是典型的体验产业，其不断积聚与壮大就形成了体验经济。但不管是文创产业还是体验经济，其核心与根本是文化及其产业的发展。文化的内核是核心价值观，是软实力；文化产业的体量决定着体验经济规模的大小，左右着区域或国家的竞争能力与水平。美国百老汇、好莱坞、迪士尼等文化创意产业长期占美国 GDP 的 20%—28%。美国输出的不仅仅是大片，更为重要的，它输出的是价值观，是文化；韩国的文化创意产业占 GDP 的比重也达到 20% 以上，一部影视剧《大长今》就把韩国的饮食文化与"韩食体验"宣传到世界；日本的文化创意产业占 GDP 的比重达到 20%—25%，其动漫产业风靡了东南亚和中国；而我国文化创意产业占 GDP 的比重不到 5%，与文明古国、经济大国的地位极不相称。从总体上判断，我国文化建设与文化产业的发展正处于预热期，需要提高其发展的目标定位。所以，发展文化产业的目的就是发展文创经济与体验经济，满足人民不断增长的美好生活需要，实现以人为本。2017 年 11 月 1 日，经联合国教科文组织评选批准，长沙正式入选 2017 年全球创意城市网络"媒体艺术之都"。长沙作为 2017 年唯一一个亚洲城市参与角逐并获批，这意味着长沙在自主创新、文化创意、传媒艺术等方面的努力，得到了国际社会和文化创意界的高度评价与认可，在国际舞台上可以有更大作为。因此，作为长沙城市近郊型乡村，浔龙河村至少应在乡村文化振兴中发挥率先引领作用。

第一节　乡村振兴之魂：乡村文化振兴

就广大农村来说，在实施乡村振兴战略中如何推进乡村文化振兴——包括如何将社会主义核心价值观与乡土文化、民俗文化融合起来，发挥价值观的引领和文化化人的作用，如何调动和提高群众文化参与的积极性，如何对农村文化资源、文化现象进行挖掘保存，从而"记得住乡愁"，这些都需要我们认真思考并在实践中进行探索。浔龙河生态艺术小镇在实施乡村振兴战略中，立足本地厚重的文化资源，积极推进乡村文化振兴，在发挥文化推动农村发展、提升群众素质、增强文化自信、发展文化产业等的作用方面，都取得了不少经验。

一、文化振兴的内核：社会主义核心价值观入脑入心

文化振兴是乡村振兴的灵魂，而社会主义核心价值观则是文化振兴的内核。习近平总书记在北京大学师生座谈会上指出："核心价值观，其实就是一种德，既是个人的德，也是一种大德，就是国家的德、社会的德。国无德不兴，人无德不立。"核心价值观是国家、民族文化自觉的必然结果，

深深根植于我国优秀传统文化之中，表达了国家、社会和个人最本质的价值诉求，体现了我们社会评判是非的价值标准。就此而言，核心价值观就是一种德，是最深层次的自治。

　　社会主义核心价值观融合了国家道德、社会道德、公民道德，三者互相支撑、互为前提。国家层面的社会主义核心价值观承载了中华民族的理想和希望，代表了全体华夏同胞对于国家的理解，集中表达了中国人民的本质诉求，从根本上回答了国家如何建设、如何发展的战略问题，且对于社会和个人层面的社会主义核心价值观而言具有兼容性。富强、民主、文明、和谐的国家必然拥有政治文明和公共道德高度发达的社会以及具备公民道德素养的社会成员。同时，满足国家层面的社会主义核心价值观的道德要求也是社会道德和公民道德不断完善的先决条件。只有在富强、民主、文明、和谐的国家中，人们才能够在社会生活中享有自由、平等的权利，法治社会、正义社会才有实现的可能。也唯有在这样的国家中，个人才能充分地信任和热爱国家，并且安居乐业，在道德生活中实现自我价值。社会层面的社会主义核心价值观与个人层面的社会主义核心价值观又是国家道德目标达成的保障。国家层面的社会主义核心价值观最终需要在社会生活和个人行为层面贯彻和落实。一个有良好伦理秩序的社会，一个关注民生、公平正义的社会，才能支撑强盛而文明的国家。同理，只有当人们都追求高尚的道德情操，本着对于国家、同胞的热爱共同致力于民族复兴的时候，富强、民主、文明、和谐的国家才可能出现。个人层面的社会主义核心价值观是个人道德和公民道德的统一。当人们能够具有诚信、友善的品格，自觉维护社会秩序、尽职尽责地扮演社会角色，就为自由、平等、正义的社会生活创造了条件，而社会生活又反作用于人们的价值选择和道德判断。如果人们在社会生活中无法维护自己的权利、无法实现自己的利益，乃至于受到不公正的对待，那么就会失去对于社会道德的认同，动摇自身的道德信念，最终导致社会道德的滑坡。因此，只有通过践行社会核心价值观建立正义的社会合作体系，才能促进个人道德的提升。可见，核心价值观是国家、社会、个人三位一体、不可分割的道德体系。

二、浔龙河村的"家国文化"与"三德"

习近平总书记指出，要推进社会公德、职业道德、家庭美德、个人品德建设，激励人们向上向善、孝老爱亲、忠于祖国、忠于人民。浔龙河村正是立足于这样的"家国文化"来提升乡土文化，本着"以文养德、以评立德、以规促德"的德治思路发挥德治在乡村文化振兴中"看不见的手"的作用，通过不断加强文化阵地、文化组织建设和系列文化活动的开展，使乡风文明成为浔龙河村的显著特质。

浔龙河村以"家国文化"和"德治思想"为核心提升乡风文明，让文明内化于心，推进文化振兴。一方面，浔龙河村的"家国文化"聚焦在"家庭、家园、家国"的"家"文化体系构筑上。家庭文化包括孝亲家庭、婆媳关系、家风家训等，主要倡导"和谐、孝顺、贤达"等优秀传统家庭文化。家园文化包括制定村规民约，使广大村民自觉参与到建设家园、爱护家园的行动中来，开展保护环境、维护秩序的行动。家国文化包括倡导国歌精神，定期开展升国旗、唱国歌活动，经常性地开展爱国、爱党教育，传播正能量。另一方面，在上述"家庭、家园、家国"文化基础上，"以文养德、以评立德、以规促德"，努力发挥德治在乡村文化振兴中"看不见的手"的作用。

（一）以文养德，修德

通过道德讲堂、爱国主义教育基地，开展志愿服务和文化惠民主题活动，营造崇德向善的人文环境。充分利用镇区四大出口、公路沿线、文化广场等人流密集公共场所，设立单字牌、宣传牌、灯杆旗、精神文明宣传栏、孝廉文化墙等宣传以社会主义核心价值观、孝老爱亲、公益、志愿服务等为主要内容的乡风文明，让群众从中受到文化熏陶和教育。开展文化惠民主题活动，每逢中国传统节日即举办文艺演出，真正把节日办成爱国节、文化节、道德节、情感节、仁爱节、文明节，不断扩大群众性精神文明创建的影响力、吸引力和参与面。组织成立网格员志愿服务队伍和网格党小组志愿服务队伍，经常性地开展教育引领、环境卫生整治、敬老助残等志愿服务活动，营造人人为我、我为人人的良好氛围。弘扬真善美、传递正能量，引导村民践行社会主义核心价值观，传承弘扬中华传统美德，打造共有的精神家园，使浔龙河村成为弘扬中国传统文化、宣传正能量的窗口。

（二）以评立德，促德

按照引导有方向、评判有标准、学习有榜样的要求，建立村道德评议会，设立个人品德、家庭美德、职业道德、社会公德"四德"榜，广泛评议个人、家庭、社会的道德状况，用身边的凡人善举和道德模范现身说法，激励广大群众见贤思齐、择善而从，把美德善行融入日常工作生活中，充分发挥先进典型的榜样作用，引导人们自觉履行法定义务、社会责任、家庭责任，积极培育和践行社会主义核心价值观，提升文明程度，为创建美丽乡村提供强大的精神动力和良好的社会氛围。开展"最美"系列评议评选。每年组织开展"最美家庭""十星级文明户""道德模范""身边好人""好媳妇""好婆婆""美德少年"等系列评选活动，在全村发现、培育、宣传一批典型和标杆，通过寻找身边最美人和事，大力宣传和弘扬群众看得见、摸得着、学得到的"道德模范""身边好人"和"凡人善举"，引导群众树立正确的世界观、人生观、价值观，用典型的力量激励和带动全社会做好人、扬正气、促和谐，努力使"最美"精神成为全村加强群众思想道德建设、构建社会主义核心价值体系的精神文化品牌，为推动乡村振兴、建设"魅力浔龙河"提供强大的精神动力和道德支撑。

（三）以规促德，养德

浔龙河村结合实际制定了一个务实管用的《村规民约》，以提升群众自我管理、自我教育、自我服务水平，推动乡风文明建设。依托《村规民约》，健全了一套完善的"四会"运行机制。成立村民议事会、道德评议会、禁毒禁赌会、红白理事会，严格落实各自工作职责，确保"四会"机制有序运行，依靠"四会"倡导文明新风。成立村民议事会，讨论决定涉及全体村民利益的重大问题，落实民主议事"四步"工作法，提高民主决策水平；成立道德评议会，采取民主集中制的方式，评议村民道德行为，表扬先进、鞭策落后，协调和解决本村村民之间的利益矛盾和问题，促进村民之间和睦相处；成立禁毒禁赌会，加强法制宣传，引导广大群众远离赌博、禁绝毒品；成立红白理事会，充分发挥红白理事会在婚丧嫁娶中的作用，破除婚丧嫁娶中的铺张浪费、愚昧落后的陋习，做到婚事新办、丧事简办，倡导文明、健康、科学的生活方式，推动移风易俗，促进社会主义精神文明和新农村建设。总结、推广一批家风家训，大力推进家风家训建设，广泛开展"好家风、好家训"征集评选、展示推广等宣教活动，弘扬文明风尚，引导全社会形成以好家风、好家训为荣的良好社会风气。

第二节　聚焦田汉故里，打造国歌文化

一、文化底蕴深厚的田汉故里

说到中国的戏剧大师，必定少不了田汉。田汉（1898—1968），湖南长沙人，字寿昌，曾用笔名伯鸿、陈瑜、漱人、汉仙等。田汉是中国现代戏剧的奠基人，中国有名的戏剧活动家、剧作家、电影剧本作家，以及小说家、诗人、歌词作家、文艺批评家、社会活动家等。

田汉自五四运动起，投身于反帝、反封建的新文化运动。1916 年，随舅父去日本东京高等师范英文系学习，后参加少年中国学会。1920 年出版与郭沫若、宗白华的通信集《三叶集》。1921 年回国后，与郭沫若等人共同组织创造社。后创办南国艺术学院、南国社，主编《南国月刊》，并参加话剧创作与演出实践。1927 年在上海艺术大学任教并被选为校长，与欧阳予倩、周信芳等举办艺术鱼龙会，会上演出他的剧作《名优之死》，获得成功。同年冬成立南国社及南园艺术学院，1928—1929 年率南国社先后在上海、杭州、南京、广州、无锡各地举行话剧公演和其他艺术活动，

◆ 田汉墙

推动了中国话剧的发展。1930 年前后参加民权保障大同盟、左翼作家联盟（并任执行委员）。1932 年加入中国共产党，任"左翼剧联"党团书记、中国共产党上海中央局文化工作委员会委员，同时创作了大量作品，以鲜明的革命立场和强烈的爱国主义精神鼓舞人民进行革命斗争。代表作有《年夜饭》《乱钟》《顾正红之死》等。他还与聂耳、冼星海、张曙等合作创作了大量歌曲，其中的《毕业歌》《义勇军进行曲》等都曾广泛流传，《义勇军进行曲》后来成为中华人民共和国的国歌。同时他与夏衍、阳翰笙等帮助艺华影片公司编写、拍摄了许多电影。1935 年创作的剧本《回春之曲》

是以浪漫主义与现实主义相结合来表现人民抗战决心的作品。

抗战开始后，田汉参与集体创作话剧《卢沟桥》，加入上海文化界救亡协会，后到武汉参加抗战宣传工作。1944年与欧阳予倩等在桂林组织了西南戏剧展览会。抗战胜利后回到上海，创作了《丽人行》《忆江南》等戏曲、电影剧本。新中国成立后为政协第一届全体会议代表、第四届全国委员会委员、第一二届全国人大代表、中国文学艺术界联合会副主席、中国戏剧家协会主席，历任中央人民政府政务院文化委员会委员、文化部戏曲改进局局长、艺术事业管理局局长等职，为新中国的戏剧事业做出了重要贡献。

田汉的创作具有鲜明的时代感、强烈的革命激情和积极的浪漫主义色彩，作品多达100多部。1939年后在桂林主编《戏剧春秋》月刊，对京剧、汉剧、湘剧等进行了改革，写了大量以反侵略为内容的戏曲剧本，如《土桥之战》《新雁门关》《江汉渔歌》《新儿女英雄传》《岳飞》《金钵记》《情探》《双忠记》《武松》《武则天》《琵琶行》《白蛇传》《金鳞记》（与安娥合作）《西厢记》《谢瑶环》等。新中国成立后的话剧作品主要有《关汉卿》《文成公主》《十三陵水库畅想曲》等。田汉将毕生精力献给了中国文化艺术事业，是中国现代话剧的开拓者、戏曲改革运动的先驱者以及中国早期革命音乐、电影的组织者和领导人，创作了话剧、歌剧60余部，电影剧本20余部，戏曲剧本24部，歌词和新旧体诗歌近2000首。田汉也是我国电影事业的开拓者之一，他的第一个电影剧本《翠艳亲王》写于1925年，是我国最早的电影剧本之一。田汉为我国的电影开创了许多典型范例，如为电影插入大量音乐作为插曲和片头曲、片尾曲，为这些曲子写词。其中电影《风云儿女》的插曲《义勇军进行曲》，经聂耳谱曲后传唱全国，后被定为中华人民共和国国歌，代代传唱。

二、聚焦田汉名片，弘扬国歌文化

围绕田汉故里，聚焦田汉名人，弘扬国歌精神。为此，长沙县委、县

◆ 云田民宿前台

政府投资建设的田汉戏剧艺术文化园与浔龙河村无缝对接，提升了浔龙河村的文化内涵。绿地集团、星光集团、国家大剧院已确定将在浔龙河村联手打造田汉戏剧小镇。而作为小镇，其文化振兴之战略定位于：大力弘扬田汉文化和国歌文化作为振兴文化事业、发展文化产业的引擎，来塑造中国文化灵魂与文化自信的魅力工程。正是按照上述这个总体部署，浔龙河生态艺术小镇将田汉故里、湘中民俗、亲子文化和创客文化 4 张文化艺术

◆ 云田民宿客房

名片进行产品制作，在演艺业形成了国内知名的话剧演艺产业集聚，在娱乐业形成了强竞争力的亲子娱乐品牌，在动漫业力争到 2020 年成为国产动漫品牌和骨干动漫基地，在文化旅游产业形成了每年 300 万人次的旅游目的地，这些都是小镇的经济增长点和重要支撑。为此，自 2015 年开展"升国旗·唱国歌·树新风·搬新家"活动以来，小镇成立了农民国旗护卫队，按照规划一步一步建设，打造浔龙河村文化振兴"四张名片"：

（一）第一张名片：田汉文化

浔龙河生态艺术小镇是中国近代著名剧作家、戏曲作家、《国歌》词作者田汉先生的故乡，素有"田汉故里、国歌摇篮"的美誉。田汉先生在国难当头的危急时刻创作出的《义勇军进行曲》，激励了无数中华儿女奋勇抗争，鼓舞着中国人民取得抗日战争的伟大胜利，赢得民族的解放和尊严。新中国成立以后，《义勇军进行曲》被确定为国歌，更是成为中华民族的灵魂，象征着中华民族的坚强斗志和不屈精神永远不会被磨灭。因此，在田汉先生的家乡建设爱国主义教育基地，对展现田汉先生不屈的斗争精神，弘扬伟大的国歌精神，传承革命传统，激发革命斗志，激励人民奋力实现中国梦，具有非同寻常的重要意义。

浔龙河小镇已建成田汉大道，用来完善周边配套旅游道路、旅游设施，并筹建田汉文化长廊、田汉大剧院、田汉文化产业园，来深度挖掘、学习、研讨、传播田汉文化，将田汉文化打造成中国文化名片，提升国家文化竞争力，助推全域旅游的发展。

（二）第二张名片：湘中民俗文化

浔龙河生态艺术小镇深耕本土文化积淀，挖掘具有浔龙河特色的湘中民俗文化，成果斐然。以浔龙河村为品牌，形成"湘中民俗文化"旅游名片，把历史流传下来的华佗庙、关帝庙，杨泗将军的故事、洪武大帝朱元璋的故事，及现当代的历史文化名人杨昌济、杨开慧、田汉、朱镕基，全部结合起来，提炼出湘中地区人们的忠、义、孝、悌、才、情的精神品格，并创作出一部部鲜活的作品，来充分展示。譬如：长篇小说《浔龙河传奇》，电视剧《浔龙河》等系列文化节目，对于提振人们的文化自信、增强文化自豪感、丰富人民群众的文化精神生活、弘扬时代主旋律、传承优秀民族文化、开创具有时代特征的文化路径，都具有非常重要的价值。根据文化特色，开发建设古香古色、白墙黛瓦的农民集中居住区，别具风格的木屋酒店，怀旧、极简的主题民宿，及湖南特色美食、老艺术、老手艺商业街区。这些都成为展示湘中民俗文化并与产业结合的重要产品。

（三）第三张名片：亲子文化

浔龙河生态艺术小镇与湖南电视台金鹰卡通频道（中国第一家动画专业卫星频道，连续 7 年被评为中国最受孩子们欢迎的卡通频道）紧密合作，开发中国知名原创卡通形象麦咭品牌，通过麦咭品牌的导入，形成了"亲子文化"旅游名片。现已建成的麦咭启蒙岛乐园总面积 2800 亩，是依托浔龙河生态艺术小镇原生态的自然资源，结合金鹰卡通频道丰富的节目 IP，以"快乐·想·家"为主题，以"亲山、亲水、亲子、亲情"为特色，集"吃、住、行、玩、乐、学、养"于一体，是重点针对 4—18 岁青少年儿童及其家庭打造乡村田园亲子主题乐园、青少年素质拓展教育基地，同时也是湖南金鹰卡通频道热点节目《疯狂的麦咭》《嘭！发射》《麦咭嘉年华》《麦咭当厨》的拍摄录制基地。

（四）第四张名片：创客文化

◆ 磨豆浆

2015 年 12 月 24 日，长沙农业创业园正式落户浔龙河生态艺术小镇，这是湖南省农村创客平台的建设者与先行者。浔龙河创客孵化平台主要依托"互联网 + 乡村创客"的联盟，整合了湖南经视、金鹰卡通、电影院线的优势媒体资源，通过互联网平台、电视媒体整体推广，来满足个性化、多样化的消费需求，并致力于打造中国首家万亩乡村生态艺术众创空间，引导艺术家、文化投资者、非遗传承人、工艺师、农艺师下乡创新创业。

通过上述"四大名片"的打造，一个以非遗文化产业为龙头，传承历史、体验湘中民俗风情的湖湘文化村落已初具雏形。

第三节 用群众文化与文创黏住柔软的乡愁

当前，乡村文化振兴中亟待解决的问题主要有四个：一是文化基础设施滞后。财政投入严重不足，加上社会力量参与不够，极大地制约了文化基础设施的建设。二是文娱活动形式单调，缺乏吸引力。由于没有专业的文化组织，农民文化素质不高，农村自发组织的文娱活动很少。或者是政府每年开展的"送文化、送电影、送戏"下乡，但全是"送"，缺乏本土特色，群众参与度不高，难以将文化植根于农村基层沃土。加上农民自身对文化学习兴趣不大，读书看报意愿不强，劳作之余，大部分消遣活动集中在走亲串门、看电视，甚至打牌赌博，其精神世界比较贫乏。三是农村文化队伍建设不足。农村乡镇从事文化工作的干部大多为兼职，加上基层工作事务繁忙，往往心有余而力不足，导致农村文化队伍不健全、文化骨干流失、后备人才队伍不足，成为制约农村文化事业发展的瓶颈。四是文化资源挖掘力度不够。大部分农村历史文化资源丰富，不少物质文化遗产和非物质文化遗产独具特色，十分珍贵。例如，中国农村的历史变迁、历史人物、神话故事、艺术工艺、能工巧匠、民俗风情、村寨园林、民居艺术、古镇祠堂、风味餐饮、生活智慧等，都极具中国传统特色的文化价值和文化魅力。但现实情况是，许多农村对这些文化资源的认识不到位，整理挖掘少，开发利用不够。针对上述四大问题，浔龙河村的文化振兴主要从以下三个方面推进。

一、挖掘、整理、保护已有乡土文化资源

正如第一章所述，浔龙河村有着得天独厚的文化资源。基于这些已有的资源，浔龙河村按照"记得住乡愁"的要求，以弘扬民族民间特色文化为宗旨，以打造农村特色文化品牌为目标，以促进全域旅游和文化产业发展为出发点，切实抓好民间文化的抢救保护和挖掘传承，在继承的基础上不断创新与发展，使乡村特色文化愈加明显、品牌愈加响亮、价值愈加彰显。

（一）进一步收集整理历史文化遗存

进一步整理、挖掘历史流传下来的华佗庙、关帝庙以及杨泗将军的故事和洪武大帝朱元璋的故事，进一步修复美女晒羞、铁笼关虎、喜鹊含梁、渔翁晒网、九狮望坪塘等民间传说中的风水宝地及保存基本完好的几座古墓等遗址，整理其雕工精细的碑文，深入研究地方史志上相关的重要资料，讲好浔龙河村的历史文化故事，让人们延续乡愁。

（二）进一步挖掘文化思想内核

收集整理现当代的历史文化名人杨昌济、杨开慧、田汉、朱镕基等的资料，提炼出湘中地区人们的忠、义、孝、悌、才、情的精神品格，并结合湖湘文化的一些代表性思想、人物及其作品，研究湖湘文化对浔龙河乡土文化的影响。挖掘浔龙河村的民俗文化与农耕文化、自然生态与养生文化的关系，为发展文创产业、绿色有机农业和大健康产业提供基础支撑。同时，对国歌文化、田汉文化进行发掘整理和宣传，例如，浔龙河当地流传着杨泗将军斩孽龙的传说，80岁的浔龙河村村民史配乾老人根据这一传说，创作出了6万多字的小说《浔龙河传奇》。2012年5月15日，《浔龙河》报扬帆起航，开辟了村民精神生活的新天地。既报道浔龙河项目建

设的重大事项，也关注老百姓生活的点点滴滴，同时还开辟了《健康视窗》《连心桥》《政策直通车》等小版块，为村民提供信息、政策服务。报纸每月发行一期，分为头版、要闻版、副刊、文化版4个版面，写身边的事，抒心中的情，村上不少文学爱好者纷纷"冒泡"，开始文学创作。

（三）切实保护好优秀农耕文化遗产

划定浔龙河村的历史文化保护线，保护好文物古迹、传统村落、传统建筑、农业遗迹、灌溉工程遗产。立足乡村文明，吸取城市文明及外来文化优秀成果，在保护传承的基础上，进行创造性转化、创新性发展，不断赋予其时代内涵，丰富其表现形式。深入挖掘农耕文化蕴含的优秀思想观念、人文精神、道德规范，充分发挥其在凝聚人心、教化群众、淳化民风中的重要作用。

二、开展群众性的文化活动

以文化组织为载体开展群众性的文化活动，让文明外化于形。

（一）建平台，夯实群众性文化活动基础

从狠抓组织建设、夯实文化建设基础入手，摆脱传统思维、以组织为平台，创新基层管理，使农民由"自由人"变为"组织人"。以村级文化建设为着力点，高标准建设各类文化阵地，成立浔龙河文化艺术团，开展各类文化娱乐活动，构建生态艺术小镇良好的人文环境。浔龙河文化艺术团作为浔龙河村文化活动的重要平台，自2011年1月组建以来，先后成立了龙狮队、广场舞队、军鼓队、腰鼓队、西乐队、民乐队、戏曲队、威风鼓队、花轿队等。艺术团以浔龙河村农民为主体，共有队员102人、专业老师20人，团长史润东是长沙县草根文化名人，唱歌、唱戏、演小品，样样精通。专门建设村民活动中心，开辟了图书室、棋牌室、文化广场等活动场地。2012年7月，浔龙河文化艺术团正式注册，获批为民办非企业单位，下设老年协会、书画协会等分支机构。在上级主管部门的具体指导下，艺术团以"挖掘浔龙河村丰富的文化内涵，繁荣村民精神文化生活，打造浔龙河艺术品牌"为宗旨，演职人员分工明确，规章制度建立健全，管理正逐步向正规化、市场化迈进。艺术团经常参加省市县乡组织的各种大型文艺演出，积极开展和承办村级文艺活动，为活跃浔龙河村精神文化生活做出了巨大贡献。浔龙河文化艺术团先后举办了广场舞比赛、"卡拉OK"大奖赛及首届农民歌手大奖赛，书画协会每月举行"书画品鉴会"等活动，极大地丰富了村民的精神文化生活，调动起群众参与村级建设的积极性。2013年5月1日，双河村青年联合会成立暨团支部换届大会举行，民主选举出青年联合会和团支部领导班子，搭建了全村536名35岁以下、18岁以上团员、青年联谊、交流的新平台，并建立了博客、论坛、QQ群等，为全村群众文化工作的开展奠定了坚实的基础。

（二）开展文艺活动，丰富文化建设成果

文化建设始终"把握社会主义先进文化的前进方向，把实现和保障农民群众的文化权益作为基本职责"，把握群众的需求，强调参与性、娱乐性，不设门槛，鼓励群众踊跃参加。2012年11月举办了首届农民歌手大奖赛，有200名选手参加，经过初赛、复赛，层层选拔出20名农民歌手举行总决赛。2013年7月，结合电视情景剧《浔龙河》的拍摄，艺术团又举办了群众演员海选活动。2014年9月，第二届歌手赛再次拉开大幕，浔龙河的天空又飘荡了嘹亮的歌声。

（三）深挖民间文化，促进传统文化有序传承

浔龙河生态艺术小镇在建设过程中，十分重视对传统文化进行开发、整理和编排，形成了符合现代人审美需求的文化样式，使传统文化重新焕发出生机。2012年，艺术团对长沙县本土山歌进行了整理，并重新作曲演唱，结合山歌编排了一个《山歌秀》文艺节目，在农民歌手大奖赛总决赛上首次演出。抬花轿是传统的婚庆风俗，艺术团一方面将传统风俗进行完善和整理，形成了全套的抬花轿礼仪、程序和音乐；同时，将抬花轿、抛锣和现代舞蹈结合，编排出全新的舞台节目，受到广泛好评，并在全省"欢乐潇湘"群众文化节目会演中进行汇报演出。

三、发展文创产业，提升软实力

如果说文化是乡村振兴之魂，那么文创产业则是乡村振兴的"软价值"与"软实力"。美国迪士尼公司年收入 270 亿美元，品牌价值 292 亿美元；美国 3D 大片《阿凡达》全球创造总收入超过 60 亿美元；哈利·波特产业链价值 1000 亿美元。文创产业不仅能带动乡村经济发展，更能推进乡村文化振兴，提升乡村品位和影响力。

（一）对接高端，大胆引进

在文化自信的指引下，浔龙河村大胆尝试，加大投入，注重引进文化领军企业，与高端结对攀亲；大力引进人才，特别重视与文化产业相关的策划类、经营类人才的创新创业，促进文化产业与文化事业上水平、上台阶；全力调动当地群众广泛参与发展农村文化产业和文化事业的积极性与主观能动性。同时，重视整合财政性资金，加大社会资本投入文化事业、文化产业的力度，整合多方资源，协同多个主体，共同为文化艺术的市场化发展提供资金保障。

（二）以大众文化为主、小众文化为辅推进产业发展

文化是存在于精神层面的，当一种情绪、情结在大部分人群中蔓延的时候，就形成了大众文化。比如说流行文化，包括流行歌曲、流行服装、流行娱乐、流行生活方式等，是广大人民能接受并能在一段时间内持续存在的文化现象。小众文化是相对于大众文化而言的，它是以个人为基础，并局限于邻人、同道或者朋友等小圈子而形成的明显地区别于大众文化的一种文化形式。在现实生活中，对于全世界来说，孔子文化可能是小众文化，而中医、中餐文化可能就是大众文化。一般来说，不管是大众文化还是小众文化，都可以作为文创产业。但从市场接受度、覆盖面来说，大众文化更易形成产业。因此，大力发展基于"医养结合"的高中端康养产业、具有地域特色的饮食文化产业和基于文化内容的影视传媒、数字动漫产业及其衍生产业——体验教育产业，就成为浔龙河村乡村文化振兴的重大选项。

（三）立足"慢生活"，大力发展体验、创意产业

顾名思义，"慢城"即放慢生活节奏的城市形态，一般而言，指人口在5万人以下的城镇、村庄或社区，反污染、反噪音，支持都市绿化，支持传统手工方法作业，没有快餐区和大型超市。"慢城"是一种新的城市模式，与浔龙河村的"乡村式的城镇、城镇式的乡村"的思路不谋而合。与快节奏的生活方式不同，在这里，有更多的空间供人们散步，有更多的绿地供人们休闲，有更便利的商业供人们娱乐和享受，有更多的广场供人们交流，提倡融洽的邻里交流，希望人们有更多的时间关注家人和子女的教育。按照浔龙河小镇4万多常住人口的发展规划和生态、艺术特色，它就是一个典型的城市近郊型"慢城"。因此，"慢节奏""原味""自然""养生""创意"成为浔龙河文创和体验产业发展的核心要素。

基于"两山"理论的浔龙河生态振兴

保护民生、保护耕地、保护生态，这个在以前最容易被忽视的问题，今天却成了国家最关注的问题。浔龙河村在整个生态艺术小镇的开发建设过程中，耕地面积不仅没有减少，反而增加；耕地不仅没有被非农化，而且耕地质量在不断提升。同时，民生得到了极大改善，生态环境得到了最严格的保护。这一切都源于深入贯彻落实习近平总书记所提出的"两山理论"，得益于走绿色发展之路。

第一节　生态资源优势及其释放原则

一、浔龙河村具有优越的生态资源

浔龙河生态艺术小镇自古山水优美、生态宜人，是一个养在深闺人未识的大家闺秀，具有得天独厚的生态资源禀赋。小镇自然的地势由北向南逐步从高向低过渡，是典型的江南丘陵风貌，虽非奇山异水，但也生得端庄秀丽、落落大方。山、水、田、林、路相间，蓝天、白云、飞鸟、行人相融，这样的生态风格，既归功于自然，又归功于人的胸襟与气度。

小镇内森林覆盖率达 70%，阡陌交叉，绿树掩映。浔龙河村河流纵横，水系尤其发达，浔龙河、金井河、麻林河交织环绕，与典型的江南丘陵地形地貌互为映衬。金井河发源于长沙县双江镇，流经金井镇、高桥镇、路口镇、果园镇，最终汇入捞刀河。由于浔龙河村内过境水多，地下水资源丰富，村内山塘水岸较多，有大冲大塘、鱼婆塘（包括中塘和下塘）、石塘水库、大塘、羊雀塘、园坡塘等大大小小 100 余口山塘，因而山水相接，明净如镜，烟波荡漾，美不胜收。

浔龙河生态艺术小镇内土壤条件优良（以红壤土、水稻土为主），耕作层较厚且非常肥沃，属于典型的亚热带季风湿润气候，气候温和、热量丰富，降水丰沛、日照充足，耕地连片、山林相间，适合农业产业化、规模化经营，有利于现代生态农业、农事体验休闲式全域旅游、生态农产品产业链的形成，具有打造国家级农业综合示范产业园的强有力的天然沃土。

二、生态资源优势释放的原则

浔龙河村是一个典型的"七山两水一分田"的山区贫困村，2009 年还是省级贫困村。虽然通过工商资本下乡可撬动农村沉睡的山、田、水、土、人等资源，但作为南方农村实施乡村振兴战略的重要探索，浔龙河生态艺术小镇的开发建设，特别是在土地综合开发利用全过程，自始至终坚守三大基本原则：保护耕地、不挖山、不填塘，原味地保护自然生态环境，追求乡村生态振兴。

一是坚持保护耕地的原则。通过实施土地增减挂钩和综合整治，有效增加耕地面积。通过实施农民集中居住，对腾退的宅基地进行复垦，增加了近 10% 的耕地面积。不改变耕地使用性质，不将耕地非农化。通过引入企业市场运作，对农民的耕地进行集中流转后发展现代农业产业，将基本农田建设为优质稻、蔬菜基地，其余的旱地、坡地建设为花卉苗木和果木基地。同时，严格控制生产标准，不使用农药、化肥，既避免了土地抛荒，保留了耕地的农用性质，又保护了耕地土壤不被破坏。

二是坚持民生优先的原则。通过农民集中居住、土地集中流转和产业集中发展，农民通过宅基地永久使用权、土地承包经营权、集体土地收益分红权的置换或重新配置，全面提升生活品质。享受城乡一体的生活，生活在新型社区中，既享受到成熟的社区配套带来的生活便利，又享受到农村优美的生态环境和洁净的空气、水。享受城乡一体的权益，既保留了土地承包经营权和集体土地收益分红权，可以通过土地流转和集体分红获得利益，又转变为市民身份，享有与城市居民同等的社会保障体系，同时也能实现劳动力就地转移，获得长期增收。享受城乡一体的精神文明，既可在文体中心看电影、看演出、自编自导乡土文艺晚会、举行时尚的文化活动，也保留了农村传统文化、和谐的邻里关系和淳朴的乡风文明。

三是坚持生态优美的原则。牢固树立和践行"绿水青山就是金山银山"的理念，落实节约优先、保护优先、自然恢复为主的方针，统筹山水林田湖草系统治理，严守生态保护红线，以绿色发展引领乡村振兴。首先是坚持环境友好，根据环境特点开展产业规划和建设规划，不破坏环境且通过开展综合治理提升环境质量。建设过程中，按照"宜居宜业""资源节约、环境友好"要求，依山就势进行规划布局和建设，对建筑密度、高度、风格进行严格控制，使其与自然环境相适应，充分保留乡村自然山水田园风光。坚持资源节约，开展农村土地综合运营，集约、节约、高效利用土地，提升单位土地价值。

第二节　打造生态家园与市民公园

一、乡村视角：生态家园

雾霾、城市内涝、水体污染、交通拥堵等城市病已经严重困扰了中国的大中城市，对于新一轮的特色小镇建设，绿色、生态已成为应有之义。无论是国家级特色小镇（建制镇），还是各地形形色色的特色小镇，生态都是必选项。可以说，生态小镇或许不是特色小镇，但特色小镇必须是生态小镇；生态如果不达标，特色小镇申报将会被一票否决。

无论是国家政策层面，还是地方实践层面，建设特色小镇都必须树立"绿水青山就是金山银山"的理念。原住建部、发改委等三部委在《关于开展特色小镇培育工作的通知》中明确指出，绿色生态特色小镇的建设，必须把注重生态环境保护作为基本原则之一，要求补齐生态环境、城镇基础设施、公共服务等短板。

　　按照习近平总书记"绿水青山就是金山银山"的要求，浔龙河村以生态园模式为依托，大力发展休闲观光农业，这是目前绿色发展背景下的理想的农业发展方向。生态园是传统农业与现代观光农业、休闲农业结合的产物，特别强调"绿色""生态""两型"概念。在生态园规划中要着重体现"绿色""生态"与"两型"，将农事活动、自然风光、科技示范、休闲娱乐、环境保护等融为一体，实现生态效益、经济效益与社会效益的高度统一。

　　浔龙河生态艺术小镇项目结合区域内优美的山水资源、深厚的文化底蕴，发展乡村旅游、康养休闲，打造最具特色的5A级休闲旅游景区。按照景区建设要求对山地予以保留并开展残次林改造和生态环境建设，充分保留农村整体风貌，提升区域整体品质；路网合理，土地利用集约节约；自来水符合卫生标准，生活污水全面收集并达标排放，垃圾无害化处理，绿化覆盖率较高，防洪、排涝、消防等各类防灾设施符合标准；鼓励多规协调，建设规划与土地利用规划多规合一等。可以说，这些举措都彰显了特色小镇的绿色发展要求。

　　浔龙河村建设生态家园的主要做法是：其一，通过实施土地增减挂钩和综合整治，有效增加耕地面积。浔龙河村通过实施农民集中居住每户农民可节约建设用地0.8亩，总计节约建设用地448亩。对腾退的宅基地进行复垦和项目区内产业发展用地平衡，可新增耕地400多亩。土地集中流转后根据产业发展需要开展土地整理和标准化建设，增加了近10%的耕地面积。

　　其二，在进行农业生产过程中，严格控制生产标准，不使用农药、化肥，

257

PART 09
基于"西山"理论的浔龙河生态振兴

既避免了土地抛荒，保留了耕地的农用性质，又保护了耕地土壤不被破坏。同时通过提升农业科技水平和现代化装备水平，促进农业提质增效。

其三，巩固生猪退养成果，推行垃圾分类处理，强化大气污染物防控，争创国家生态文明建设示范小镇。金井河是湘江二级支流，流经浔龙河项目区境内4公里，河道两侧均为基本农田区。金井河（果园段杨泗庙桥下游）河流整治项目总投资1750万元。金井河的治理工程是一项惠民工程，在防汛抗洪中发挥了重要作用，恢复和改善了河道生态功能，美化了人居环境，发挥了治理的综合效益，对园区的发展产生了不可估量的作用。

其四，强化景区核心区建设与管理。景区以生态为基底，对资源及环境保护极为重视，空气质量良好，是天然氧吧。地面水环境质量良好，污水排放达标。自然景观保护得力，基本保持自然景观的真实性和完整性，科学管理游客容量。景区建设严格按照规划实施，主体建筑有特色，与自然景观相互协调，通信、电路布置没有影响到景区景观，景区绿化覆盖率超过50%。景区大力提倡环保节能，推行使用环保材料，没有使用不可降解的一次性餐具等非环保型材料的情况。

其五，聚力打造精品生态园。"生态园"位于浔龙河生态艺术小镇的西南边，紧邻田汉大道、浔龙河路、宋水线，地理位置优越，交通便捷，占地面积约1000亩。本区内已有运营项目樱花谷，且可以依托周边已运营的云田谷、好呷街、麦咭农场，以及即将营业的水上世界、时光潇湘进行游客导流。

生态园的建设定位是：依托良好的山水自然基底，打造一处四季有花、四季有景，融合中国山水、田园、园林艺术元素的生态园。集休闲、观赏、慢生活体验、科普教育等多功能于一体，与浔龙河生态艺术小镇现阶段已有的旅游产品形成联动互补，弥补目前浔龙河产品体系中慢生活休闲体验产品的短缺，促进浔龙河全域旅游的全面发展，增强不同年龄阶层客群的游玩体验感。具体定位如下：

客源定位：长株潭地区。

客群定位：成人观景休闲为主客群，亲子家庭、学校团体为次客群。

功能定位：观赏、休闲、慢生活体验、科普教育。

形象定位：山水园林，乐活田园。

目标定位：打造一个以园林花卉观赏为特色、科普博览为主题的综合性景观生态园。

主体思路：坚持保护地形和山水格局的整体性，建立人与环境的和谐关系，围绕休闲观光游，通过花卉景观、园艺园林、建筑艺术、产品植入等多方位的策略，来丰富景区产品体验内容，提升景区的形象，精心打造一个集赏花、休闲、慢生活体验、科普教育等多功能于一体的综合性景观生态文化园。

功能分区：紫薇园、香草园、梅园、昆虫博物馆、盆景大观园、樱花谷童乐园（已有）。

二、城市群视角：市民公园

浔龙河生态艺术小镇以浔龙河 14700 余亩原生态山水资源为基础（包括近 8000 亩山地、2000 余亩水域以及 4800 余亩耕地和建设用地），借助浔龙河便捷的交通条件和优美的生态环境，以建设"城镇化的乡村、乡村式的城镇"为目标，打造特色鲜明、产业发展、绿色生态、美丽宜居的特色小镇，形成"产、城、人、文"有机结合的功能平台，营造宜居、宜业、宜游的理想田园生活空间。打造为都市人量身订制的市民公园，打造能满足市民生态旅游与休闲的田园综合体。这样既生态环保又原味浓情的乡村小镇不仅是广大村民梦想中的家园，更是市民深深期盼的净土。浔龙河村通过乡村就地城镇化和建设市民公园和假日公园，打造原住民、回归民、探访民均向往的、城市文明与乡村文明相结合的、宜居宜业和宜游宜商的美好田园生活方式和生活空间，真正形成了城乡融合发展和人民安居乐业、乐享生活的生动局面。

景区有原生态的山水田园资源，有华佗、杨泗将军等丰富的民间传说和湘中特色民俗文化，有田汉、浔龙河等本地大 IP 资源，通过与金鹰卡通频道合作，更引进麦咭等超级 IP。景区依托这些独特优势旅游资源，开发了丰富的吃、住、行、游、购、娱产品，对游客形成强大吸引力，覆盖少年儿童、中青年、老年等全龄游客群体。

完善了景区游览设备设施及服务，建有占地面积达 28 亩的浔龙河接待中心、片区游客服务中心（处）。景区有大小停车场 3 个，总面积33000 余平方米，能同时满足 1500 台左右的停车需求，布局较合理，场地平整坚实，标志规范、醒目。景区道路和游览路线布局基本合理、顺畅，配有环保电瓶观光车。景区建成供销合作社、24 小时智能售货店、小卖部三级旅游购物体系，售卖湖湘农特产品、手工艺品及麦咭衍生产品等。景区配置有直饮水、园区 WiFi、广播系统等设施设备，配备了影视系统、广播系统、宣教材料展示等设备。在景区按照游客体验感，合理设置休闲木亭、长廊、桌椅等 30 余处。根据项目特性和不同人群需求，配备了导游员、讲解员，提供规范导游讲解服务。与湖南邮政达成制作邮政明信片的合作，能提供邮政服务、邮册、纪念邮票等。设有通信基站，并与移动、联通等运营商形成合作，在大型活动人流剧增的情况下安排应急移动通信车。设立有食品安全检测室，配有专业检测设备，餐饮服务干净卫生。配有专业的物业公司负责环境卫生清理，园区环境清洁干净。公共卫生间、垃圾箱按照景区配套设施标准建设，布局合理，并建有第三卫生间。安全管理机构和制度健全，设立有安保部，共有保安员 19 人，制订了《旅游安全生产工作细则》等 10 余项安全管理制度，园区覆盖监控系统。参照国家标准，结合景区自身特点在景区范围内设置标识标牌共 100 多处，为游客提供了系统、明了的指示和提示服务。尤其是设置有各类安全、温馨警示标志，还设有医疗卫生室，配备医护人员、急救箱、日常用药品、医疗器械等，建立了景区突发事件紧急救援预案并向游客公布内部救援号码。

景区与金鹰卡通频道、长沙政法频道、FM90.5 高速广播电台等结成战略合作关系，同时结合旅行社、网络等线上线下渠道，举办系列大型活动。

例如麦咭音乐节、民俗文化节、疯狂麦咭嘉年华、浔龙河迎春灯会，开办浔龙宴、樱花节、自行车赛、风车节、浔龙河龙虾节，开拓市场和宣传景区，迅速在长株潭及省内部分地市形成巨大的市场吸引力。浔龙河生态艺术小镇完全变成了长株潭城市群的市民公园。2016 年 5—12 月接待游客 74 余万人次，2017 年仅上半年就接待游客 86 万余人次。

景区形成了浔龙河特色的"互联网 + 全域旅游"管控体系，管理体制健全，经营机制有效，独创"四员服务""保姆手册"；管理人员配备合理，中高级管理人员具备大专以上文化程度；具有独特的产品形象、良好的质量形象、鲜明的视觉形象和文明的员工形象；有正式批准的总体规划，开发建设项目符合规划要求；培训机构制度明确，业务培训全面，效果良好，上岗人员培训合格率达 100％。

浔龙河生态艺术小镇将立足科学规划，大力打造以生态为基底、以湖湘文化为内核、以本地特色为辅助的综合性景区。通过媒体宣传、组织和主办大型活动、提高服务质量建立品牌口碑等多种形式，做好景区的对外宣传和形象包装。积极开拓客源市场，大力整治环境，加大投入力度。目前，浔龙河村正在启动一系列新的项目建设，包括投资 2 亿元的麦咭水上世界，占地面积达 3.3 万多平方米的浔龙河公交客运站，占地面积达 4 万多平方米、可容纳 1200 台车的生态停车场，以及 1000 亩的浔龙河生态园、500 多亩的麦咭生态农场。

第三节　乡村的艺术小镇与城镇的田园诗篇

一、区位与资源

浔龙河生态艺术小镇紧邻长沙市三环，交通方便，道路通畅，拥有良好的交通区位与市场区位，可通达、通畅性好，距离长株潭 1000 万人的

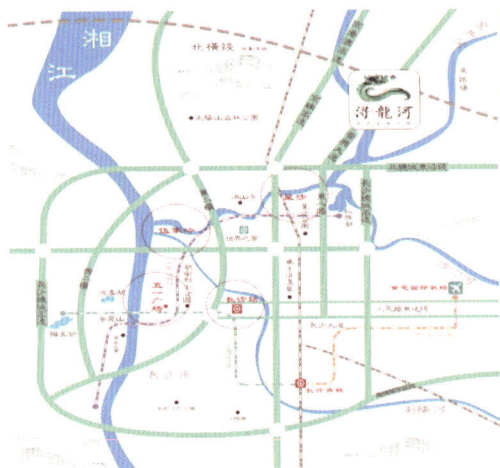

浔龙河艺术小镇交通区位图（A）　　　　　　　　浔龙河艺术小镇交通区位图（B）

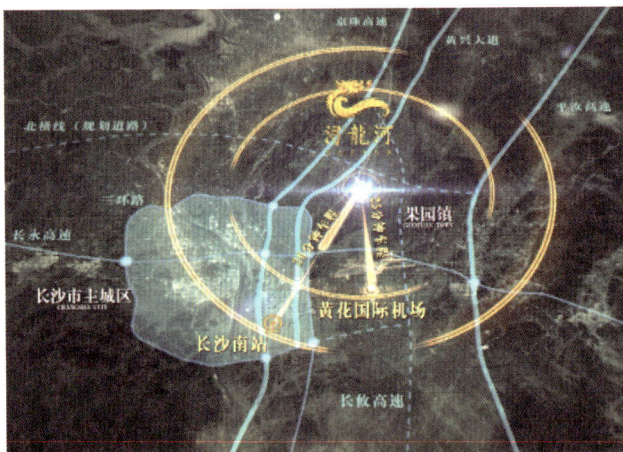

都市群很近，市场优势显著。小镇位于湖南省长沙县果园镇，距离长沙高铁南站约 40 分钟车程，距离长沙黄花国际机场约 25 分钟车程，距长沙绕城高速松雅湖收费站约 10 分钟车程，黄兴大道、田汉大道、宋水线穿过小镇景区。景区建有公交车站，开通了星通 3 路、9 路和 16 路 3 条线路。长沙县主干道黄兴大道北延线（东八线）贯穿整个小镇，黄兴大道从长沙高铁站起，先后与劳动路、人民路、机场高速、松雅湖、长永高速交会，形成与长沙市的无缝对接，距三环线 8 公里、长沙县城区 12 公里、地铁三号线（开元东路）14 公里、经开区 16 公里、磁悬浮榔梨站 20 公里。

此外，浔龙河生态艺术小镇拥有良好的生态资源和人文资源优势，山清水秀，层峦叠嶂，人文历史资源丰富，留有不少古迹和民间传说。如三国时期华佗帮关羽刮骨疗毒、为百姓义诊的故事；华佗庙香火千年不绝；杨泗将军斩孽龙的传说；等等。一代戏剧大师田汉生长于斯，一首《义勇军进行曲》传遍神州，彰显了此地的文气风流。景区以湖湘文化为灵魂，依托浔龙河村 1.47 万亩原生态山水田园资源，融合浔龙河、田汉、麦咭、戏剧等 IP，打造以湖湘文化为特色的综合景区，推动浔龙河及长沙县北部乡镇区域经济发展。

二、内容与特色

（一）模式定位

浔龙河生态艺术小镇是为当地农民提供城市生活品质，为都市人提供田园生活需求，以生态、旅游、宜居（旅游、教育、文化、养生）为纽带的都市郊区型田园综合体。具体要求有三：（1）浔龙河生态艺术小镇以生态为基底、文化为内涵、教育为核心、旅游为载体、宜居为特色，打造全域旅游目的地。（2）项目依托互联网平台，推行线上消费、线下体验的旅游模式，实现"互联网＋旅游"的真正意义。（3）园区经营管理统一实行"一卡通"智能收费系统，通过"大数据"导向经营，构筑"数字化小镇"，实现资源到价值的转换。

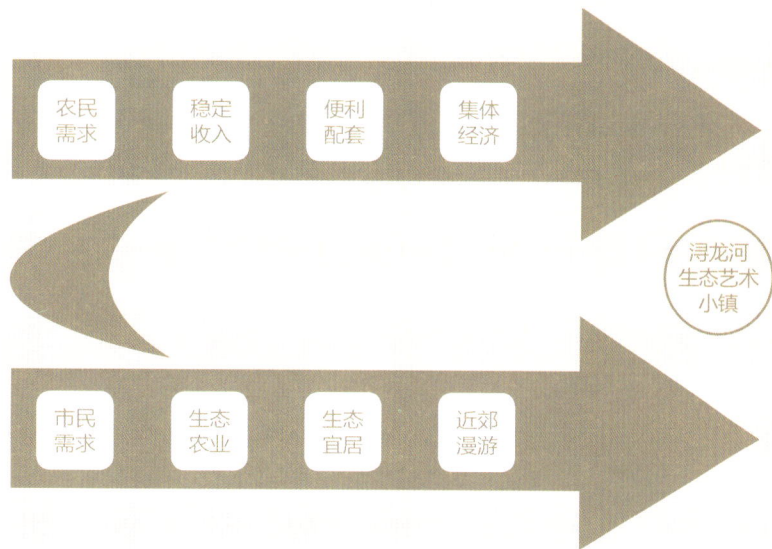

基于农民和市民需求的都市郊区型田园综合体

（二）目标定位与产品特色

立足浔龙河资源，秉承湖湘文化精神，打造"六基地、一目的地"：（1）国家研学旅游示范基地；（2）国防爱国主义教育基地；（3）亲子体验教育基地；（4）党建教育基地；（5）乡村振兴学习基地；（6）健康养老教育基地；（7）中国最大的全龄研学旅游目的地。其最突出的特点是：浔龙河村针对老中青少及企事业单位、基层组织不同的研学旅游需求，深度融入湖湘文化、湖湘精神，规划、开发不同类型的研学体验产品和体验内容，构成浔龙河研学旅游目的地产品体系，打造核心产品和特色产品。其建设内容与建设进程如下表所示。

浔龙河村开发时序与开发项目一览表

实施阶段（年）	开发项目	备注
2016—2018	湖湘主题民宿酒店、湖湘美食小吃好呷街、湖湘特色土菜街、童勋营、云田谷、樱花谷、麦咭农场（一期）、农贸市场、惠农综合服务社、星空木屋酒店	已建
	时光潇湘商业街、公交车站、社会停车场、污水处理厂、垃圾站、农民安置区、烧烤露营基地、麦咭水上世界、旅游服务中心、麦咭梦工厂、北师大附属学校	在建
	民艺潇湘、汽车影院、麦咭农场（二期）、田汉生态剧院、华佗庙、浔龙养生公园、湖湘文化主题餐厅、生态培训酒店、集装箱营地、丛林穿越、田汉艺术小镇一期（国歌剧场、文化名人馆、艺术家公馆）	规划
2019—2020	紫薇园、梅园、昆虫博物馆、星空营地、山地越野基地、浔龙河文化公园、宠物公园、田汉艺术小镇二期（田汉艺术城堡、中国原创音乐剧基地、戏剧音乐广场、戏剧影视大乐园、田汉戏剧酒店、综合演播厅、城堡商业区、城堡光影秀、露天舞台、国际戏剧会议中心、儿童剧场、国际儿童戏剧幼儿园、黑匣子剧场）	规划
2021—2025	湖湘文化主题酒店、假日公园、田汉艺术小镇三期（戏剧主题户外拓展基地、田汉戏剧休闲街区、国内外戏剧活态体验馆）	规划

基于浔龙河特色旅游休闲的项目产品情况

类别	项目产品
游	云田谷、樱花谷、紫薇园、麦咭农场/生态农业科普基地、田汉戏剧艺术文化园、湘中民俗文化村、影视小镇、华佗庙、药膳植物园、浔龙养生公园、动漫公园、戏剧名人馆、艺术家公社、艺术交流中心、戏剧影视大乐园、戏剧主题公园、田汉国际戏剧节常驻会址、田汉戏剧舞台美术工厂……
吃	湖湘文化主题餐厅、红色浔龙宴、好呷街、湖湘特色土菜馆、中西餐厅、生态餐厅、烧烤营地、麦咭厨房……
住	湖湘文化主题酒店、红色主题民宿客栈、戏剧主题民宿客栈、营地宿舍、地球仓酒店、星空木屋酒店、帐篷露营、创意酒店、集装箱酒店、宠物主题酒店、生态培训酒店……
行	以湖湘文化包装设计的景区电瓶车、小火车、自行车
娱	"最忆田汉"大型爱国主义实景秀，国歌·中华魂实景秀，田汉、曹禺等戏剧作品演出，酒吧、KTV、山地运动……
购	湖湘文化特色的湘绣、湘瓷等手工艺品，浔龙河地方特产，浔龙河乡村奥特莱斯，时光潇湘商业街……

浔龙河村基于不同群体和单位的研学产品一览表

目标群体	研学内容	项目产品
学生客群	素质教育：培养学生担当、求是、进取、创新等素质、能力、品格	麦咭梦工厂、云田谷、麦咭农场、麦咭水上世界
	科普教育：了解和学习湘中地区的自然、农耕、非遗文化等知识	浔龙河生态园、生态农业科普基地、戏剧主题公园、湘中民俗文化村
	国防爱国教育：培养学生忠诚、爱国、担当、奉献等精神	民兵营、田汉戏剧艺术文化公园、国歌·中华魂实景演出
	营地教育：培养学生独立、创新能力、社会责任感、良好习惯，了解学习湖湘文化、劳动技能等	童勋营、戏剧名人馆、戏剧主题户外拓展基地、戏剧体验馆

（接下表）

（续表）

目标群体		研学内容	项目产品
成年客群		职业培训：创业就业技能、忠诚、担当、创新、进取等职业精神	浔龙河万亩生态艺术众创空间、文创基地
		亲子教育	爸妈学堂
老年客群		旅行采风：了解、学习湖湘文化、湖湘民俗、湖湘精神	湘中民俗文化村
		健康教育：健康养生知识	华佗养生园、药膳植物园
		技能教育：湖湘地区的特色戏剧、艺术、园艺	戏剧培训基地、戏剧体验馆、浔龙河生态园
企事业单位		湖湘精神学习、党建学习、红色教育	浔龙河党建中心、田汉戏剧艺术文化公园、国歌·中华魂实景演出
		团队拓展（湖湘精神）：团队、责任等	民兵营、生态培训酒店、田汉艺术小镇户外拓展基地
基层组织		特色小镇、新农村建设的经验和创新、图强、担当、忠诚等精神	浔龙河生态艺术小镇建设学习、浔龙河新农村建设
		国防、爱国教育	民兵营、田汉戏剧艺术文化公园、国歌·中华魂实景演出

三、创建 AAA 级景区

为了响应长沙县政府"南城北游"的战略方针，浔龙河生态艺术小镇于 2016 年 5 月开始启动申报国家 AAA 级景区的工作，2017 年 12 月成功被批准为国家 AAA 级景区。各级政府及旅游主管部门对此高度重视，多次派出督查组前往景区对创建工作实施督查指导，并给予了支持和关心。公司也成立了相应的领导小组，根据国家标准，按照"总体规划、分步实施、全面发动、狠抓落实"的总体思路，扎扎实实地开展创建国家 AAA 级景区工作。景区参照国家 AAA 景区创建标准和要求，结合浔龙河的实际情况，在创建 AAA 级景区过程中重点抓了以下 10 项工作：（1）建设良好的旅游交通；（2）打造优质的游览体验；（3）抓好旅游安全管控；（4）强化环境卫生管理；（5）改进景区邮电服务；（6）丰富旅游购物；（7）优化经营管理;（8）保护资源和环境；（9）提升景区旅游资源吸引力；（10）扩大景区市场吸引力。

浔龍河
生态艺术小镇

PART

10

创新发展的田园诗篇

2018 年中央一号文件指出，实施乡村振兴战略，必须把制度建设贯穿其中。要以完善产权制度和要素市场化配置为重点，激活主体、激活要素、激活市场，着力增强改革的系统性、整体性、协同性。其中，特别强调了以下四条：一是巩固和完善农村基本经营制度。二是深化农村土地制度改革。逐步扩大农村土地征收、集体经营性建设用地入市、宅基地制度改革试点，探索宅基地所有权、资格权、使用权"三权分置"，允许县级政府调整优化村庄用地布局，鼓励利用收储农村闲置建设用地发展农村新产业、新业态。三是深入推进农村集体产权制度改革。推动资源变资产、资金变股金、农民变股东，探索农村集体经济新的实现形式和运行机制。发挥村党组织对集体经济组织的领导核心作用，充实农村集体产权权能等。四是完善农业支持保护制度。以提升农业质量效益和竞争力为目标，强化绿色生态导向，扩大"绿箱"政策的实施范围和规模，加快建立新型农业支持保护政策体系。

对照上述新政策，浔龙河村的创新发展正是基于前三条开展了四个方面的创新探索，谱写了浔龙河特色的"田园诗篇"。其一，模式创新是基点、是平台。"资源配置模式创新"是浔龙河村的核心价值所在，发展集体经济是浔龙河村赢得民心、实现共同富裕的关键。浔龙河项目是由民营资本发起运作的，开启了项目的顶层设计、资金运作、政策平台搭建、土地规划调整等要素破题，充分发挥了市场对资源配置的决定性作用。政府在这个过程中起推动和监督作用，在项目建设中不越位、不缺位。村集体以土地入股的方式参与停车场、加油站等可经营项目，其获得的股份收益由村民按土地合作社中的股份比例进行分红，实现了村民稳定、长期增收，确保民生问题得到根本解决。其二，规划创新是关键、是保证。常言道："凡事预则立，不预则废。"浔龙河村从一开始，就强调不同层次、不同类型规划的统筹推进，最终形成了以民生规划为核心、产业规划为引领、建设规划为推手、社会发展规划为长远目标、土地利用规划为保障的"多规合一"的规划体系，力求把浔龙河项目打造成为国际一流的文化、艺术、生态小镇。其三，政策创新是重点、是动力。通过开展土地确权，对不需要开展建设的 10000 多亩土地实施集中流转。通过开展土地同价同权试点，将村集体可经营的 300 亩集体经营性建设用地的经营收益，依托纯集体性质的资产管理公司为平台进行分红。通过土地增减挂钩既节约了集体建设用地，增加了耕地面积，同时也解决了农村公共资源配套难、农民居住品质低、农民住房无资产价值等问题。其四，治理创新是基石、是保障。充分发挥党的领导核心作用，建立了"一核多元"的治理体系。建设"O2O"服务平台，实现了"群众线上点单、党员线下服务"的服务模式。全面推进"依法治村、诚信立村、产业兴村、文化强村"。建立四级民主决策机制，对重大事项实行村民公投。将先进企业文化与优秀乡村文化渗透融合，成立了文化艺术团、老年协会、书画协会等组织，大力开展浔龙河村文化建设。其五，产业创新是核心、是根本。项目树立了"互联网＋"的产业发展理念，充分整合资源，实现产业间互动、内外资源互动的多元复合价值，构建和谐、高效、富有活力的产业体系与生态圈。通过产业体系向外推介一种人、自然、产业、城镇和谐共生的"世界级田园综合体"。上述五个方面的创新，极大地激活了生产要素和资源的活性，使浔龙河村迅速发展成为具有"特色鲜明的产业形态、和谐宜居的美丽环境、内涵丰富的传统文化、便捷完善的设施服务、充满活力的体制机制"，集"产、城、人、文"于一体的特色小镇。

第一节　创新地权制度，促进资源资产化与资本化

浔龙河村创新发展的基本思路是：在充分考虑当地百姓需求的前提下，不但将农民所掌握的土地资源、生态资源逐步资产化，并转化为资本，实现农民的财产性收益快速增加，更从改善生活品质、提升居住质量、实现劳动就业、完善教育医疗、提升社会保障等方面进行了探索。

一、资源利用率低，农民财产性收益不高

原来村民拥有耕地、林地、水面、宅基地等土地资源及其形成的生态资源，并通过对土地占有、使用等权利获得收益。但从实际情况来看，农民从土地资源及生态资源中获得的收益极低。全村耕地面积为 1177.31 亩，除双江垸 500 亩良田外多数为中低产田。按照 2009 年全村农业人口 474 户、1574 人、1177.31 亩水田为基础计算，户均水田面积约为 2.47 亩，每亩稻田年收入亏损 112 元；全村林地证载总面积为 4293 亩，但林地分配严重不公，林地最多的户有 42.1 亩，最少的只有 0.2 亩，相差 210 倍，且林地每户农民每年只能获得每亩 10 元钱的公益林补偿费；宅基地除了农民的住房外，还包括周边附属设施，如晒谷坪、猪栏、菜地等，按照国土部门核算的户均实际占用宅基地 1.2 亩计算，2009 年双河村宅基地总面积为 570 亩，不仅宅基地利用率低、设施配套差，而且因不能转让使大量的"活资本"变成了"死资产"，影响了农民致富增收；全村共有山塘水坝 183 口，水面 579 亩，但整体效益不高；生态与文化资源虽然丰富，但这些资源基本闲置，无经济价值；年轻劳动力外出务工的比例较大，劳动力流失严重，留在家中的中、老年人口基本上无就业途径，增收速度缓慢。

二、土地资源资产化与资本化的思路与做法

浔龙河生态艺术小镇的资源资产化与资本化探索源于土地政策的创

新，但土地政策创新必须是在坚持土地公有制性质不改变、耕地红线不突破、农民利益不受损三条底线的前提下，通过土地改革实现农民土地资源的资产化来达成。具体思路是：以土地确权将村民的资源资产化，进而通过流转、置换、融资等多种手段实现资本化，再通过发展产业实现农民就地就业安置，提升人力资源价值，以增加农民收入和改善民生事业。

关于土地确权颁证的具体做法及其效果，在第四章第三节中已有详细论述，此处不再重述。本节重点讨论浔龙河村如何推进村民土地资产的资本化。

1. 积极稳妥地推进土地流转。

浔龙河村的做法是，土地经营权确权后，按照依法、平等、自愿的原则开展土地流转工作，村民将土地经营权流转给村集体，村集体再统一流转给企业开展现代农业经营。农民可以实现"寸寸土地长稻谷"，按照全村土地规模及分类性质计算，如果全部流转完毕，平均每人每年可获得721公斤稻谷的流转收入。按照2014年的粮食收购平均价145元／百斤计算，即可获得2090元的现金收入。

2. 宅基地置换增加村民财产性收益。

按照湖南省国土资源厅湘国土函〔2012〕103号文，双河村被确定为土地增减挂钩试点村。该政策通过腾退的农村建设用地等面积置换城镇新增建设用地指标，并明确将土地增减挂钩置换用地土地收益全额返还，以解决农民拆迁安置、公共基础设施等建设的资金问题。按照户均1.2亩宅基地的标准计算，双河村560户共有宅基地面积672亩，实施集中居住后可节约建设用地300亩，将节约的建设用地指标在黄花镇的空港城进行异地置换，并将原有宅基地复垦为耕地。通过土地增减挂钩推动村民实行集中居住，既节约了集体建设用地、增加了耕地面积，同时也解决了农村公共资源配套难、农民居住品质低等问题。浔龙河项目在实施增减挂钩政策中，按照长沙市政府103号令拆除农民的旧房，每户村民可获得50万—60万元的补偿，新房按1—3人户按210平方米建筑面积的基准分配，每增加 1 人则增加 70 平方米，以一楼商铺 1300 元 / 平方米、二楼和三楼住房 800 元 / 平方米的价格购买，购得新房并装修后，农民还有盈余。通过置换，农民可获得一栋别墅、一个门面、一个菜园、一个车库、一个院子，享受了与城市相同的公共设施配套，大大提升了生活幸福指数。更重要的是，农民的新房可办理房屋产权证和集体土地使用权证，提升了农民的资产价值。

3. 集体经营性建设用地上市交易后农民获得集体分红。

作为湖南省集体经营性建设用地上市交易同价同权的试点村，浔龙河村在项目区规划 300 亩集体经营建设用地，由村集体以土地入股的方式（目前土地每亩价格约为 60 万元，总资产为 1.8 亿元）参与商场、民营学校、医院、加油站、文体中心等可经营项目的运营，其获得的股份收益由村民按土地合作社中的股份比例进行分红，实现村民长期增收。

4. 土地混合运营，建设用地征收农民直接获得土地征收款。

浔龙河项目的土地混合运营开土地利用的先河。首先，它的土地利用规划是根据项目建设和产业发展的需要调整出来的；其次，它的建设用地布局没有采用传统的成片布局方式，而是创造性地采取了点状、带状、片状布局。项目区 14000 多亩的总面积，调整的结果为：农业用地约 10000 亩，不改变使用性质，将承包经营权进行流转，基本农田种植水稻、蔬菜、油菜等粮食和经济作物；建设用地 4500 亩，其中国有出让用地 3500 亩，企业通过国土部门征地后招拍挂获得土地，建设农产品加工厂、乡村度假农庄、小城镇地产、乡村地产等；集体建设用地 1000 亩，分为公益性用地、农民集中居住的宅基地和集体经营性建设用地 3 类，公益性建设用地用来解决道路、交通、广场、公园等基础设施配套，宅基地用来解决农民集中居住问题，集体经营性建设用地用来建设医院、民办学校、加油站、商场等经营类项目。其中，国有出让用地和集体建设用地需要征收的，由政府或村集体征收，农民可以直接获得土地征收款。

5. 创新民生金融体系，农村土地三权可以抵押融资。

浔龙河村在邮储银行的支持下，开展信用村建设，建立了信用评价体系。一方面由银行对村民的土地经营权、房屋所有权和集体土地收益分红的股权等，结合农民的家庭经济状况和经营能力进行评估授信；另一方面，由村委会成立信用评价小组，根据村民是否遵纪守法、诚实守信、尊老爱幼、邻里和谐、家庭和睦、踏实勤劳等基本情况，给予信用等级评价。评价等级高的，银行相应增加授信额度；评价等级低的，则相应减少或取消信用额度。这样形成双授信体系，既降低了信贷风险，又为村民创业发展提供了资金支持，同时还创新了社会治理，有利于形成良好的社会氛围。

第二节　创新金融，促进农村资源产业化

浔龙河村产业结构单一，主要是"粮猪型"，即以水稻种植和生猪养殖为主，经济发展缓慢。2009 年村总产值 700.8 万元，其中工业产值 20 万元，农业总产值 200.6 万元，其他产值 480.2 万元，人均收入 4500 元，远低于长沙县平均水平，为湖南省省级贫困村。村民收入主要来自农业和林业，收入来源单一。2009 年粮食播种面积 1180 亩左右，主要种植水稻、竹、油茶，林地主要种植柑橘、杉树及其他树种。因此，要推进农村资源的产业化经营，就必须从产业发展规划入手，并以金融和资本运作的创新来实现产业发展的目标。

一、产业选择与规划思路
浔龙河项目在产业选择上，全面兼顾自身资源潜力、政策指引、开发原则、民生需求、市场需求、产业效益、产业发展趋势、产业互动设计需求等因素，产业体系构建上充分应用"互联网 +"的技术和思维，高效构建"互联网 + 美好田园艺术生活产业体系"及"互联网 + 美好田园艺术生活产业

生态圈"，变革传统产业，打造创新型、高标准的产业品牌。主要构建现代农业、乡村旅游、文化教育、颐养健康、乡村地产五大产业，形成生态循环产业链。

浔龙河项目在进行产业规划时，充分考虑了当地劳动力资源的适应性。现代农业种植和农产品加工，可以为45岁以上的劳动力提供对技能要求不高的就业岗位；乡村休闲旅游和乡村地产开发，可以为18—45岁区间的劳动力提供经简单培训即可就业的服务性工作岗位；同时，乡村旅游、文化教育带来的大量客流和学生，能够为村民创业提供良好的平台。此外，通过成立统一的就业服务中心，可以为村民就业提供培训、指导、安置。通过就业，可以发挥出人力资源最大的价值，村民收入水平将大大提升。

二、创新金融方式

浔龙河生态艺术小镇在八年的发展中，通过工商资本下乡，撬动和唤醒了农村沉睡的宝贵资源——土地资源。但是，特色小镇在建设、开发、运营过程中，需要大量的资金，需要创新金融的大力支撑。然而，在新中国成立后的农村农业"挤压政策"和改革开放40年的劳动力与资源"虹吸效应"双重影响下，我国农村、农业、农民一直处于被剥夺的"弱势地位"。特别是，农村金融市场和农村土地市场一直被赋予城市化和工业化吸取"血液"的功能，农村金融市场十分落后，农村获取资金的条件差，吸纳资金的能力也很弱。因此，要驱动像浔龙河生态艺术小镇这样的项目，没有金融创新和创新资本的运营几乎是不可想象的，浔龙河村在建设发展过程中就面临着这一难题的破解。

整体而言，特色小镇的投资建设，呈现投入高、周期长的特点，纯市场化运作难度较大，需要政府、企业、社会资本、金融机构资本、集体经济组织等多方利益主体的共同参与。这些主体之间不能各自为政，要高度融合、叠加在一起，还必须进行有效的责权利分工和利益捆绑，发挥各自优势，来实现特色小镇的整体推进和运营。这些工作讲起来容易，但做起来十分艰难。既涉及高强度的政府支持政策，又涉及专业知识要求很高的金融政策、金融市场和资本运作方面，需要有专业的人干专业的事，更需要有高水平的顶层设计与高水平的筹划。例如，如何从系统工程的视角，解决特色小镇的投融资问题？哪些需要政府来推进？哪些该交由市场解决？如何解决？浔龙河生态艺术小镇的发展需要多少资金？这些资金从哪里来？金融市场的利益在哪里？风险如何控制？交易如何构建？除了解决上述特色小镇的金融问题外，还要思考清楚特色小镇本身的发展问题，包括小镇如何发掘特色产业？基础设施如何建设完善？土地、房地产开发时序如何安排？公共服务如何完善？如何进一步吸引开发资金？生态、人文环境如何传承？特色小镇如何运营？对这些问题的回答共同构建起浔龙河生态艺术小镇的商业运营模式。

（一）确定好特色小镇投融资规划目标

1. 规划目标与重点。

浔龙河生态艺术小镇的投融资规划的总体目标是实现多维度、全方位、系统化的建设推进与运营管控。重点是盘活农村的存量资源，侧重点是把农村的生态资源、土地资源、文化资源等全部盘活。如何盘活这些资源，使之变成资产要素呢？首先是要做好小镇的区域规划，划定特色小镇主要功能区的"红线"，把社区生活中心、产业经济聚集区、城镇公共配套设施体系以及限制开发地区等落实到具体的地域空间上，划清资源的责权利边界，只有这样，对应于农村资源的金融资本才有了进入交易的基础。其次是科学节约、聚集利用好土地资源，对小镇土地利用可能存在的问题提出解决对策。优化土地配置和土地利用方式，实现以土地为依托的特色小镇环境系统、经济系统和社会系统的可持续、协调发展。

（1）产业发展规划。夯实城镇产业基础，根据区域要素禀赋和比较优势，挖掘特色产业，做精特色产业，做强主导产业。鼓励与旅游业有机结合，按照不低于 3A 级景区的标准规划建设特色旅游景区。

（2）建设与开发时序。其工作内容包括一二级土地开发、配套公共基础设施建设、生态环境保护、人文古迹修复等的进程安排。

（3）投融资时序。设计与建设开发、产业经营资金需求时点相配的投融资时序，保证融资来源及时、可靠。

（4）收益还款安排。通过小镇经营，回收投资，实现效益。产业发展与旅游经营都可成为经济增长点。其特点为赢利点分散，回收周期长。可创新金融手段，平衡现金流。

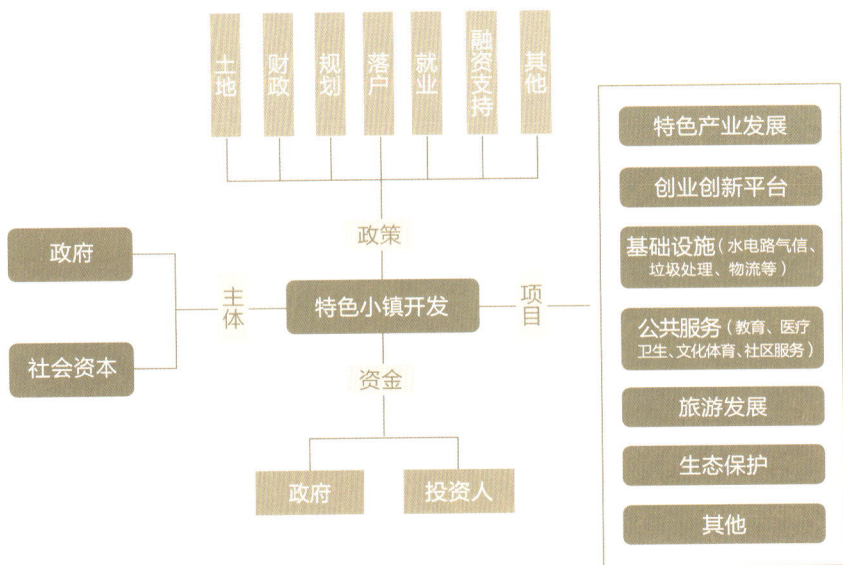

特色小镇投融资规划所处的系统环境示意图

2. 特色小镇投融资规划方案步骤。

根据特色小镇投融资特点，将其投融资规划分为以下步骤：系统环境（见"特色小镇投融资规划所处的系统环境示意图"）→问题界定→整体解决方案→具体解决方案→建立投融资规划模型→模型修正→部署实施。

系统环境（特色小镇处于何种系统环境下？）：对特色小镇的软、硬环境及约束条件进行分析。从各地实际出发，挖掘特色优势，确定小镇的特色产业。

问题界定（有什么主要矛盾？）：挖掘特色产业发展与小镇现有资源环境、规划要求、功能条件的主要矛盾。

整体解决方案（整个系统的目标体系是什么？）：围绕主要矛盾对原有系统环境进行重新规划设计，包括区域规划、土地利用、产业发展、建设与开发时序、投融资时序、收益还款时序等。

具体解决方案（如何达成各子系统的发展目标？）：设计目标体系达成策略，详细解决方案即达成各个子系统目标的措施集合。

建立投融资规划模型（详细解决方案如何搭接？）：对详细解决方案通过时序安排进行搭接，形成投融资规划模型。

模型修正（如何得到最终模型？）：进行定量检验，与政府部门、专家学者进行研讨优化。

部署实施（如何实现可达性？）：确定开发部署安排，提出建设运营建议。

（二）浔龙河村投融资的组合思考

国家发改委《关于加快美丽特色小（城）镇建设的指导意见》中提出创新特色小（城）镇建设投融资机制，鼓励政府利用财政资金撬动社会资金，共同发起设立特色小镇建设基金。鼓励开发银行、农业发展银行、农业银行和其他金融机构加大金融支持力度。鼓励有条件的小城镇通过发行债券等多种方式拓宽融资渠道。住房城乡建设部、中国农业发展银行《关于推进政策性金融支持小城镇建设的通知》中对政策性信贷资金支持的范围作了明确规定：在促进小城镇公共服务完善和特色产业发展的背景下，政策性信贷资金主要支持小镇基础设施配套、小镇公共服务设施、产业支撑配套设施三方面的建设。

特色小镇的建设是社会多方资源对接、配合的综合表现。融资主要来自政府资金、政策性资金、社会资本、开发性金融、商业金融五种渠道。多个投资平台的参与，在缓解政府财政压力的同时，将为特色小镇发展提供强有力的资金支持，从而盘活小镇特色产业的发展。

1. 发挥开发性金融的"特殊作用"。

在特色小镇建设中，开发性金融主要承担长期融资的任务，针对瓶颈领域，提供大额、长期资金，主要包括基础设施、基础产业、特色产业等领域的建设资金问题。如中国开发性金融促进会等单位共同发起成立"中国特色小镇投资基金"。投资基金将采取母子基金的结构，母基金总规模为 500 亿元人民币，未来带动的总投资规模预计将超过 5000 亿元达到万亿元级别，主要投资于养生养老、休闲旅游、文化体育、创客空间、特色农业等各类特色小镇。中国特色小镇投资基金将聚集并整合地方政府、建设单位、财务投资人、产业投资者、金融机构等多方资源，推广运用并探讨创新政府和社会资本合作（PPP）模式，从特色小镇的发展规划入手，培育和建设市场信用，引导各类资金和资源投入小镇建设。

2. 发挥政府或政策性资金的"杠杆作用"。

政府资金在特色小镇的融资渠道中起着引导和牵头作用。如国家发改委等有关部门对符合条件的特色小镇建设项目给予专项建设基金支持，中央财政对工作开展较好的特色小镇给予适当奖励。政策性资金是指国家为促进特色小镇发展而提供的财政专项资金。如：中国农业发展银行将小城镇建设作为信贷支持的重点领域，以贫困地区小城镇建设作为优先支持对象，统筹调配信贷规模，保障融资需求。开辟办贷绿色通道，对相关项目优先受理、优先审批，在符合贷款条件的情况下，优先给予贷款支持，提供中长期、低成本的信贷资金。

3. 发挥社会资本的"主体作用"。

在特色小镇建设中，引入社会资本，有利于缓解政府财政压力，提高特色小镇的建设效率，对民营企业来说还可以获得直接或衍生利益。浔龙河生态艺术小镇在 2014 年年底引进上市企业棕榈园林股份公司作为大股东，占有公司 50% 的股份，大大促进了投融资能力的快速提升。

4. 发挥商业金融的"促进作用"。

在特色小镇的建设中，往往通过 PPP 融资途径实现商业融资，作为投资主体的商业银行既要成为 PPP 项目服务商，又要成为规范者和促进者。浔龙河小镇曾是 2012 年国家财政部首批 PPP 项目示范项目，后来因为长沙县人民政府的财政实力非常强，是中国中部第一县，也是中国前十强的经济强县，在公共基础设施建设、公共服务设施建设上十分富有，所以没有采用 PPP 模式来发展基础性投资。但是，商业银行完全可以在引进新企业、发展特色产业中推出特色信贷融资产品和特色服务，打造配套特色小镇的特色支行，并对辖内相关产业经营户、种养户、农业龙头企业等，以纯信用、家庭担保、商标质押等多种方式予以资金支持。

项目融资属于资产负债表外融资，出于风险隔离及可操作性考虑，特色小镇投融资应以项目为主体，以未来收益和项目资产作为偿还贷款的资金来源和安全保障，融资安排和融资成本直接由项目未来现金流和资产价值决定。该融资方式具有融资风险分散、融资比例大及资产负债表外融资的特点，但担保较为复杂，融资成本相对较高。通过设立特殊目的公司 SPV，根据双方达成的权利义务关系确定风险分配，进行可行性研究、技术设计等前期工作，以及项目在整个生命周期内的建设及运营，相互协调，对项目的整个周期负责。由 SPV 根据特色小镇项目的预期收益、资产以及相应担保扶持来安排融资，融资规模、成本以及融资结构的设计都与特色小镇项目的未来收益和资产价值直接相关。根据融资主体、项目母公司或实际控制人、项目现状、增信措施、风控措施、财务状况、资产情况、拥有资质等情况，综合判断特色小镇开发的资金融入通道，测算融资成本。

（三）浔龙河村投融资方式的选择

可用的融资方式包括政策性（商业性）银行（银团）贷款、债券计划、信托计划、融资租赁、证券资管、基金（专项、产业基金等）管理、PPP 融资等。

1. 模式一：发债。

根据现行债券规则，满足发行条件的项目公司可以在银行间交易市场发行永（可）续票据、中期票据、短期融资债券等融资，可以在交易商协会注册后发行项目收益票据，也可以经国家发改委核准发行企业债和项目收益债，还可以在证券交易所公开或非公开发行公司债。

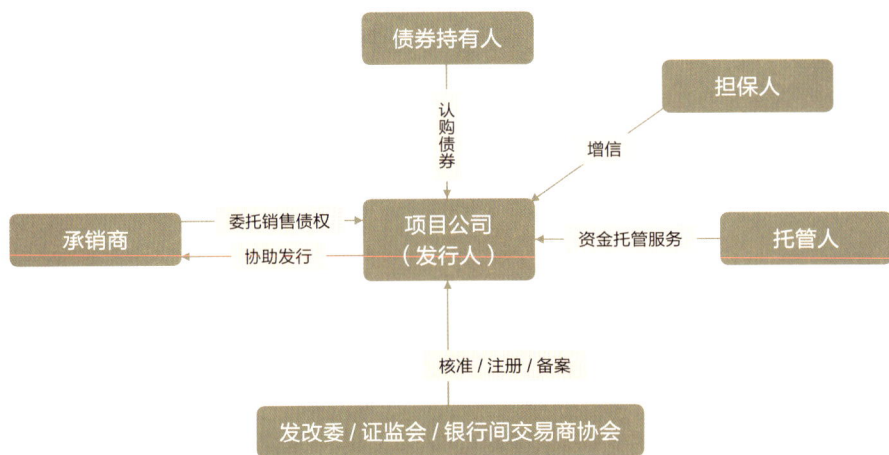

债券产品结构设计图

2. 模式二：融资租赁。

融资租赁又称设备租赁、现代租赁，是指实质上转移与资产所有权有关的全部或绝大部风险和报酬的租赁。融资租赁集金融、贸易、服务于一体，具有独特的金融功能，是国际上仅次于银行信贷的第二大融资方式。

加快发展融资租赁和金融租赁是深化金融改革的重要举措，有利于缓解融资难、融资贵的问题，拉动企业设备投资，带动产业升级。以其兼具融资与融物的特点，出现问题时租赁公司可以回收、处理租赁物，因而在办理融资时对企业资信和担保要求不高。融资租赁属于表外融资，不体现在企业财务报表的负债项目中，不影响企业的资信状况。小镇在上市公司为担保的背景下，与鄱阳湖融资租赁公司进行了成功合作。融资租赁的三种主要方式是：直接融资租赁，可以大幅度缓解建设期的资金压力；设备融资租赁，可以解决购置高成本大型设备的融资难题；售后回租，即购买"有可预见的稳定收益的设施资产"并回租，这样可以盘活存量资产，改善企业财务状况。

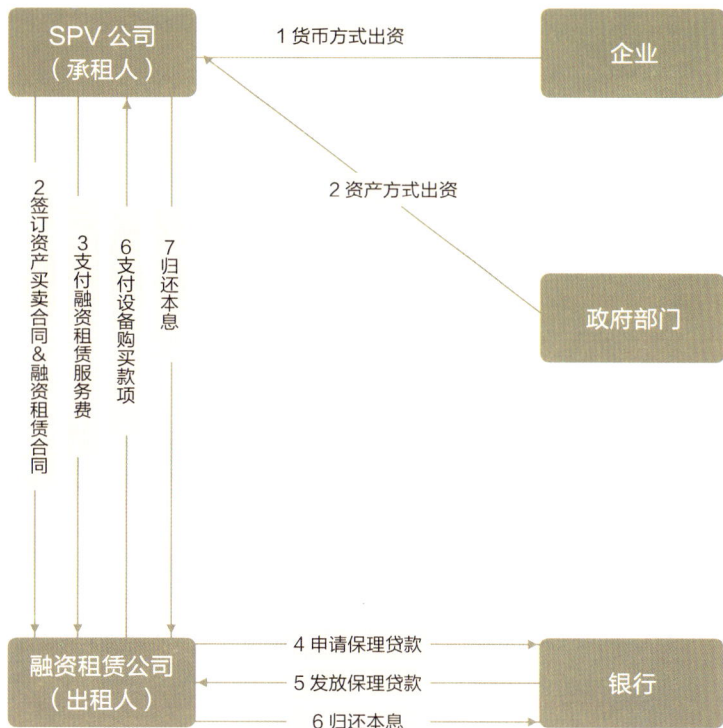

融资租赁结构设计图

3. 模式三：基金。

一是产业投资基金。相比于私募股权投资基金，具有以下特点：产业投资基金具有产业政策导向性，更多的是政府财政、金融资本和实业资本参与，资金规模差异大。二是政府引导基金。指由政府财政部门出资并吸引金融资本、产业资本等社会资本联合出资设立，按照市场化方式运作，带有扶持特定阶段、行业、区域目标的引导性投资基金。政府引导基金具有非营利性、引导性和市场化运作等特点，但一般不直接投资项目企业，而是作为母基金主要投资于子基金。三是城市发展基金。是由地方政府牵头发起设立的，募集资金主要用于城市建设的基金。其特点如下：牵头方为地方政府，通常由财政部门负责，并由当地最大的地方政府融资平台公司负责具体执行和提供增信；投资方向为地方基础设施建设项目，通常为公益性项目，例如，市政建设、公共道路、公共卫生、保障性安居工程等。还款来源主要为财政性资金；投资方式主要为固定收益，通常由地方政府融资平台提供回购，同时可能考虑增加其他增信。四是 PPP 基金。指基于稳定现金流的结构化投融资模式，又可分为 PPP 引导基金和 PPP 项目基金，其中 PPP 项目基金又分为单一项目基金和产业基金等。中国政府和社会资本合作融资支持基金是国家层面的 PPP 融资支持基金，由财政部联合建行、邮储、农行、中行、光大、交通、工行、中信、社保、人寿等 10 家机构，共同发起设立政企合作投资基金。PPP 基金可应用于股权、债权、夹层融资领域：为政府方或其他社会资本配资，也可单独作为社会资本方或为项目公司提供债权融资等。（见"城市发展基金运营结构图"）

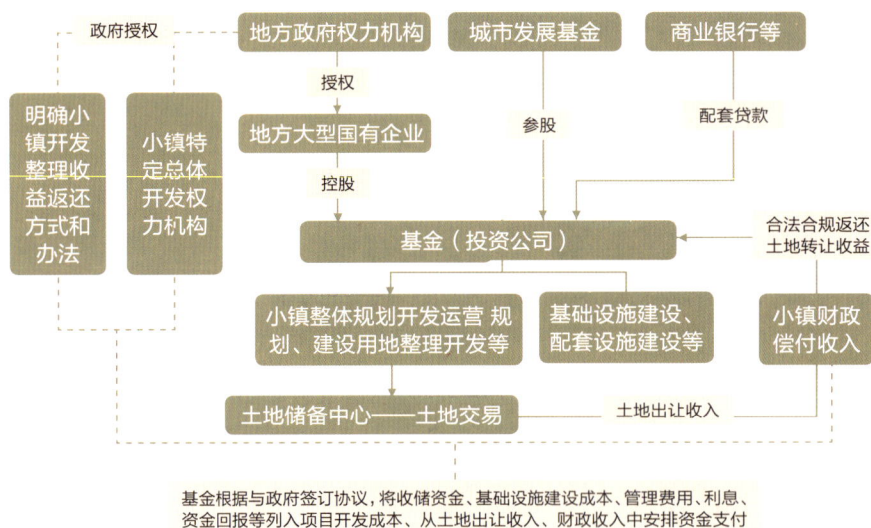

基金根据与政府签订协议，将收储资金、基础设施建设成本、管理费用、利息、资金回报等列入项目开发成本、从土地出让收入、财政收入中安排资金支付

城市发展基金运营结构图

4. 模式四：资产证券化。

指以特定基础资产或资产组合所产生的现金流为偿付支持，通过结构化方式进行信用增级，在此基础上发行资产支持证券（ABS）的业务活动。当前中国正处于金融改革的创新时期，未来资产证券化发展将加速。但基于我国现行法律框架，资产证券化存在资产权属问题，例如特色小镇建设涉及大量的基础设施、公用事业建设等，"基础资产"权属不清晰，在资产证券化过程中存在法律障碍。《物权法》第五十二条第二款规定："铁路、公路、电力设施、电信设施和油气管道等基础设施，依照法律规定为国家所有。"（见"资产证券化结构设计图"）

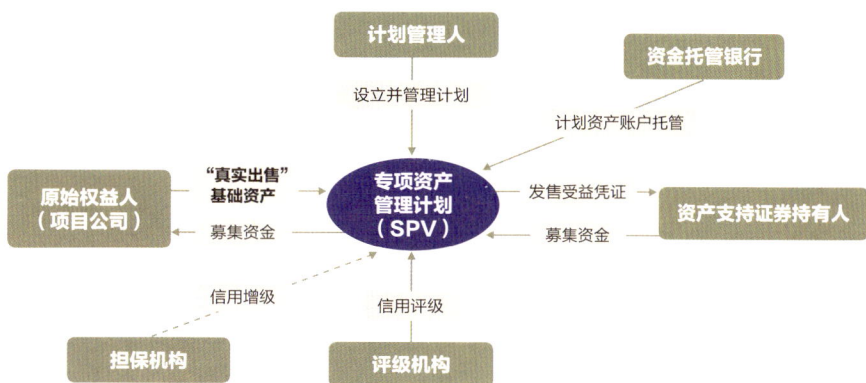

资产证券化结构设计图

5. 模式五：收益信托。

收益信托是类似于股票的融资模式，由信托公司接受委托人的委托，向社会发行信托计划，募集信托资金，统一投资于特定的项目，以项目的运营收益、政府补贴、收费等形成委托人收益。（见"收益信托结构设计图"）

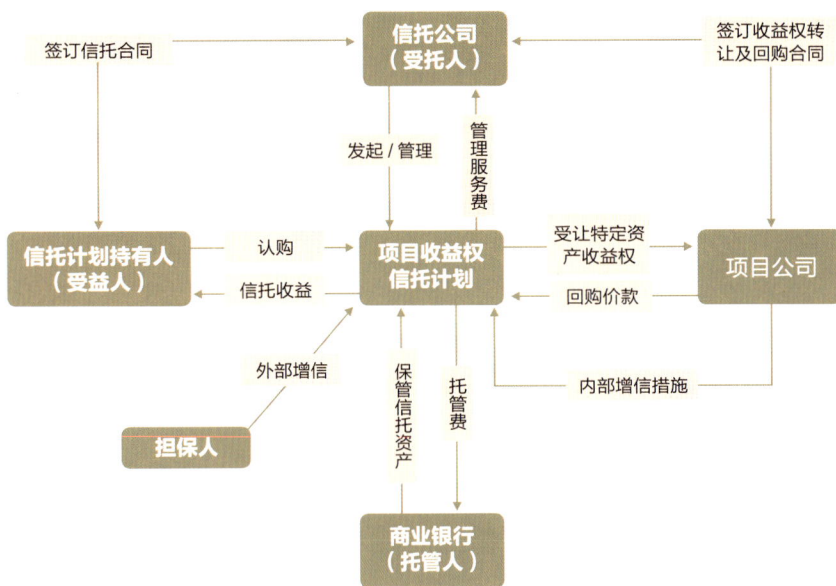

收益信托结构设计图

6. 模式六：PPP 融资模式。PPP 模式从缓解地方政府债务负担角度出发，具有强融资属性。在特色小镇的开发过程中，政府与选定的社会资本签署《PPP 合作协议》，按出资比例组建 SPV，并制定《公司章程》。政府指定实施机构授予 SPV 特许经营权，SPV 负责提供特色小镇建设运营一体化服务方案，特色小镇建成后，通过政府购买一体化服务的方式移交政府，社会资本退出。（见"特色小镇开发的 PPP 模式图"）

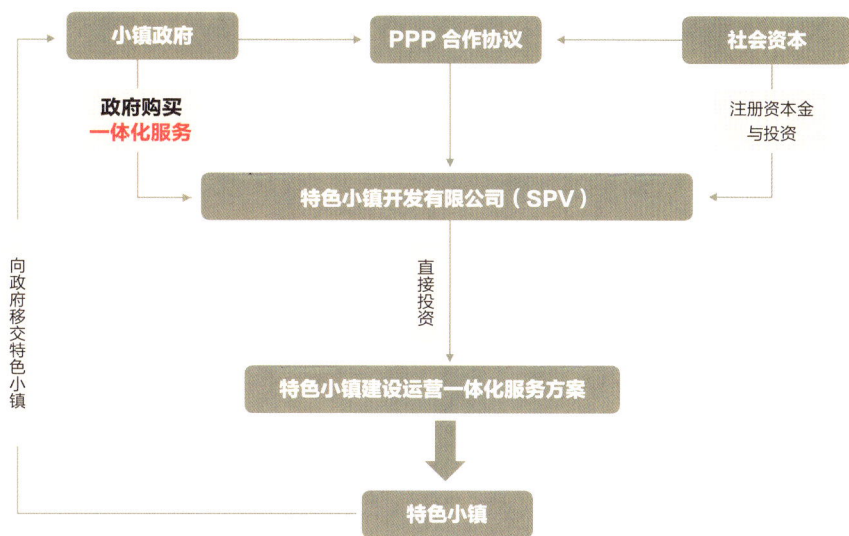

特色小镇开发的 PPP 模式图

三、创新资本运营

在浔龙河生态艺术小镇园区开发过程中，设计出了科学合理的资本结构、信用结构与交易结构，构建了多层次、多渠道的创新金融体系。同时，强调所有项目开发，必须对市场有效供给、对风险合理把控、对节奏科学布局，从而确保了园区开发、建设、运营的有序进行。

2014 年 10 月 14 日，棕榈园林公告称，公司属下全资子公司广东盛城投资有限公司与湖南浔龙河投资控股有限公司共同出资设立"湖南浔龙河小城镇投资开发有限公司"。该公司主要从事对浔龙河范围内的土地进行前期整理和综合开发经营，开发经营所得的收益用于城市基础设施建设，包括城镇基础设施项目、政府重大项目及配套项目的投资及综合开发建设等。

企业则通过市场运作，以自筹资金和银行融资形成稳定的投资渠道，投向竞争性产业领域。通过与上市公司合作，以企业自筹、银行贷款及市场融资的方式获取资金。目前上市公司棕榈股份已通过股市增发 18 亿元，并与浦发银行签订了 100 亿元的战略合作协议，用于生态城镇建设。项目还被建设银行总行特批为"新型城镇化"贷款试点，获得了 4 亿元贷款授信和湖南农商银行 4.5 亿元贷款授信。同时，项目产业发展充分运用"互联网＋"思维，将项目打造成为创新创业的平台，利用乡村资源吸引大量的创客落地创业，形成了众筹众创的运营模式，大大拓宽了融资渠道，加快了产业落地生效。

（一）合理的资本结构

优化股权结构，搭建以湖南棕榈浔龙河生态城镇发展有限公司为控股集团的大平台架构，根据"浔龙河范本"的五大产业分别组建各板块的专业运营公司，各专业运营公司由生态公司直接控股，各板块报表均合并进入生态公司合并报表，以达到管理与股权双重管控，优化生态公司报表结构，并能对外提供反映由母子公司组成的浔龙河项目整体经营情况的会计信息，以满足各利益相关者的信息需求，有利于大平台融资。

（二）稳健的信用结构

特色小镇是一个开发内容庞大、多综合、涉及面广、投资压力巨大的系统工程。单一的政府主导或单一的市场资本主导均会遇到各种开发之难，导致各种开发乱象，难以成功。小镇工程需要统筹运用各类资源、政策、资金，大胆实现金融创新，为发展创造条件，方能有力、有效地激活乡村资源价值，实现资源资产化、资产证券化，从而实现小镇的可持续发展。

浔龙河范本的开发主体为湖南棕榈浔龙河生态城镇发展有限公司，其投融资模式是由"PPP 基础设施建设、教育产业、宜居产业、文旅产业、生态农业"五个部分组成，在开发主体大平台下成立各条产业线的专业运营平台公司，形成了各产业项目"一三五八"的运营与盈利模式，但五大产业又相互融合、相互促进、共荣共生，短期以 PPP、宜居地产、教育产业带来现金流，中期以文旅和物业的消费性平台形成现金流，长期以农业产业盈利形成合理的现金流结构和盈利结构。

1. 周期一年内实现正现金流的基础设施和公共配套的 PPP 构筑信用基础。

以 PPP 模式对基础设施、公共投资及民生投资进行建设，分解投资并获取适当利润。浔龙河小镇的基础设施建设共有 17 个子项目，项目类型包括景观绿化、房屋建筑、园林绿化、市政基础设施及市政道路、桥梁等，总投资规模预计达 10 亿元。长沙县政府将其打捆组成浔龙河 PPP 项目包，作为长沙县 PPP 示范项目推出，也是长沙县浔龙河生态示范点建设的重要组成部分，是长沙县 4 个 PPP 示范性项目之一。

开发主体通过 PPP 模式与长沙县政府成立 SPV 公司，引入金融机构、其他社会资本方对项目基础设施及公共配套进行建设，大幅提升区域价值，提高土地价格，土地溢价带来的出让收益反哺保障政府对 PPP 项目的投入，两者实现良性互动，并获取适当的回报，内部收益率约为 10%。

PPP 基础设施建设的资金来源包括项目自有资金、国家和省级财政补贴、金融机构融资等。政府支付本项目的资金主要来自浔龙河生态示范点2800 亩土地、长沙县暮云 221 亩土地和长沙县配套产业园中 290 亩地土地的土地出让收益以及政府财政补贴资金。在土地出让收入无法及时、足额按本项目 PPP 合同中的约定支付费用时，其差额部分由县人民政府安排财政资金予以补足，并纳入县财政预算。由此保证了 PPP 项目的现金回款。

约 10 亿元的 PPP 基础设施建设项目为小镇后期其他产业建设奠定了良好的公共配套基础，由开发主体与政府成立 SPV 公司，共同投资建设，分散开发主体的投资风险，明确投资边界，开发主体也从中获取一定的建设收益，并在项目开发建设一年内形成投资回流，解决了特色小镇的公共基础设施的投入以及维护的问题。

2. 投资周期三年内滚动开发实现现金流与中长期持有优质资产沉淀的康养产业筑就信用长城。

滚动开发康养产业，快速回流现金，自持核心商业，获取资产升值收益。项目规划有建设用地 3051 亩（不包含安置区和已落位招商项目用地），预计开发面积将达 220 万平方米，依托项目区域内的不同配套，规划形成"旅游地产、教育地产、文化地产、养生地产、乡村地产"五大产品体系，业态分为"小高层、洋房、别墅、公寓、酒店、商业"，其中住宅业态的小高层、洋房、别墅、公寓全部用于出售获取现金流用于后期滚动开发，自持自营酒店 6.5 万平方米，自持 80% 商业面积 23 万平方米，获取资产的升值收益。

康养产业单个项目从开发拿地到完成的产品周期一般为三年，以传统项目开发贷款撬动项目的快速投资建设，三年实现一个项目的投入资金基本回流和贷款循环，由此滚动开发建设宜居产业。

在经过一定的市场培育、人流聚集、人口导入以及公共配套完善后，自持核心物业的升值收益将远远大于自持物业所承担的财务风险，该块资产将成为平台企业的最核心资产，形成长期的租金收益，并为公司融资、走向资本市场提供最优的资本。

3. 投资周期五年内实现正现金流的"互联网 +"打造文旅和智慧物业，构筑信用平台。

平台公司旗下成立湖南下乡客浔龙河文旅有限公司和湖南浔龙河智慧物业管理有限公司，文旅公司以轻资产模式致力于"互联网 + 全域旅游"运营管理，物业公司以"互联网 + 多彩生活"消费系统做成生活性消费平台。文旅公司采取"互联网 +"平台运营思维，按照投资权、管理权、经营权三权分立的原则，将浔龙河村具有商业价值的全域旅游产品变成"微项目"，面向社会开放。物业公司则主要通过"建平台、定标准、做服务"，吸引并整合人才、项目、资本，实现"人才和资金"两个导入，打造产业全域、空间全域的"互联网 + 全域旅游"新模式。通过园区内的一卡通收费模式，形成强大的现金流量，2017 年预计现金流量达 3000 万元。随着浔龙河村开发建设的不断增加，物业管理的体量也随之增加，物业管理收入也随之加大。通过 5 年时间的培育，浔龙河村将达到 4.1 万常住人口、每年 500 万流动人口之后，文旅板块的现金流量将超过年 25 亿元（按人均消费 500 元计算），物业管理的生活性消费平台年现金流量也将形成一定规模。

4. 投资周期八年内实现正现金流的生态农业和教育产业构建信用源泉。

湖南浔龙河生态农业科技发展有限公司对浔龙河生态农业产业进行整合、运营，对农民的耕地进行集中流转后发展现代农业产业，在基本农田发展绿色蔬菜、优质稻种植等农业种植，在旱土、坡地等一般农田开展花卉苗木、水果等种植，建设农产品加工厂，整合基地内和周边优质农产品资源进行加工，打造浔龙河名、优、特、精农产品品牌。通过生态农场，做产品、建标准、建品牌，形成浔龙河绿色食品标准，整合上游端（合作社）资源，面向项目内常住人口和流动人口进行销售，并在市区设置浔龙河产品销售专区，形成"政府 + 企业 + 科技 + 合作社 + 农户"的形式，将蔬菜产业做大做强，真正实现"贸工农一体化、产加销一条龙"。同时，生态农场也可以成为文旅产业配套的农场观光式深加工基地、教育产业配套的素质教育基地。

打造全域素质教育基地，三年实现教育产业的良性运转，引入专业教育产业基金，实现收费权证券化。浔龙河教育投资产业拟打造"基础教育""营地素质教育""职业教育"为内容的全域素质教育基地，开发主体下属成立专门的浔龙河教育咨询公司，对浔龙河小镇内教育投资产业进行投资、开发、建设与运营管理。大力推进素质教育、开创基础教育新局面是国家中长期教育改革的目标。浔龙河范本的教育投资产业正是以此为目标引进国内知名基础教育品牌北京师范大学附属学校，并打造集麦咭启蒙岛、云田谷、童勋营、民兵训练营等多元化产品于一体的营地素质教育，集合后期的职业教育，打造浔龙河村的教育产业。

湖南浔龙河教育咨询有限公司作为学校建设投资主体，持有学校的运营管理权，同时，学校教育运营管理团队亦属于教育咨询公司。由湖南棕桐浔龙河生态城镇发展有限公司投资控股物业管理公司，负责学校的后勤保障、物业保障等综合运营业务。北师大附属学校一期将在 2018 年 9 月进行第一批次的招生，校区建设期为一年，培育期两年，根据学校全周期现金流测算，在招生第三年将实现运营现金流回正，10 年左右收回所有投资。教育产业作为一项前期投入较大的投资，在投入前期引入产业基金，将优质的教育产业资源与行业金融资本相结合撬动行业优质资源，实现浔龙河教育产业的快速发展；在学校及其他教育产业投资运营三年后，收入状况基本稳定并进入良性运转，将收费权、收益权打包发行资产证券化产品，实现未来收益的证券化。随着建设的逐步完善，人口导入达到一定程度，旅游人群不断聚集，将在第八年形成稳定的生态农业产品销售收入、文旅配套的收入以及素质教育基地的收入。

（三）科学的交易结构

第一是传统的间接金融，通过资产的保值、增值来促进交易；第二是股东方，特别是上市公司的资本投入；第三是通过国家引导性产业的政策性财政资金的导入；第四是国家政策性银行的金融支持，国开行、农业发展银行的资金导入；第五是成立文化、旅游、教育类产业基金，引入资金，或进行资产证券化融资；第六是筹备 IPO 上市。

浔龙河金融创新通过一、三、五、八年的滚动式有序开发、运营，各产业之间形成良性的融合性、互动性、推动性。教育为地产服务，地产为教育服务，教育和地产为旅游服务、为农业服务，农业和旅游为教育服务。我给你带来配套，你给我带来人流；我给你提供产品，你给我带来消费，浔龙河范本形成良性的收入结构，产业投资越来越少，而文旅、物业、农业的收入将逐年增大，形成强大的资金吸附能力。

第三节　创新资源配置模式，促进村民居民化

一、村民居民化的初始条件

其一，农村基础设施与公共服务配套设施较差，农民生活品质不高。主要表现在：第一是教育。浔龙河村原来仅有一所小学，在长沙县进行教育资源合并调整后停办，村内所有学生均需要到果园镇中心小学、果园镇中学就读，距离浔龙河村约 5 公里。其办学条件、教学质量在长沙县属于一般水平。第二是医疗卫生。村上设有村级卫生室，2009 年年初面积约为 30 平方米，只有 1 名医生，仅能满足村民常见病的治疗。最近的长沙县果园镇卫生院是一所以医疗、预防保健为主体的综合性医院，医疗技术、设施在长沙县乡镇卫生院中属中上水平，但由于要满足全镇群众的就医需求，医疗资源较为紧张。第三是其他配套。村上无其他商业、交通、金融及服务设施，全靠杨泗庙集镇配套。同时，村上无自来水，道路组硬化率不足 20%，到户硬化率不足 10%，农村电网改造完成率仅 20%，大部分山冲内电力仅能满足照明需求。电信网络入户率不足 10%，没有有线电视信号，无天然气接入，沼气、太阳能等其他清洁能源使用率不足 10%。

其二，农民精神文化生活、培训、创业、社会保障等个人发展空间小，不利于人格的全面完善和成长。主要表现在：精神文化设施不足、活动匮乏。村上没有配套齐全的精神文化设施，仅有的农家书屋、健身器材等难以满足村民的需求。同时，由于完全靠农民自发组织，村民的精神文化生活单调、匮乏。大部分村民主要靠打麻将、看电视等满足精神需求。社会保障水平低。由于大部分农民没有固定的工作，社会保障只有养老保险和医疗保险。医疗保险主要是合作医疗，城乡差别不大。但农村养老保险每月只有 80 元的保险额度，远低于城市居民每月 600 元的保险水平，难以满足养老的需求。发展空间小、就业创业成功率低。对农民的素质教育、职业技能教育严重不足，村上仅有的远程教育室主要用于开展党员教育，

且使用频率低。由于农民没有一技之长，缺乏资金、政策等支持，对接市场能力差，所以就业创业的成功率低，大多数村民没有稳定的收入来源，主要靠打零工和农业种植、养殖养家糊口。农民的组织化程度低，社会管理难度大。由于长期实行的家庭联产承包责任制，农民生活、生产主要靠自发组织，所以村集体对农民的组织、领导能力下降。村民与村民之间缺乏组织互动、组织关怀，村民自由散漫思想滋生，社会治理难度加大，村民之间和谐、互助的乡风文明淡化，百姓幸福指数不高。

二、创新模式发挥"两只手"作用

在中国新型城镇化的战略背景下，国内涌现出很多不同的特色小镇发展模式，其中既有以政府行政为主导的城乡一体化建设，也有以市场资本为主导的商业项目开发，前者依靠强大的政策支撑，后者依靠有力的资本支撑。而浔龙河特色小镇建设却另辟蹊径，巧妙地把市场、政府和农民都整合进来，形成了"企业市场运作、政府推动和监督、基层组织全程参与、民本民生充分保障"的全新模式。

（一）政府：完善基础设施和公共功能

在资金投向上，政府主要负责投向规划区域内的公共基础设施和公共服务设施建设领域。在资金来源上，形成了多元化的资金渠道：农民搬迁安置所需资金由增减挂钩置换用地土地收益进行平衡；水、电、气、网、公交车站等生活服务配套设施所需资金由政府相关行业或企业进行投入；国土整理、水利建设、农网改造、交通建设等基础设施建设所需资金，则整合中央、省、市、县四级强农惠农政策和新型城镇化相关专项资金进行集中投放；其他基础设施建设和公共功能配套所需资金由项目区内3500亩国有出让用地和项目融资用地的土地收益返还进行保障。

（二）企业：提供产业设施和提高产业效率

为了确保项目的资金投入，通过土地增减挂钩异地置换的土地收益返还，解决农民拆迁安置资金；通过整合政府涉农项目，解决水、电、路、气、网等公共配套和项目区内部分基础设施建设资金；通过企业自筹资金和银行"城乡融合"新农村建设贷款项目，解决项目区内基础设施升级改造和产业发展所需资金，这样就能形成稳妥的投资渠道。同时，通过优先发展现代农业和农村休闲旅游业，形成人气后再进行小城镇建设开发和养生地产、旅游地产的开发，促进一二三产业融合，给企业带来稳定的市场回报，确保项目持久发展的动力。

项目改变以往由政府为主体投资、市场参与建设的模式，由公司作为投资主体，政府主导推动，将政府与市场的资源优势有机整合，形成项目建设推动力。为确保项目建设期间资金运行安全、充足，公司制订了一整套科学稳健的投融资计划，拟以自筹资金和部分银行贷款作为项目建设启动资金，以土地增减挂钩、土地异地置换所产生的收益作为中期运转资金，以六大产业效益作为项目建设长期发展资金。

三、村民居民化的思路与做法

促进村民居民化转变的关键是推动城乡公共服务均等化和城乡文明深度融合，既引入城市社区专业化、精细化、精准化的管理服务，又对淳朴、自然的乡风文明予以保留、放大，完善个人成长发展的要素，提高村民生活的幸福指数。推进农业转移人口市民化，逐步把符合条件的农业人口转为城镇居民。创新人口管理，加快户籍制度改革，进城落户农民完全纳入城镇住房和社会保障体系，在农村参加的养老保险和医疗保险规范接入城镇社保体系。

1. 完善公共配套。

推动城乡公共服务均等化，水、电、路、气、网等基础设施和科、教、文、卫、体、交通等服务设施的全面配套，实现自来水、电力、天然气、互联网、有线电视等基础配套 100% 接入。同时，项目区内规划了幼儿园、小学、中学、医院、商场、银行、加油站、文化中心、农民公园、公交车站等公共配套设施。公共设施配套充分考虑可居住人口的规模，做到完全满足人的生活需求。

2. 推动村民向居民转变，村委会向居委会转变。

提高组织化、专业化服务水平。进一步健全和发挥党支部、居委会和艺术团、老年协会、青年联合会等群团组织和志愿者的作用，为居民提供专业化、组织化程度高的服务，在服务中实现有效管理。同时，要加强素质道德教育、职业技能教育，使居民能够自觉按照社区的要求规范自己的生产、生活行为，并学习、掌握一门技术，实现就地就业。积极开展丰富多彩的精神文化活动，追求健康、向上的形式和内容，倡导正能量，共创、共享社区文明。

3. 推进农区向社区转变。

浔龙河生态小镇获批原住建部首个智慧型社区试点，通过综合运用现代科学技术，整合区域人、地、物、情、事、组织和房屋等信息，统筹公共管理、公共服务和商业服务等资源，以智慧社区综合信息服务平台为支撑，依托适度领先的基础设施建设，提升社区治理和小区管理的现代化水平，形成公共服务和便民利民服务智能化。按照规划，浔龙河生态艺术小镇将把蔬菜、水果、艺术园林、中药材种植、养蜂、养龙虾，作为特色现代生态农业重点打造；同时发展农产品深加工业，形成产、供、销一体化的特色农业发展模式。目前，一个集生态休闲、旅游观光于一体的现代农业园区已建成。

4. 提高社会保障水平。

村民完成集中居住后，初步形成了农村新型社区，原有村民可享受城镇居民的社会保障待遇。按照政府、集体、个人各负担一部分的原则，为其购买城镇居民养老保险，提高农村社区居民的保障水平。

5. 推动劳动力就地就近就业创业。

成立就业创业服务中心，为失业、无业居民开展就业咨询、职业培训、就业创业指导等多方面的服务。针对不同年龄结构、知识结构的居民开展不同层次的培训、指导，安排在适合的岗位。整体上做到能够就业、愿意就业、服从安排的都能够就近就业。同时，鼓励村民创业发展，成立浔龙河众创基金，利用金融产品为村民提供创业资金支持。2015年12月24日，中共长沙县委、长沙县人民政府主办的长沙县农创天地新闻发布会在浔龙河生态艺术小镇成功举行，浔龙河项目被授予"长沙县（浔龙河）农村创客孵化基地"称号。浔龙河村利用自身在交通区位、乡村资源、政策洼地、产业平台等方面的优势，响应县委、县政府"三个一百"创新创业的号召，努力将浔龙河项目打造成为万亩生态艺术众创空间。浔龙河万亩生态艺术众创空间自建设以来，先后引进了下乡客公司、文旅公司等创业企业等70家，累计投入资金9051.2万元，安排劳动力就业300人，产生营业收入1179.9万元。

6. 加强精神文明建设。

积极开展丰富多彩的精神文化活动，追求健康、向上的形式和内容，倡导正能量，共创、共享社区文明。通过倡导文明正能量，有效抵制了农村打麻将、赌博等不健康的休闲方式，和谐了邻里关系，重塑了文明乡风。同时，文化也成为项目建设的润滑剂，增强了群众对文化建设的积极性和主动性，对特色小镇的建设起到了重要的推动作用。2012年起，以妇女同志为主力的文化艺术团，以老年人为主力的老年协会和书画协会，以青年人为主力的青年联合会等各层次、多类型的群众组织架构已形成。充分发挥它们的积极作用，为推动群众文化活动的蓬勃发展，进一步做好农村群众工作，奠定了坚实的基础。

PART

11

共享发展的民生蝶变

打赢脱贫攻坚战和全面建成小康社会是我国"十三五"时期的最大任务与最硬要求。因此，真脱贫、保民生、促共享是目前这个关键时期的关键课题。习近平总书记指出："'十三五'时期经济社会发展要努力在保障和改善民生、推进扶贫开发等方面取得明显突破。""民为邦本，本固邦宁。"重视民生，以人民为本，这既是中华民族的优良传统，更是中国共产党的初衷，共产党为民生而建、为民生而存在。习近平总书记指出："人民对美好生活的向往就是我们的奋斗目标。"党的十八大报告指出："加强社会建设，必须以保障和改善民生为重点。要多谋民生之利，多解民生之忧，解决好人民最关心最直接最现实的利益问题，在学有所教、劳有所得、病有所医、老有所养、住有所居上持续取得新进展，努力让人民过上更好生活。"党的十九大进一步提出了以人民为中心的发展思想。浔龙河村以人为本的民生工程是在深刻认识全面建成小康社会的重大意义，准确把握脱贫攻坚和全面建成小康社会的基本要求和重点任务上，按照"五位一体"总体布局和"四个全面"战略布局，用新的发展理念特别是共享发展的理念引领和推动乡村振兴所做的根本部署与基层实践。

第一节　浔龙河村对共享发展的理解

按照党的十九大的战略部署，我国已进入发展新时代，习近平新时代中国特色社会主义思想成为新时代最响亮的主题。共享发展作为五大发展理念之一，作为"以人民为中心的发展思想"的一种具体体现，有其特殊的时空结构与时代内涵，这种结构特征与时代内涵具体体现在紧密相关的全民共享、全面共享、共建共享、渐进共享四个方面。全民共享是目标，全面共享是内容，共建共享是基础，渐进共享是途径，贯穿其中的核心是以人民为中心的发展思想，体现的价值是共同富裕和公平正义。

一、共享主体与客体：全民共享与全面共享

（一）共享主体的"广度"：全民共享

从共享主体即就共享覆盖的人群而言，共享是全民共享。全民共享，就国内而言，是要让各阶层、各民族、各地区的人民都能享受到改革发展的成果，不让一个人掉队。但是，全民共享绝不意味着没有差别，而是要做到每个公民的付出与回报成适当比例，根据付出各得其所，要让付出更多劳动、更多努力，拥有更多知识、更多资本，创造更多价值、做出更多贡献的人得到应有的份额。但同时要求人民享有的差距不能过大，要把贫富差距控制在合理的区间。此外，全民共享还可放大到国际空间来理解。例如，随着"一带一路"倡议变成全球共识与全球行动，以"和平合作、开放包容、互学互鉴、互利共赢"为核心的丝路精神和"政策沟通、设施联通、贸易畅通、资金融通、民心相通"的"五通"践行，就把共享发展的主体从国内放大到国际，走向"一带一路"沿线诸国。可以预见，随着中国梦的实现，共享发展的主体空间将会越来越大，惠及的时间也将愈来愈长。

（二）共享客体的"深度"：全面共享

从共享客体即人民享受的内容而言，共享是全面共享。党的十九大报告指出，我国的主要矛盾已经由"人民日益增长的物质文化生活需要与落后的社会生产之间的矛盾"转变到今天的"人民日益增长的对美好生活的需求与不平衡不充分的发展之间的矛盾"。这一重大判断说明，人民的需要与追求正追逐着时代而变，正在朝着人的全面发展方向迈进。这种发展的全面性和人的需求的全面性决定了人民共享的全面性。共享需求有三个维度：从共享领域亦即共享需求内容维度看，共享从经济共享到社会共享再到政治、文化、生态共享逐级上升；从共享的本质需求维度看，共享从成果共享到机会共享再到权利和权力共享逐级上升；从共享供给的维度看，共享从共享财富到共享制度再到共享精神逐级上升。全面共享实质上是共享供求关系在一定时空实现的均衡程度。具体来说，全面共享由以下三个方面有机构成：

1. 从领域来说，全面共享包括经济、政治、文化、社会、生态等各方面的共享，任何一个方面都不能缺。其中，经济共享是最重要、最基础的共享，随着社会的进步和人民生活水平的提高，人民对政治权利、精神文化、社会保障、生态环境等方面的共享需求将不断增强。

2. 从需求看，全面共享包括发展权利、发展机会和发展成果的共享。发展权利共享是共享的逻辑起点和先决条件，发展机会共享是共享发展成果的主要内容和关键所在，发展成果共享是共享的重要体现和必然结果。由于复杂的社会历史原因，当前我国不仅存在发展成果共享的不平等，还存在发展权利、发展机会的不平等。比如，人们所处地区不同、家庭出身不同、体制编制不同，在享受教育、就业、社保等方面还存在不少差异。

3. 从供给看，全面共享又可分为共享财富、共享制度和共享精神三个层级，共享供给是这三个层级的有机统一。其中，共享财富是实现共享社会的物质基础，是全面共享的基础供给；共享制度是建设共享社会的制度保证，是全面共享的制度供给；共享精神是建设共享社会的核心价值观、共同愿景和精神底蕴，是全面共享的价值追求与文化供给。有了共享精神，既得利益集团就不会为了自我小利而阻碍社会大利实现，这必然有利于建设共享制度；而有了共享制度，就会大大提高共享财富的供给效率。

二、共享行为与过程：共建共享与渐进共享

（一）共享行为的"耦合度"：共建共享

从共享行为即实现途径而言，共享是共建共享、共生共享，是所有共享主体"同心同向同行"的必然结果。共建、共生是共享的基础和前提，人人共享需要人人共建和共生。

1．共建。

人民群众中蕴藏着巨大的力量和无穷的智慧，只有尊重人民主体地位，发挥人民主人翁精神和首创精神，充分发扬民主，广泛汇聚民智，极大激发民力，形成人人参与、人人尽力、人人都有成就感的生动局面，才能有效克服各种困难和挑战，推动经济社会又好又快发展。只有尊重劳动、尊重知识、尊重人才、尊重创造，只有解放思想、鼓励创新，宽容失败、允许试错，通过大众创业、万众创新，才能最大限度释放人民的创造潜能，让一切创造社会财富的源泉充分涌流。

2．共生。

独立的组织之间以同类资源共享或异类资源互补为目的会形成共生体，这种共生体将导致组织内部或外部的直接或间接资源配置效率的改进。共生既可分为互补共享型和互补竞争型，又可分为"偏利共生"和"互利共生"。"互利共生"又有对称性和非对称性两种。互补共享型共生是合作各方各自的经营资源形成一种"优势互补"，对原资源形成一种放大的互补效应。共生共荣是共生最常见的形式，其"互补效应"取决于合作各方的互补方式和互补强度。互补方式是指互补共生体的结构形态，互补强度取决于各方相互依赖的程度，依赖程度越高，强度越大，共生效益越好。互补竞争型共生是指合作各方整体上是一种竞争关系，但在合作领域不构成竞争关系或暂时不构成竞争关系，因而其共生体往往处于一种不均衡结构形态，合作各方资源梯度相差较大。"偏利共生"是一方给予一方接受，例如救济式或"输血"式扶贫就是典型的"偏利共生"；"互利共生"是双方都参与，双方都获利，例如产业扶贫或设施扶贫。

（二）共享过程：层级递进与渐进达成

从时间维度看，共享发展是渐进共享。共享发展是我国社会主义建设的价值追求和既定目标，实现这一目标有一个从低级到高级、从不均衡到均衡的渐进过程。

从经济发展视角看，可分成生存型（贫困家庭人均年纯收入 3200 元，2000 年不变价，下同）、小康型（城镇居民年人均可支配收入 18000 元，农村居民年人均纯收入 8000 元，完全跨越中等收入陷阱）、富裕型（年人均 GDP 达到 3 万美元左右）和富强型（年人均 GDP 达到 5 万美元左右）共享四个阶段，是水平不断递进的四个共享层级的渐进达成。其中，最高级次的共享是富强型共享，最低级次的共享是生存型共享，中间级次还有小康型和富裕型共享。

从某种意义上说，适应最低级次的生存型共享发展需要，必须推进精准扶贫，打赢脱贫攻坚这场硬仗。这是缩小贫富差距、降低基尼系数的关键之战，是实现执政党对人民庄严承诺的关键之战。在此基础上，全力推进全面小康社会的建设，在 2020 年全面建成小康社会，完成小康型共享发展的历史任务，完全跨越"中等收入陷阱"，实现第一个百年奋斗目标。此后，我国整体进入推进现代化建设的关键阶段。

按照党的十九大的战略部署，我国将迈入发展新时代，进入新的"两步走"阶段：在全面建成小康社会的基础上，用 15 年时间在 2035 年左右基本实现现代化；再经过 15 年的努力到本世纪中叶建成现代化强国。与此相适应，共享发展也将出现两个关键性阶段：一是随着创新驱动战略、"中国制造 2025"和"质量强国"等战略的推动，以及供给侧结构性改革的深入推进，我国 GDP 保持中高速和中速增长，在 2035 年左右完成工业化与城镇化，整体进入中等发达国家的行列，人均 GDP 达到 3 万美元左右，经济总量将超越美国，成为世界第一大经济体，产业迈向中高端水平，基本实现"富裕型"共享发展，开始步入共享发展的高级阶段。随着五大发展理念的全面落地落实，随着创新发展战略和"中国制造 2050"的全面实施，"五位一体"建设步伐加快，国民充满道路自信、制度自信、理论自信和文化自信，中国引领的第三次全球化通过"一带一路"国际合作的深度推进显示出前所未有的活力与张力，人均 GDP 将达到 5 万美元，完全实现"富强型"共享发展，实现中华民族伟大复兴的"中国梦"，完成第二个百年奋斗目标。不过，在生存型和小康型共享发展阶段，共享范围主要在国内；到了富裕型特别是富强型共享发展阶段，共享范围必然扩大到全球。

三、脱贫攻坚与全面小康：生存型与小康型共享

党的十九大明确了我国现阶段的主要矛盾是"人民对美好生活的需求与不平衡不充分的发展之间的矛盾"，而解决发展不平衡的首要问题是深入脱贫攻坚，实现最低层次的共享，进而全面建成小康社会，实现小康型共享。目前，我国正处于实现生存型共享进而追求全面建成小康社会实现小康型共享的发展阶段。作为最低层级的生存型共享有其特殊的时空结构，并对我国当前共享发展的战略、政策走向产生重大影响。

（一）脱贫攻坚与生存型共享：必须覆盖全体贫困户

生存型共享的主体特指贫困户，即共享覆盖全体贫困人口，所有贫困户都能实现脱贫，绝不让一个贫困人口掉队。但是，生存型共享绝不意味着没有差别，要做到每个贫困户付出与回报成适当比例，根据付出各得其所。要让付出更多劳动、更多努力，创造更多价值的贫困户得到应有的份额。由于我国贫困户分类复杂，因此生存型共享也不可能要求所有对象达成完全共享均衡。例如，我国将扶贫对象分为连片特困区、扶贫重点县、贫困村和贫困户。其中：贫困户又有贫困村的贫困户和非贫困村的贫困户之分，

贫困村和非贫困村的贫困户又可细分为扶持户、扶持低保户、低保户和五保户四类。而且由于贫困的成因不同，有因病致（返）贫、因学致（返）贫、因灾致（返）贫、因失地致（返）贫、因经营不善致（返）贫和因赌博、吸毒、犯罪等特殊原因致贫等。从贫困程度看，有绝对贫困和相对贫困之分。前者也称为生存贫困，是指缺乏维持生存必需的最低生活标准的基本条件，包括食品、住房和衣着消费等；相对贫困是指一个人或家庭的收入低于社会平均收入水平。因此，对不同的贫困户和贫困诱因难以绝对均衡地实现共享，只能追求基于人均年收入 3200 元的最低起点的相对均衡。贫困户类型及其所对应的生存型共享是有细微差异的，相应出现社会兜底型、低保型、扶贫低保结合型和扶贫型等依次提高的四种类型。因此，扶贫攻坚的策略也相应有不同并形成有差异化的策略组合：从扶贫策略与方式看，有教育扶贫、政策扶贫和就业扶贫等贯穿扶贫攻坚全过程、发挥长期效应的策略与方式，也有设施扶贫、产业扶贫等贯穿扶贫攻坚全过程、发挥中长期效应的策略与方式，还有短期效应明显的诸如救济式帮扶的策略与方式。

（二）脱贫与全面小康建设：必须分类施策与渐进达成

尽管所有这些方式或策略在扶贫攻坚过程中都会得到运用，但在扶贫的不同阶段所采用的主要策略方式有所不同，形成不同的组合模式。在扶贫攻坚的早期阶段主要是救济式扶贫组合模式，在扶贫攻坚的中期阶段主要是设施扶贫组合模式，在扶贫攻坚的后期阶段主要是产业扶贫组合模式。如下图所示，a 线是救济扶贫曲线，b 线是设施扶贫曲线，c 线是产业扶贫曲线，S 线是扶贫组合策略曲线。a 线与 b 线交于 M 点，此点之前的扶贫组合策略是救济式扶贫主导，此点之后的扶贫组合策略是设施扶贫主导；b 线与 c 线交于 N 点，此点之后的扶贫组合策略是产业扶贫主导。从精准扶贫的效率要求出发，救济式扶贫要求精准到贫困户，以户为单元；设施扶贫要求精准到村到组，以村和组为单元；而产业扶贫的空间要求则放大到县、到乡镇，但参与主体必须精准到村、到户。

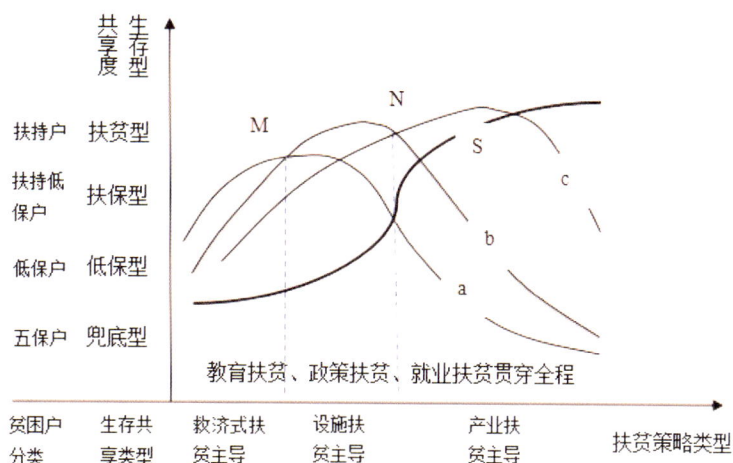

共享度

生存型
扶贫型
扶保型
低保型
兜底型

扶持户
扶持低保户
低保户
五保户

M   N   S   c   b   a

教育扶贫、政策扶贫、就业扶贫贯穿全程

| 贫困户分类 | 生存共享类型 | 救济式扶贫主导 | 设施扶贫主导 | 产业扶贫主导 | 扶贫策略类型 |

生存型共享与精准扶贫策略示意图

（三）实现最低层级的经济社会共享与贫者自立

对于"生存型共享"而言，共享的领域主要是解决经济共享，经济共享是最重要、最基础的共享；共享的需求主要是解决发展成果共享，发展成果共享是共享的重要体现和必然结果；共享的供给主要是解决财富共享，共享财富是实现共享社会的物质基础，是全面共享的基础供给。合起来，"生存型共享"在现实生活中表现为追求实现最低层次的吃、穿、住、行共享和平等享受义务教育、基本医疗与养老保障等方面的共享。

共建共生是共享的基础和前提，只有尊重贫困户的主体地位，通过共建发挥其主人翁精神，充分激发民力，让贫困户人人参与、人人尽力，才能打赢扶贫攻坚战。只有通过共生，让贫困户之间形成以土地资源共享或贫困户与工商企业之间形成土地、劳动力、农耕经验、工商资本等互补为目的的利益共同体，才能推进产业扶贫效率的改进与提升。只有变"偏利共生"为"互利共生"，促进贫者自立自强，才能实现可持续共享。

当然，政府和全社会都要投入到扶贫攻坚主战场，但必须把政府和社会的力量与工商资本下乡和广大贫困户的主动性与积极性都结合起来，形成合力，才能产生良好的效果。

第二节　浔龙河村共享发展的主要做法

一、集中改善农民居住环境

受历史传统和经济条件的影响，传统的农村布局零乱分散，沿河沿路布局的小规模的自然村落数量极多，土地占用量大，建设用地总体规划模糊，集约利用率低，闲散地及空心村的大量存在造成了土地资源的严重浪费。另一方面，随着二三产业对劳动力需求的增加，大量的农村青壮年离开了农村，导致农村住房率进一步降低，而传统农村住房一般占地面积较大，这种粗放的土地利用模式造成了极低的房屋利用率，继而使得土地浪费现象愈发严重。目前人口与耕地之间的矛盾逐渐尖锐化，人均土地占有率低，土地逐渐转化为稀缺资源，再加上后备耕地资源较少，总潜力仅为2亿亩，而这2亿亩并非能够全部转化为现实的耕地。纵观近些年来我国土地的使用状况，可以发现我国建设用地的需求量为1200万亩／年，但每年仅能满足一半左右。同时，我国的耕地面积还在以每年1230万亩的速度不断减少。

不得不说在战略机遇期间，土地供需矛盾只会长期存在，甚至会愈演愈烈。而建设农村集中居住区，整合农户之间、村落之间的土地，充分规划、开发闲置土地，对集约节约土地资源意义重大，因而大力推进农民集中居住区的建设是坚守耕地底线的重要选择，也是历史的必然选择。农民集中居住对于节约土地、改善居住环境、加快城乡一体化具有重要意义，不仅有利于给予农民城镇化的生活，有利于给予农民高品质的服务，而且还有利于给予农民最大化的民主。

从政策和依据分析，原国土部 2004 年 11 月发布的《关于加强农村宅基地管理的意见》较早地提出了集中居住理念，指出"引导农村村民住宅建设按规划、有计划地逐步向小城镇和中心村集中。按照城镇化和集约用地的要求，鼓励集中建设农民新村"。对各省推动集中居住更具激励作用的是"增减挂钩"政策，2004 年 10 月国务院出台的《关于深化改革严格土地管理的决定》中明确提出"鼓励农村建设用地整理，城镇建设用地增加要与农村建设用地减少相挂钩"。自 2006 年中央批复第一批"城乡建设用地增减挂钩"试点后，截至目前，已有 27 个省（市、区）纳入挂钩项目试点范围。近十几年来，各地关于推动农民集中居住、撤村并居、农村社区化的政策也纷纷出台。农民有着对美好生活的向往，但现实中存在的诸如资源、资金、建设等多个因素制约了其居住质量与环境的改善。

浔龙河村作为湖南的典型丘陵地区，"十里不同音，百里不同俗"，有着与众不同的乡土人情。在研究乡村发展的民生工程时，需要把这些人文的因素与自然的资源因素进行有机结合，让乡村在发展过程中依然能传承美好的民俗风情，传承中华民族的家国情怀。只有做到民生工程既有高度、又有温度，才能更好地带领农民应对挑战、抵御风险、克服阻力，才能让浔龙河生态艺术小镇在经济发展中依然"望得见山、看得见水，留得住乡愁"，实现"绿水青山就是金山银山"的目标。

浔龙河生态艺术小镇的华美蝶变的秘诀并不复杂，就是始终坚持以人为本，牢牢把握住"创新、协调、绿色、开放、共享"的核心理念。通过实施村民集中居住和公共基础设施集中配套建设，当地很快形成了新型农村社区，并通过社会资本的撬动，打造市民农庄，引导市民下乡置业、就业、创业，打造乡村文化旅游洼地，引导市民下乡休闲、旅游、体验。这样，形成了当地农民的民生、区域内城市市民的民生与乡村文化旅游者的民生三者之间的融合发展。

浔龙河村通过永久宅基地置换新房、农民集中居住住房分配、浔龙河生态艺术小镇开发建设、公共基础设施建设以及生活居住配套设施完善等举措，使当地农民居住条件、生活条件得到了显著提升。目前，政府通过财政支付已投入近 1 亿元，用于完善乡村的水、电、路、气、有线电视网络等公共配套服务设施；社会资本投入了 1.8 亿元，用于村集体经济发展的配套性产业发展引导资金，如一级土地整理、文化旅游项目建设、现代农业开发等方面。

二、促进农民就地就近就业创业

民生的一个重要内容就是促进就业，但最好是能就地就近就业与创业。2017 年 1 月 18 日，国务院通过了《"十三五"促进就业规划》，指出就业是最大的民生，也是经济发展最基本的支撑，"十三五"时期，要把实施积极的就业政策摆在更加突出的位置。一要努力增加就业岗位。催生适应多样化需求的新业态，释放吸纳就业潜力。大力发展就业容量大的健康、养老等生活性服务业。创新和完善用工、社保等制度，扶持灵活就业等新形态。二要以大众创业、万众创新和新动能培育带动就业。大力发展共享经济，降低市场准入门槛和制度性交易成本，营造有利于创业的政策环境，加大初创企业场地、设施、住房等政策扶持力度，建设小微企业创新创业基地。结合新型城镇化、农业现代化，支持农民工返乡就地创业就业。三要强化就业困难人员帮扶。通过公益性岗位托底、就业援助等，确保零就业家庭动态清零。推进就业扶贫，实施贫困家庭子女免费接受职业培训项目。四要鼓励社会力量参与就业创业服务，建设更多有利于供求对接、人才流动、便利就业的信息平台，提高人力资源市场的透明度和匹配效率。制定实施企业参与职业教育的激励政策，加快推进工学一体、企业新型学徒制等培训模式，健全劳动者素质提升长效机制，满足国家建设和发展的人力资源需求。

浔龙河生态艺术小镇的民生工程在促进当地农民充分就近就业上取得了成绩。具体的做法是引进有一定实力的品牌培训机构，在村内创办一所实用技术培训学校，为村民在农业的延伸产业上培训技能，主要是蔬菜花木的种植、农产品的精深加工以及乡村旅游、物业管理等服务业的岗位培训。在这个基础上，成立了浔龙河农民就业服务中心，依托浔龙河生态艺术小镇的产业发展来吸纳农民就地就业。

2017 年，浔龙河村已安排就业达到 330 人。其中，本村农民有 15 户 23 人实现了创业，有 235 户 307 人实现了就业，而且收入按创业人数和就业人数分别达到 1396 万元 / 年和 925 万元 / 年。

三、开展村民养老保险

农民要做到老有所依、老有所养，就要完善他们的基本养老保障。浔龙河生态艺术小镇将全体村民纳入新农保范畴，还适当提高了参保额度和保障力度。凡将土地进行了流转的村民，可将部分土地流转费置换成养老保险参保费用，参保村民到退休年龄后，每月可领取一定数目的养老保险金。

四、丰富村民精神生活

不断满足农民日益增长的精神文化需求是乡村文化振兴的重要任务。随着浔龙河项目建设步伐的加快，村民的物质生活不断丰富，对精神文化生活的需求也越来越多样化，精神文化生活越来越得到重视、受到关注。

浔龙河村以村级文化建设为着力点，高标准建设各类文化阵地，成立了浔龙河文化艺术团，开展各类文化娱乐活动，构建生态艺术小镇良好的人文环境。浔龙河文化艺术团作为浔龙河村文化活动的重要平台，自 2011 年 1 月组建以来，先后成立了龙狮队、广场舞队、军鼓队、腰鼓队、西乐队、民乐队、戏曲队、威风鼓队、花轿队等。2012 年 7 月，艺术团获批为民办非企业单位，下设老年协会、书画协会等分支机构。在上级主管部门的具体指导下，艺术团以"挖掘浔龙河村丰富的文化内涵，繁荣村民精神文化生活，打造浔龙河艺术品牌"为宗旨，演职人员分工明确，规章制度建立健全，管理正逐步向正规化、市场化迈进。全体队员经常参加省、市、县、乡组织的各种大型文艺演出，积极开展和承办村级文艺活动，极大地丰富了村民的精神文化生活，调动了群众参与村级建设的积极性。

五、不断增加农民收入

村集体成立了土地专业合作社，通过统一管理、全面摸清家底，将原来沉睡的乡村土地资源唤醒，在自愿互利、合法创新、正确引导的原则下，经营好全村的集体土地资源，收益由村集体的合作社统一分配，建立了兼顾国家、集体、个人的土地增值收益分配机制，大幅提高了村民的收益。这是浔龙河村土地制度改革试点的重大突破。

最近几年，浔龙河村农民都可以得到四部分收入。

第一部分是村集体闲置土地流转费，这作为农民生活的"保底"性收益，保障了农民的生存权益不动摇，保障了农民的"饭碗"。对浔龙河项目区内不需要开展建设的土地由企业实施集中流转，企业从村集体手中，按照明确的标准流转土地，并按照当年国家粮食收购价以现金的形式支付租金，农民依靠村集体的分配获得相应的租金收入。土地流转后不改变耕地的农用性质，用于发展现代农业和乡村旅游，大大提升土地的产出效益，同时保障农民在不损失任何权益的前提下获得稳定的长期可持续收入。

第二部分是实施土地增减挂钩推进村民集中居住增加的收益。通过实施集中居住，将节约的宅基地指标置换为国有出让用地，以土地收益返还资金实施村民集中居住。浔龙河村共可节约宅基地面积340亩，在暮云街道置换土地指标221亩，预计土地收益返还约为2亿元。此外，农民还可以通过对自有住房的对外出租获得租金收益，利用自有住房开展多种经营活动获得经营收益，通过自有住房抵押贷款开展多种形式的创新创业等。

第三部分是试点集体经营性建设用地上市交易村民分得的收益。依照试点政策，浔龙河村在浔龙河生态艺术小镇项目区规划了300亩集体经营建设用地（按照同价同权试点每亩地价值40万元左右计算，村级总资产约为1.2亿元）。由村集体以土地入股或者村集体投资的方式建设停车场、加油站等可经营项目，其获得的股份收益由村民按土地合作社中的股份比例进行分红，实现村民稳定增收。

第四部分是开展土地征收和交易获得的收益。根据产业发展的需要，对项目区内 2500 亩国有用地和 1000 亩集体建设用地进行征收，按农户实际可得 3.384 万元每亩征收补偿款计算，户均可以获得收益约 19.67 万元。

浔龍河
生态艺术小镇

PART

12

附件

柳中辉：中国城促会首位乡下副主席

刘　明

　　柳中辉自称是个乡下人。尽管资料介绍他职务时，用的是"湖南长沙浔龙河投资控股有限公司董事长"，可他更在乎另一个称呼：长沙县浔龙河村第一支书。

　　2018 年 1 月 23 日下午的北京，阳光灿烂，碧空如洗。国家行政学院。在中国城镇化促进会（以下简称"中国城促会"）第一届理事会第四次会议上，柳中辉被增补为副主席。

　　同时被增补为副主席的，还有中国移动通信党委书记、董事长尚冰，科技部原党组成员、科技日报社原社长张景安和中青旅实业发展公司董事长伞翔宇。毫无疑问，和其他三位新增补的副主席相比，1974 年出生的柳中辉，无论是资历和阅历，都属于"小"字辈。

　　成立于 2014 年 10 月 30 日的中国城促会，是经国务院批准、专门开展城镇化研究、推动全国新型城镇化发展的新型智库。它的发起单位有：国家发改委、住建部、农业部、财政部、科技部、环保部、国家林业局、国务院发展研究中心、中国社会科学院、国家行政学院等。全国政协副主席陈元担任名誉主席；全国人大原副委员长蒋正华为主席；著名经济学家、中共中央政策研究室原副主任郑新立为常务副主席。再盘点副主席以上的领导，柳中辉坦言，不是全国经济学家，就是厅部级领导，自己实在就是"乡下人"。

但乡下人有乡下人的底气。

八年多来，柳中辉在家乡浔龙河村，依托长沙城郊的优势，探索乡村振兴的路子，带领老百姓脱贫致富，创造了全国瞩目的"浔龙河范本"。

情怀是根

"我回乡首先感恩父亲。"在被增补为中国城促会副主席的发言中，柳中辉动情地说。八年前父亲病逝，彻底改变了他的人生轨迹。

那个时候，柳中辉的事业如日中天，特别是在北京干得顺风顺水。父母不愿意住在城里，他就在乡下修了房子，还给老人配了专车和司机……

他有个观点，父母老了，所谓的孝顺，该以顺为孝。顺，就是顺心，只要老人们高兴，住哪里都行。

身体好好的父亲，却因为一场突发疾病而离世。

守灵的 15 天里，柳中辉夜不能寐，不断反问自己：徒有数亿资产，却救不了父亲，人生到底要追求什么？

"其次要感谢母亲。"柳中辉说，把父亲安葬了，他想把母亲接进城，可她却坚决要留在乡下。

百善孝为先。

柳中辉初中毕业，干过农活，做过生意，后来进了乡镇企业上班，再出来自主创业……

在不喜欢读书的岁月，柳中辉的叛逆，常常让父亲觉得不可理喻，而这时候，母亲的宽容与鼓励，使他永远忘不了。

在母亲看来，人无论在哪里，都要认真学习本领，自食其力，不骗人害人，有能力了，要帮助更多的人……

陪伴母亲的日子里，柳中辉突然顿悟，自己既然赚了不少钱，是不是也该为改变家乡做点事情呢？

当他把想法说出来后，很多亲戚朋友表示反对。浔龙河村（那时候还叫双河村）可是远近闻名的贫困村，要改变谈何容易？

理想中，一个人的梦想终归是梦想；现实里，很多事情还是残酷的现实。特别是在农村，如何聚集人心，就是难题中的难题。

柳中辉有钱，开始建立威信相对容易，比如乡下路不好，他就掏腰包修，谁家困难，他资助就是……

但带领百姓脱贫致富是一个系统工程，仅靠小恩小惠，无疑难以长久，也解决不了根本问题。

授人以鱼，不如授人以渔。话是这么说，可做起来却很难。"功成不必在我，但功成必定有我。"柳中辉认为，人生在世，就是要不断挑战难题，何况是对家乡，更有责任和义务。

把事业的发展方向从城市转向农村，本身就意味着担当、付出和责任，也体现了一个人的心智、格局和追求。

创新是本

资本下乡，精准扶贫，首先要弄清楚乡村基本情况，这和记者采访差不多，第一关是摸清底情。

通过广泛调研，柳中辉发现，农民的资本，无外乎都拥有大大小小的责任地和浑身上下使不完的力气。

"工商资本追求的是规模效益，分散的土地经营权就是资本下乡的最大障碍。"在商海打拼多年的柳中辉一语道破天机。在村里，能不能进行一次新的"土地革命"，从而唤醒沉睡多年的乡村土地资源？

土地是农民的命根子。革命战争年代，"打土豪、分田地"，更是激发农民革命热情最朴素的真理。改革开放初期，农民甚至冒着生命危险，也要用手印按下自己的想法，单干，搞责任制。

土地责任制极大地调动了农民积极性，也为中国改革开放奠定了坚实基础。但随着城镇化进程的加快，农民从土地上获得的收入，远远落后于进城务工的收入，于是，不少乡村逐渐凋敝、衰落。土地闲置，田地抛荒，大量农民外出，农村慢慢地连宅基地、林地也产权不清了。

柳中辉决定先摸清村里的"家底"。

于是，他邀请一些德高望重的老同志，成立土地产权调查小组，每个村民小组都选代表，请专业测绘队进行勘测。最后形成的村内土地调查报告，明晰了土地产权关系，准确掌握了全村土地情况，为发展现代农业提供了决策参考。

摸清"家底"后，柳中辉就想，先得规划村民们集中居住，让大家真正享受到城市的居住环境，同时也节约了宅基地指标。更重要的，还让农民的宅基地形成了资产。

紧接着，柳中辉带领村民们将集体土地所有权、承包经营权和宅基地使用权进行出让、流转或置换。

这就是浔龙河范本的核心之一——以土地资源支持项目建设，通过项目建设实现致富增收。通俗地说，浔龙河范本从土地确权到置换流转，再到开发利用，让土地资源从固化走向流通，形成了清晰的价值链条。

盘活了土地资源，柳中辉充分发挥自己的人脉优势，短短八年，就完成了教育、生态、文旅和康养四大产业的布局与招商。

值得一提的是，规划创新也是浔龙河范本的一大亮点。即多规合一，以民生规划为核心，产业规划为引领，小城镇规划为推手，社会发展规划为长远目标。最重要的还是土地利用规划，在规划引导下吸引企业进入，避免盲目开发带来的隐患，让资本"脚踏实地"。

共富是魂

我在走访中发现，浔龙河范本的创新，先是准确摸清了农村"底情"，后彻底用活了时代"底牌"，再就是真诚守住了农民"底线"。

精准扶贫也好，乡村振兴也好，或者帮贫济困，最关键是要激发人的内生动力。

哀莫大于心死。心若在，梦就在。

乡村振兴，精准扶贫，着力点就是要调动亿万农民的积极性、主动性和创造性，因为他们才是乡村的主人。

人心齐，泰山移。柳中辉回乡创业，首先就是要聚拢村民的心。

"我来干什么？要向父老乡亲们一点点讲清楚。"为了统一思想，仅2010年全年就召开了163次大大小小的村民代表大会。

农民的想法很朴素：老板带着资本下乡，到底是掠夺还是共享？一句话，你投资对我有没有长远的好处？如果没有，即便是土地闲置，也不会让你赚钱。

作为乡下人，柳中辉深知农民的心思。

为了让村民生活有保障，村集体闲置土地流转费成了大家的收益。同时土地流转也不改变农用土地性质，还给村民按当年粮食收购价发放租金，稻谷耕地每亩每年300公斤，林地75公斤，坡地、水塘等100公斤……

在永久性宅基地使用权置换过程中，浔龙河范本充分考虑了农民利益，增加了他们的财产性收益。具体地说，旧房拆除后，浔龙河每户农民可获得60万元左右的补偿，并可用宅基地永久使用权置换集中居住区新房，且新房仅需成本价，公开透明。

为实现村民稳定增收，在项目中规划300亩集体经营建设用地，由村集体以土地入股方式参与停车场、加油站等可经营性项目。现代农业种植与加工，还可为对技能要求不高的高龄村民提供就业岗位。乡村旅游、文化教育等带来大量人气，也给村民创业提供了源源不断的"财气"。

一分耕耘一分收获。到2016年，浔龙河集体经济总量达到了900多万元，比2009年增长近100倍；村民人均纯收入2.7万元，增长6倍多。贫困村变成了富裕村。

乡下人之梦

"我有一个浔龙河之梦，就是要把这里打造成城镇化的农村、乡村式的城镇。如今这个梦想正一步步变为现实……"

柳中辉的演讲极具感染力。

无论在什么地方，只要他开口，就一定会有那么一些手势。要么摊开双手，要么握紧拳头，要么张开手指。说到动情处，挥挥手，拍拍掌，握握拳……

这是个自信心强、做事果断、态度坦诚的男人，煽情的手势，加上他渊博的知识，时常会让和他交流的人，禁不住心生澎湃。

在国家行政学院，刚刚增补为中国城促会副主席的柳中辉，第二天应邀给全国各地参加特色城镇培训班的学员分享了浔龙河范本。

在柳中辉的理解中，未来中国城镇战略发展中，大城市是太阳，中小城市是月亮，而像浔龙河这种都市近郊型乡村就是星星。

没有星星的夜晚，世界就显得孤单。

那么，如何让群"星"璀璨？

柳中辉说，依然是政府推动为主导，社会资本运作为主体。政府要厘清行为边界，既不能"大包大揽"，也不可"甩手不管"。

有所为，有所不为。

到2017年年底，全村项目投资超过10亿元。有意思的是，浔龙河村已将农村由政府投资为主，转变为企业、政府、村集体多元主体的投资结构。

同时，柳中辉还认为，乡村式的城镇魅力，关键就在于自然生态和乡土人情。

浔龙河特色小镇的建设，始终坚持不破坏生态环境、尽量不占用耕地和土地效益最大释放共享的原则，做到了既要"金山银山"，也要绿水青山。

柳中辉坦言，浔龙河村的发展，占据了天时、地利和人和，这是不少地方资本下乡所难以企及的。

所谓天时，即赶上了国家乡村振兴的好时代；地利，即乡村距湖南省会长沙不过半小时的车程；人和，就是村民齐心追求美好生活。还有一个人和，就是以柳中辉为代表的能人们投身家乡发展之情怀。

火车跑得快，全靠头来带。无数实践证明，有个好带头人，农民就满意，地方发展就快。

所以基于切身体会，柳中辉甚至建议中国城促会对特色小镇的建设进行标准化研究，对城郊镇、镇中镇、欠发达地区乡镇等——甄别。

也就是说，特色小镇建设不能全面开花，盲目"大跃进"，要围绕聚集人气做产业，没有人气支撑，一切都是空谈。

浔龙河村为了吸引人气，在休闲旅游方面做足了文章，特别是乡村创客空间、儿童乐园和美食街等，形成了"吃""住""行""游""购""娱"等产品体系。

以2017年国庆为例，每天来游玩的人超过2万，一个小长假，有10多万人来浔龙河小镇消费，一切不言而喻。

当然，八年前就担任第一支书的柳中辉，也常常出现在小镇上，他甚至把老婆和孩子都接回了乡下。

不出差的日子，他除了坚持陪家人散步外，就是读书，读政策法规，读社会经济学，还研究世界各地乡村发展的经验。

一旦他准备出差了，就意味着，浔龙河村又将有新的动作。

其实，这样的乡下人，是有点苦和累，可谁不羡慕呢？

2018 年 1 月 30 日

浔龙河范本

王宇菁

有一个地方，森林覆盖率超过 70%，金井河、麻林河、浔龙河，三河穿梭流淌在山林丘壑，百余口水塘荡漾其间……国歌词作者田汉、国务院原总理朱镕基等名人生于斯、长于斯……优美生态、人文故事，宛如一幅厚重鲜活的江南水墨画，赏心悦目。

这就是浔龙河，位于长沙县果园镇，是长沙市核心城区的近郊，距黄花国际机场 20 分钟车程，距长沙高铁南站 30 分钟车程，距绕城高速相连的京港澳高速只有 8 公里。全村总面积 14.7 平方公里，其中耕地面积 2586 亩，辖 24 个村民小组，总人口 3639 人，党员 180 人。

中华腹地，洞庭之滨，湘江之畔。三千年楚汉名城长沙，自古以来天泽物被、敢为人先。长沙县发达的第二产业和高于全市的人均财富，以及长沙市早已超过 50% 的城镇化率，为近郊乡村的农村综合改革打下物质基础。2010 年双河村开始土地确权，2012 年浔龙河生态小镇项目被列入长沙县城乡一体化试点示范目录，生态小镇项目建设步伐加快。

以建设浔龙河生态艺术小镇为总抓手，浔龙河村突出党建引领，创新村级治理，加快产业发展，推动文明和谐，实现全村政治、经济、社会、生态、文化的全面发展，被评为"湖南省先进基层党组织""湖南省社会主义新农村建设示范村""全市美丽乡村建设示范村"。

能人柳中辉

记者／林森

11月上旬,长沙透着风和日丽的迷人秋意。在长沙近郊的浔龙河生态小镇,游人如织,大家抓住秋光尾巴,尽情感受快乐。浔龙河是湖南长沙果园镇双河村的一条小河,历史上与这条河有关的传奇故事并没有给它带来相应的名气,但从几年前开始,"浔龙河"渐渐变成新型生态小城镇的代名词,引发关注。

"我有一个浔龙河的梦,要把这里打造成城镇化的乡村、乡村式的城镇,如今这个梦想正在一步步变为现实。"穿着布鞋的柳中辉谈起浔龙河的现在与未来,眼神里闪烁着光彩。今年42岁的柳中辉是长沙县果园镇浔龙河村党总支第一书记,而8年前他的身份是身家上亿的房地产公司董事长。8年来,柳中辉扎根家乡的土地,带领浔龙河村实现从贫困村到富裕村的转型,并且其开创的"浔龙河范本"也正打算在全国范围内复制推广。柳中辉究竟是何许人也?浔龙河的蝶变是偶然还是必然?

亿万富翁回村当村干部

柳中辉生于斯、长于斯,起初在家乡干过工地、进过乡镇企业,1999年才走出山村发展。一番摸爬滚打后,他成为一家房地产公司董事长,资产达数亿元。

2003年和2005年,柳中辉分别注册成立湖南圣力房地产开发有限公司和湖南圣力建材贸易有限公司。公司成立后,独立开发了面积近80亩的圣力华苑住宅小区。那时的柳中辉年仅三十,意气风发,学习和运用了现代企业的基本管理模式,开始整合行业的优秀人才向企业聚集。

2005年到2009年,随着个人信誉度的提升、团队的进一步成熟、公司整体实力的增强,公司承揽了包括高速公路、机场、泵站等多个大型基础设施建设项目,创造了良好的经济效益和社会效益,业务进一步得到发展。

2009 年，对柳中辉来说是具有转折性意义的一年，建立新型小城镇的种子已经在他心中萌芽。这位资本雄厚的民营企业家毅然回村，担任村党总支第一书记，决意开创双河村的美好未来。

40 多岁的柳中辉和他的团队，携巨资返乡反哺这个当时还是省级贫困村的小山村——双河村，这一年距他父亲去世已有 8 年。几乎同一年，他全票当上了家乡的村党总支第一书记。乡亲们选他，因为他算这里小有名气的能人。他爹还活着的时候挺满意这个长子，常怀里揣着小酒瓶，逢人便夸自己有个孝子，不但给自己配车配司机，每月还给自己开 5000 块零花钱。父亲的去世，对柳中辉影响巨大："我徒有数亿资产，却救不了我父亲的性命。"

他想过把落单的母亲接进城，但母亲坚决不肯离乡。柳中辉不放心，只好暂时放下生意，回乡陪伴母亲。他见过世面，也享过富贵，回乡当然有各种不习惯，但也正是认识到乡村与城市存在的落差，让他反观自己的人生和财富，萌生出要彻底改变家乡面貌的念头。

以亿万身家的企业家身份当一名村干部，相对容易建立威信，比如村里需要修路，柳中辉自己掏腰包就把路修了。但要让乡亲们彻底齐心，投入他构思的那个新型小城镇的梦想，则是一个系统工程。

为乡愁做点什么？

这里距离长沙市仅 30 公里，但曾地广人稀、产量低下，1 万多亩土地上只有 1000 多亩是耕地。瘦田难留人，当地居民除了老人和孩子，大部分都外出务工了。但这些劣势在柳中辉眼里，统统可以转化为优势：人少，集中安置就相对容易；耕地少，土地多样性就丰富，水库、池塘、山林，都是未来生态农业和观光农业的形态。

2011 年，柳中辉和他的团队为了更好地开发建设浔龙河，成立了湖南浔龙河生态农业科技发展有限公司。

一开始，要让面朝黄土背朝天的村民相信他关于新型小城镇的构想绝非易事。这中间，如何说服村民们放弃原来分散居住的房子，到重新规划的区域去集中居住，就是一个无比复杂的大命题。为此，柳中辉组织设计了几十套方案，让村民可以选择自己想住的房子。"一开始我们想盖高楼大厦，但是老百姓不愿意，他们还是习惯独门独户，所以后来我们就设计成了每家都有一个前院，有一个车库，有一条5.6米的后街，一楼可以做门面商铺，里面有厨房有卫生间。我们组织老百姓无数次开会，不断地调整修改和商讨方案。大家说还是想吃自己种的菜，我们就在住宅旁边规划了50亩耕地作为景观菜园，保证每家每户都有一分菜地。农民说那我们的锄头、耙头、尿桶往哪里放？菜地里就又增加设计了工具房……"

"这个必须要有一个民主的程序，要让老百姓的思想统一，有共同的愿景。新型城镇化首先是人的城镇化，要让村民真心拥护这件事情，而不是摧毁性、割裂性地去破坏农村文明。"为打消村民们内心的疑惑，以民主的方式取得村民的认可，柳中辉一点点地向乡亲们解读浔龙河村新型城镇化的落地构想，慢慢地，村民的态度由拒绝转为支持。村民史润东说，在双河村2010年召开的申请城乡一体化试点村民公投大会上，全村村民支持率达97.2%。

通过三年努力，浔龙河项目已粗具雏形，基本完成乡村资源确权梳理、集中流转、创新政策申请和实施等前期工作，并在湖南省内外取得了一定知名度。从县一级重点工程开始，项目逐渐升级为长沙市的重点项目、湖南省的重点项目，乃至中央部委级的重点项目。"刚开始做的时候，我们完全是自发的，没有政策环境，但现在就大不一样了，我们慢慢得到了各级政府的认可，给予了各种政策创新的平台，最近又成为住建部智慧社区的试点。我开玩笑说，我们从流浪儿变成了干儿子，又从养子变成了满崽。"

目前，湖南浔龙河生态农业科技发展有限公司已流转当地农田、果园、山地等共1.2万多亩，其中2000多亩将发展成为高标准的蔬菜生产种植基地。公司现有各类生产管理人员计112人，包括中高级专业技术人员12人。2012年公司与湖南农业大学建立产学研战略合作伙伴关系，成为湖南农业大学产学研长沙唯一基地及教研示范基地，与湖南省蔬菜研究所合作成为省蔬菜研究所成果转化基地与原生态品种培育基地。

"浔龙河范本"正在多地开花

回不去的乡愁，是中国 30 年城市化进程中许多人内心的隐痛。"我的情怀很简单，就是怎么能够改变家乡的面貌，改变我家乡父老乡亲的命运，让他们也能够过上有尊严的生活，这是我当时的出发点。后来我在做这件事情的过程中，给自己定了一个梦想，希望这辈子能够做成一个在农村发展和改革过程中的探索者、实践者，当然最好能够成为一个推动者，这就是我对自己人生的一个定位。"

"农村是一个广阔的天地，发展潜力巨大。"柳中辉透露，浔龙河生态小镇的发展模式是，农民将集体土地所有权、承包经营权和宅基地使用权进行出让、流转或置换，以土地资源支持项目建设，通过项目建设实现致富增收。柳中辉介绍，浔龙河村自 2009 年启动建设以来，项目从盘活乡村资源和促进民生两部分入手，率先破题城乡发展瓶颈，形成了以教育产业为核心、生态产业为基础、文旅产业为抓手、康养产业为配套，四大特色产业有机结合、相容并生的产业布局。

5 年前，浔龙河小城镇模式与"棕榈园林"正在探索的战略转型模式一拍即合。2013 年，时任棕榈园林总裁赖国传与柳中辉相识，两人同龄，都属虎，"八字里都有三只老虎"。笃信命盘的柳中辉相信，"我们很合"。所谓"很合"，主要是对浔龙河项目和对中国农村城镇化进程的理解，两人有着高度的默契。

"我们选择棕榈园林，首先因为它不是上市房地产，但它是个上市公司，新型城镇化项目属于中长期投资，强调的是未来的价值，这就需要合作的公司既有长远的眼光，也有资本的实力。棕榈园林作为行业龙头，年产值超 40 亿元，早已不满足于只做园林景观的服务商，而冀望从综合环境运营商成长为生态城镇运营商。二来，园林跟我们的项目紧密相关，这就需要专业的公司来做，棕榈园林在'生态环境'规划设计、建设实施等方面的能力强劲，加上园林企业本身在生态种植、景观规划等方面的专业特长，使得这两家的联姻格外门当户对。"

据悉，湖南棕榈浔龙河生态城镇发展有限公司由棕榈盛城投资有限公司、湖南浔龙河投资控股有限公司共同组建，注册资本 2 亿元，是一家中国新型城镇化大背景下的小城镇专业运营商，主要从事小城镇投资、建设、运营等业务，产业范围主要为生态环境治理、基础设施建设、现代农业、文化旅游产业投资与管理、旅游景区开发管理及教育培训、小城镇商居开发等。

对于浔龙河小镇的产业"造血"，柳中辉形象地将之比喻为"麻将馆理论"。只要企业和创客们有想法、有创意，浔龙河小镇就会为他们提供实现创意的平台，在前期还会提供帮扶机制。只有当产业开始获利了，浔龙河小镇才会从中"抽水"获得收益。并且当一个项目很有前景潜力时，小镇还会"抓几个鸟"，用股权激励机制吸引他们在这里深扎根。如今，地球仓等新型项目已经在浔龙河村成长起来，成为创新创业的佼佼者。

在柳中辉的理解中，未来在中国城市群战略当中，大城市是太阳，中小城市是月亮，而像浔龙河这种都市近郊型乡村是星星。现在各种类型的特色小镇方兴未艾，在柳中辉看来，未来特色小镇推动的主要方式是政府主导，社会资本为主体的市场运作。要厘清政府行为边界，既不能"大包大揽"，也不能"撒手不管"，而要敢于让社会资本主导，让基层集体充分表达意见。

在柳中辉心里，农民们充分介入设计的小城镇，建设标准被归纳成八个字：欧洲标准，中国特色。这里的学校、公交、文化中心、体育公园、商场、幼儿园、医院……都尽量考虑并保留了乡村文明。比如公园附近专门辟出一块地方做了民俗文化宫，其中一项功能就是承载红白喜事，让农民们家里"老了人"之后能有个按照老民俗传统进行祭祀的场所。

目前，浔龙河小镇形成了以蔬菜、花卉苗木和果木基地等为主的生态农业，不施用农药、化肥，生产健康绿色食品，为小镇居民和游客提供安全食品；以麦咭启蒙岛乡村儿童主题公园、地球村、农业观光、养生度假等为主的乡村旅游产业为项目聚集人气，拉动消费；以亲子教育、童勋营青少年国防素质教育、北师大合作建校等为主的教育产业，形成固定消费人群；以汉语桥、民俗文化、动漫产业、麦咭梦工场等为主的文化产业提升小镇的艺术气息和品牌影响力；以个性化、私人订制、众筹地产为特色的市民农庄，引导市民下乡居住，满足人们的品质化生活需求。

生态环境也得到了极大的保护："7000 多亩林地、河流、池塘和水库，尽可能地不动山，绝对不可去填塘。自然环境之外，人文环境也需要保护，这里是国歌词作者田汉的故乡，而且这里有悠久的庙宇文化，有传统桥梁房屋，都会在新的设计中发扬光大。浔龙河应该是一个'看得见山、望得见水、记得住乡愁'的地方。"

重新当起了农民的柳中辉把妻子和两个孩子统统接回乡下，不管应酬多忙，每周雷打不动地陪母亲吃饭；他研读与农村改革有关的各种政策和政治读物，反复研究华西、小岗等农村经验；他建设乡村文化中心，按照《星光大道》和《中国好声音》的模式举办乡村卡拉 OK 大奖赛和婆媳关系大奖赛；他投拍跟浔龙河有关的电视剧，在湖南电视台播放……这一切，都让他生出了无比的成就感。

五个村民的生活变迁

由于农村青壮劳力大多外出打工创业，实际从事农业生产的村民并不多，村民房屋大量空置，有效居住率严重不足，特别是有些老屋因无人照管、年久失修而倒塌，造成了住房和宅基地资源的浪费。

青壮年外出务工，部分土地抛荒，这些劣势在柳中辉眼里，统统可以转化为优势：人少，集中安置就相对容易；耕地少，土地多样性就丰富，水库、池塘、山林，都是未来生态农业和观光农业的形态。

现在，越来越多的年轻人回到了村里创业就业，老人也住上了安置别墅房。2017 年 10 月 4A 级村域景区开园后，预计一年可接待游客 30 万人次，创造 500 多个就业岗位，村集体将至少创收 600 万元。

脱贫者——易先知

易先知是浔龙河村大冲组现有农户。他说，我家 9 口人，2008 年前，生活很困难，2 个儿子娶了媳妇，上有一个老人，不管怎么勤奋和努力地挣钱，一家老小的开支始终是一个问题，让爷们几个操心。

浔龙河村大冲组现有农户 22 户，总人口 76 人，属田少山多的区域，尤其是冷浸田多。农户种田亩产200公斤—250公斤，一度连吃饭的问题都难以解决。

以前，村民分散居住的方式，加大了水、电、路、气、网等公共基础设施配套的成本，阻碍了农村经济的发展和农民生活水平的提高。很多农民将在外打工的收入都投入到宅基地住房的建设中，但这些宅基地却因为无法形成资产，造成了大量的社会财富浪费。宅基地实际使用水平低，公共设施配套差，利用率低。宅基地不能转让、出让的性质，使大量的"活资本"变成了"死资产"，影响了农民致富增收。

2008年后，浔龙河项目流转了大冲组全部耕地，每亩按300公斤稻谷计算，从此农民就不担心种田了，吃饭的问题已解决。

自从2014年村里修了一条驮龙路后，易先知家的房屋拆迁后，住进了集中安置房。易先知自己在外做手艺，2个儿子在外打工，爱人在浔龙河花木部做饭，家里一年收入20几万，过上了幸福生活。

创业说——陈金仕

2014年，《浔龙河》电视剧在湖南公共频道热播。作为忠实观众的我从剧中获得了生态养鸡的创业灵感。

我本身有20余年的兽医工作经验，有信心做好这项创业，于是我立即找到了柳中辉书记。当时柳书记对我的思路非常赞赏，并且给出了"品质—品牌—规模化"的发展经营建议。

说干就干，我找了三位志同道合的同学，成立了长沙家味浓香种养专业合作社。万事开头难。一开始养殖场地的选择就让我犯了难。刚开始动工，就有村民因为土地流转的问题找上门来，后经村干部的协调，村民了解了我们投资建设项目的意义。

"家味浓香"的核心产品是土鸡，核心理念是绿色、生态养殖。2017年，我们做了大量扎实的工作，推进核心产品的研发和市场推广。比如湖南农业大学董伟教授已将家味浓香合作社设为联点单位，目前正在尝试探索"以菌制菌"的养殖新模式；长沙县畜牧局不定期地对基地进行随机抽查。这个"含金量"，没有几个乡村养殖基地能够达到，我相信这些工作的开展也能为今后的品牌化经营打下坚实的基础。

目前，合作社已对二期及三期标准化生态养殖基地进行规划，后续将引进不同品种的土鸡，尝试更多样化的养殖模式。有了村集体的政策扶持、专家技术的支持、专业机构的监督以及核心产品的品牌化经营，我们有信心把家味浓香合作社打造成为长沙市最大的标准化原生态散养基地。

致富路——黄建国

几年前这里没有东八线（黄兴大道），只有一条宋水线（原县道），其余的就是土路。那时候农民们基本只顾得上吃饭，一年也没什么钱留，在外面做点事也就只能养家糊口。落后的经济导致村里人才流失，人们纷纷外出就业，留守老人和小孩成了村里的常住人口。

2015年国庆节当天，我们从村主任手中接过了集中居住区新房的钥匙，搬进了新家。三层的别墅小楼，一楼是一个70平方米的商铺，二、三楼是自住房，有140平方米，均有三室两厅两卫，还带有车库、院子。

但我们仍然是村民，而不是市民。新家北面建有集中菜园，每一户村民都有一块自留菜地，能享受"采菊东篱下，悠然见南山"的农耕乐趣。这对我们来说是非常高兴的事情。

现在新家一楼面朝乡村文化创意集市的商铺已经租给城市创客创业，每个月有2000多元的租金收入。除了这些，土地流转有收入、村里产业有分红，儿子、儿媳还成了村里的产业工人，年收入10万元以上。街坊邻居们凑在一起，大家都说，咱们哪儿也不去，坐在家里就能致富。

一楼是商铺，还配有车库、院子和菜园，在家门口也能享受城里人的生活。如今，浔龙河村一栋栋村民安置房拔地而起，楼房外观古朴，许多像黄建国一样的村民都获得了"一栋联排别墅、一个院子、一个车库、一个门面、一分菜地"的安置。村里还配套建设了村民广场、村民活动中心、幼儿园、云田谷等生活设施与产业项目，村民就业得到有效安置。

鼓励女性创业——贺彩珍

我原来在家做豆腐脑，要挑到集镇上卖，爱人柳建军在外做油漆工，一家人生活并不富裕。得知集中居住区会统一进行规划，提供给创客们自己创业，我就跟先生商量，想开个擂茶店，正好我有这门手艺。

爱人当时就泼了我一身冷水，说做擂茶会亏死去，我们村里有几个人喝擂茶？但是我还是决定试一试。

2016年5月1日，创客街正式对外运营，我的擂茶店也开张了。后来，生意越来越好，爱人干脆不出去做油漆工，成了我的徒弟，和我学起了做擂茶。

现在我自己开的擂茶店每个月至少有5000元左右的收入，再加上家里在村民集中居住区分有两栋楼房，公司返租，每个月可以收2000多元租金。

后来，我们听领导们反复说，浔龙河村不能再走传统农村的点状发展、局部发展或者单一优势产业的路子，而要立足全局，在建设上整村规划，实现跨越式发展。村里请来专业公司对村庄、产业、环境提升等作了统一规划，浔龙河村的每一步发展都必须按这张蓝图执行。

我们自身的创业投资也得到了回报。现在村民们即使不自主创业，也可以在家门口做保洁、保安，几乎人人有事做，打麻将的人也少了很多。

养老搬新房——陈仕卓

陈仕卓是浔龙河村的老人了，今年76岁，身体不太好，腿脚也不太方便。他们一家先前住在偏僻山冲的一间破烂的土砖危房里，只要碰到下雨天，全家人都烦躁，因为家里房子到处漏水，生活受到很大影响。老人由于身体不太好，经常出来看病、买药也很不方便。

政府知道陈仕卓家里的情况之后，三番五次来做工作，建议老人一家搬出去，以免发生意外。老人一家虽然贫穷，但毕竟在这里住了30多年，对老房子有很深的感情，非常舍不得。后来考虑到现实情况，老人还是带着一家人搬进了新房——浔龙河村民集中安置区。

搬进新房以后，一家人的生活质量得到了很大的改善，三层楼高的联排别墅，一楼做门面出租，二楼是客厅和厨房，三楼作为住房居住，还用剩余的拆迁款搞了装修，买了家电，像城里人一样过上了小康生活。

村部卫生院靠近安置区，不到3分钟的路程，老人看病买药更方便了。村上还建了公交车站，出行也便捷。以前住在老房子，儿子媳妇都不大愿意回家，现在住到集中区的新房里，儿子媳妇回家的次数也多了。

除了生活质量得到改善，他们的精神生活也更丰富了，可以经常参加村上的书画协会、老年活动，让自己的业余生活更充实、更快乐。

陈仕卓老人一直强调，能像现在这样，住进这么好的房子，能够安居乐业，非常感谢政府、感谢党、感谢柳中辉书记，因为政府、党有好的政策和领导，因为柳书记个人敢拼敢做敢闯，一心为家乡老百姓谋福利，才能改变我和我家人的命运，我很心满意足。

浔龙河村的未来

在中国的版图上，有这样一处别具特色的生态艺术小镇，它吸引着人们的目光。

"没想到长沙还会有这样一个地方。"来自印尼的留学生 Raisa Yuliana 在探访浔龙河村后惊叹不已。浔龙河村之所以闻名遐迩，成为特色小镇建设的典范，源自其自身的精彩蜕变。短短8年时间，它以超乎寻常的发展速度、高瞻远瞩的创新模式，写下了中国新型城镇化建设史册上浓墨重彩的一笔。

浔龙河村的美，如惊鸿一瞥，来不及细细品味。在这里，你能感受厚重的历史文化，享受闹市难见的宁静恬适。在这里，最深的感受是：资本带着温度和感情下乡，原汁原味的乡愁得到保护。城中有村，村中有城；闹中求静，动静相宜，让村民诗意地栖居，让乡愁得以保留和延续。

白墙青瓦的联排别墅群，精致的艺术商业街，乡土气息浓厚的生态主题公园，充满怀旧风情的农家院落……"看得见山、望得见水、记得住乡愁"的别样情怀油然而生。"记得住乡愁"，就是人们能否对居住环境有认同感、幸福感和归属感。在浔龙河村，资本带着温度和感情下乡，进行了保护性开发。

浔龙河项目进入大规模开发建设后，方兴未艾，热火朝天。据了解，项目规划占地面积14700余亩，但核心开发区只有两三千亩。穿行其间，你会发现，大多数建筑依山就势，而非逢山开路，最大限度地保护了原生态的山山水水。

通过浔龙河村的发展，可以预见未来农村综合改革的一些方向：农村公共服务社区化。浔龙河村的变迁带来大量外来人口，也带来了企业、学校、公共服务机构等新的社会组织。

未来的乡村包含了农、林、牧、渔、加工、制造、餐饮、酒店、仓储、保鲜、金融、工商、旅游及房地产等行业的三产融合体和城乡复合体。对农民来说，远走他乡和抛家别亲的进城务工牺牲太大，在本区域内多元发展，从多个产业融合发展中获取收益的模式更为可行。

类似浔龙河村的地方，最终将形成一定人口规模的新型城镇，需要开展各类社会活动、提高居民素质，形成良好的社会风气，因此如何引导、组织居民成立不同类别、不同层次的群众组织，实现居民由"自由人"向"组织人"转变，是未来居民自治组织化需要考虑的重要内容，尤其是如何通过建立组织、完善制度，实现居民的自我约束、自我管理等方面开展具体的实践。

没有一个比较高的生活水准，人心必背；没有产业支撑的田园综合体，也只能是一副空皮囊。要保持农村田园风光，保护好青山绿水，实现生态可持续；要确保农民参与和受益，带动农民持续稳定增收，让农民分享发展成果，更有获得感，让人们从中感到农业是充满希望的现代产业，农民是令人羡慕的体面职业，农村是宜居宜业的美好家园。

来浔龙河村走走吧！闻一闻醇厚的泥土芳香，看一看夕阳西下时老牛悠悠地吃草，注目薄暮中从农家升起的袅袅炊烟，欣赏多彩多姿的当地民俗，你能体会到天人合一的妙境。

附件 三

六问浔龙河

王宇菁

对浔龙河村而言，金秋十月是一次满满的收获和一份全新的期待。随着乡村振兴战略的提出、村庄基础设施的提升以及早已布局的产业规划，浔龙河有了更好的发展空间，也承载着当地政府对农业农村现代化的使命与期许。

增优势，补短板，谋发展。如今，浔龙河村的土地确权和流转工作进展如何？如何避免掠夺式开发、确保民生？如何规划产业，确保长期收益？浔龙河范本可以复制吗？为什么如此重视党建？如何让人来了不想走？从理念到实践，六问浔龙河，我们希望从中找到答案。

一问：土地确权和流转工作进展如何？

浔龙河生态小镇，以原双河村为主体，原有土地总面积 11580 亩。2013年长沙县政府批复浔龙河生态小镇建设项目，规划总面积为 14700 亩，其中邻村红花村 3300 亩土地；2015 年通过撤乡并镇，两村已合并为浔龙河村。

早在 2010 年 3 月下旬至 5 月，双河村分阶段组织实施农村集体土地产权调查工作。目前，浔龙河村项目区总面积约 1.4 万亩，其中农业用地约 1 万亩，建设用地 4500 亩。

此前，浔龙河村土地存在权属不清晰、分配不公、效益不高等问题，特别是林地、宅基地产权不清晰问题较为突出。通过调查，核实了各户土地使用共有人、宅基地、耕地、林地情况，测量了各组范围内塘坝、河流、道路等公共用地面积。

为全面了解土地现状，双河村成立了土地产权调查小组，由村民推选德高望重的老同志组成，每个村民小组由组长和村民代表参加，邀请专业的测绘队进行勘测。组界调查阶段对各村民组四界范围、林地、耕地以及塘坝、河流、道路等公共用地进行了测量；经数字化、图形化处理，形成了各组集体土地权属图，由各组予以确认。

整个调查工作分为入户调查和组界调查两个阶段。入户调查阶段是对全村各组各户居民展开调查。主要采取查阅户口簿、村民建房用地许可证、林权证等法定证件、询问当事人、现场踏勘等方式，逐户登记集体土地共有权人信息，调查各户住房及宅基地使用情况、林地及林业经营情况，最后由户主在调查登记表上签名确认。

据介绍，土地调查确权工作结束后，形成了《双河村土地调查报告》，明晰了土地产权关系。调查结束后，双河村每个组、每户农民的土地承包经营权、集体土地所有权和宅基地的永久性使用权都进行了明确，权利属于谁都十分清晰。全面了解双河村的土地经营状况，准确掌握全村土地的具体情况，包括面积、区域、生产条件、生产价值、经营中存在的问题等，为开展规模经营、发展现代农业提供了准确的参考。

双河村根据调查情况，制作、颁发了13个组的土地所有权证，明确土地归组集体所有，为开展土地流转、土地改革等工作打下了较好的基础。将土地由村集体所有确权到组集体所有。

目前，4500亩的建设用地中，有国有出让用地3500亩。企业通过国土部门征地后招拍挂获得土地，建设农产品加工厂、乡村度假农庄、小城镇地产、乡村地产等。建设用地中剩下的1000亩是集体建设用地，分为公益性用地、宅基地和集体经营性建设用地3类。公益性建设用地用来解决道路、交通、广场、公园等基础配套设施，宅基地用来解决农民集中居住问题，集体经营性建设用地用来建设医院、民办学校、加油站、商场等经营类项目。

可以说，浔龙河项目的土地混合运营开创了土地利用的先河。土地利用规划是根据项目建设和产业发展的需要调整出来；建设用地布局没有采用传统的成片布局方式，而是创造性地采取点状、带状、片状布局。

通过全面摸清家底，浔龙河村将沉睡的乡村土地资源唤醒，在自愿互利、合法创新、正确引导原则下，经营好全村的集体土地资源，收益由村集体合作社统一分配。长期来看，有助于依法确认和保障农民的土地物权，形成产权清晰、权能明确、权益保障、流转顺畅、分配合理的农村集体土地产权制度，是建设城乡统一的土地市场的前提。

土地确权登记有效解决了农村集体土地权属纠纷，在乡村建设中切实维护了农民权益。对农民的土地权利进行确权颁证，使其变为可交易、可转让的资产；通过土地流转、宅基地置换、土地征收、贷款融资等手段，将资产转变为农民的资本，实现了农民财产性收益的增加。同时，30年、50年不变的承包经营权稳定了土地和农民的关系，有利于农民生产积极性的提升和农村社会稳定。

二问：如何避免掠夺式开发、确保民生？

随着项目的推进，浔龙河村逐渐形成由原住民、周边村民、外来人口组成的人口结构，最终将发展成规模约4万人的新型社区。

为让农民生活有"保底"，村集体闲置土地流转费成为农民的收益，同时土地流转不改变耕地的农用性质。按耕地每亩每年300公斤谷，林地75公斤谷，坡地、水塘及其他闲置用地100公斤谷的标准，按照当年国家粮食收购价以现金的形式发放租金。若按2015年的粮食收购保护价计算，村民户均每年可获得6270元的现金收入，村民以土地流转收入购买粮食，保障了自己的饭碗。

在永久性宅基地使用权置换过程中，充分考虑农民利益，增加农民财产性收益。通过土地增减挂钩政策推动村民实行集中居住。旧房拆除后，每户村民可获得60万元左右的补偿，并可用宅基地永久使用权置换集中居住区新房。新房仅需支付成本价，1—3人户按210平方米建筑面积基准分配，每增加1人则增加70平方米。新房具有资产价值，商铺和住房均可以出租，租金为商铺18元/平方米每月、住房10元/平方米每月，仅租金村民每年可收入2万—4万元。

为实现村民稳定、长效增收，在项目区规划300亩集体经营建设用地，由村集体以土地入股的方式参与停车场、加油站等可经营性项目，其获得的股份收益由村民按土地合作社中的股份比例进行分红，以集体土地收益权实现村民增收目标。

在产业规划过程中，村集体充分考虑了当地劳动力资源的适应性。农民实现就地城镇化，转变为新型社区居民，在保有原有土地的资产性收益外，享受与城镇居民同等的基础设施、公共设施配套及社会保障水平。

现代农业种植和农产品加工，可为45岁以上的劳动力提供对技能要求不高的就业岗位；乡村休闲旅游和乡村地产开发，可为18—45岁的劳动力提供参加简单培训即可就业的服务性工作岗位；乡村旅游、文化教育带来的大量客流和学生，能够为村民创业提供良好的平台。同时，通过成立统一的就业服务中心，可为村民就业安置提供培训、指导、安置。通过就业，可以发挥出人力资源最大的价值，村民收入水平大幅提升。发展现代农业和乡村旅游，提升土地产出效益，同时保障了农民在不损失任何权益前提下获得稳定的长期可持续收入。

从总体上看，浔龙河项目将农村由政府投资为主，转变为企业、政府、村集体多元主体的投资结构。企业负责项目区内的生态农业、文化、教育、旅游和乡村地产等产业项目建设，发挥出项目建设的主力军和先锋队作用；政府通过城乡公共服务均等化项目、涉农资金和土地收益返还等财政性资金投入，完成项目的基础设施建设和公共配套工程建设；村集体主要负责村民集中居住项目和村集体产业项目的投资，多数是以土地资源的置换和入股作为投资方式。

三问：如何规划产业，确保长期收益？

产业是浔龙河村可持续发展的根本动力。浔龙河村抓住长沙近郊农村独特的经济地缘优势，兼顾农业、农村、农民利益，统筹生态、文化与小城镇建设，布局生态产业、文化、教育、旅游和乡村地产五大产业。

截至2016年底，浔龙河项目已经累计投入社会资本7.2亿元，投向主要集中在乡村地产及基础设施、休闲旅游、农业种植（含花卉苗木）、农产品加工。

可以说，浔龙河项目区的农业产业发展已由过去农户单独经营转变为企业的规模化集中经营，产业内容也由过去单一产业转变为生态农业、文化、教育、旅游和乡村地产开发等产业融合的复合型。五大产业之间形成了互为依托、相互促进的互动关系，生态产业、文化产业、教育为基础产业，做到盈亏基本平衡。在中短期内浔龙河重点发展乡村地产，实现盈利；长期则以旅游产业等形成持久稳定的收入来源。

为发展现代农业，浔龙河村成立了湖南浔龙河生态农业科技发展有限公司、湖南浔龙河园林绿化公司，投资7400万元发展生态农业，已完成现代农业基地、花木基地、大塘冲现代农庄及附属设施建设等，同时还投资近4000万元发展农产品加工业，修建了加工厂，整合周边优质农产品资源进行加工。2017年已种植优质水稻580亩、绿色蔬菜620亩、花卉苗木600亩，近4年共实现营收1600多万元。在基本农田种植优质稻、绿色蔬菜，在旱土、坡地等一般农田种植花卉苗木、水果，并按照休闲旅游的标准建设蔬菜、花木基地，发展农村休闲旅游，实现景区和农业、城镇和乡村的完美统一。

为发展休闲旅游，浔龙河村依托原生山水资源，投资1.82亿元，大力推进休闲旅游基础设施建设。目前已完成浔龙河接待中心、童勋营、牧歌山、云田谷、乡村创客空间一期、地球仓酒店一期、木屋酒店一期等项目建设，启动了樱花谷项目建设，完成了麦咭启蒙岛儿童乐园一期建设，形成了"吃""住""玩""学""购"五大产品体系：饮食方面，有好呷街、土菜街、浔龙河浔鲜餐厅三大主要产品；住宿方面，有云田民宿系列客栈、星空木屋酒店、地球仓移动式酒店；玩乐方面，有麦咭启蒙岛乐园、童勋营素质教育基地等。通过众筹、入股等方式，引进各类企业商户200余家，覆盖绿色农产品、影视文化、民办基础教育、职业培训、儿童主题公园等各个领域，初步形成较为完善的产业集群生态。2016年实现营业收入1300多万元。

为发展康养产业，浔龙河村依山就势进行布局和建设，坚持少开挖、不填塘，在保护生态本底的同时，依托项目区域内的不同配套，对国有建设用地、集体建设用地、流转土地进行合理布局，混合使用，加速养老、养生、旅游的融合，打造康养生态圈。包括基础层的康养护理、康养保险、康养医疗等；延伸层的康养消费、康养娱乐、康养精神慰藉、康养金融等；环境层的康养科学研究和康养观念等。

四问：浔龙河范本可以复制吗？

浔龙河生态小镇发展"资本下乡 + 土地改革 + 生态供给"的新路径，成为长株潭地区休闲旅游、养生度假的重要目的地，对中国农村综合改革具有示范意义。

在管理农村最重要的生产要素——土地的过程中，浔龙河村从土地确权到置换流转，再到开发使用，使土地资源从固化走向流通，形成了完整清晰的价值增值链条。

一是土地在流转中增值。2010年，浔龙河村成立土地确权调查小组，解决土地承包纠纷，厘清土地产权，完成11580亩土地确权任务，将所有权确权到组，并实行统一流转，按照耕地300公斤谷/亩·年、林地75公斤谷/亩·年、水塘坡土100公斤谷/亩·年标准补偿到村民小组，村民组按照本组当年可分配人口平均分配，人人有份。

二是宅基地在增减挂钩中增值。作为湖南省土地增减挂钩异地置换试点项目，浔龙河村通过实施集中居住的方式节约建设用地340亩，并且将节约的建设用地指标在黄花镇的空港城进行异地置换，通过土地收益返还，农民每户可得59万元的补偿。

三是集体建设用地在经营中持续增值。浔龙河村确定300亩村集体经营性建设用地，建设商店、加油站、停车场等经营性设施，以地入股或单独经营，村集体获得长期收益。

在此基础上，浔龙河村按照"一产为基、二产引导、三产为主、一二三产协调联动"的思路，加大产业扶持力度，不但吸收了大量本村剩余劳动力，甚至还吸引外来就业人员，劳动力报酬也得到较大提升。

2016年，浔龙河村集体经济总量达900多万元，比2009年增长近100倍；村民年人均纯收入2.7万元，增长6倍多，实现了经济收入从贫困村向富裕村的转变。目前，现代农业种植基地吸纳289名本地村民就业，在项目内从事工程承包建设的62人，约占本村青壮劳动力的60%，年人均工资收入9万元；在二三产业方面，通过发展农副产品深加工、休闲旅游、乡村地产，新增外来就业人口2000余人，年人均创业收入达到8万元左右。

此外，浔龙河村抢抓国家全域旅游发展战略的机遇，积极开发以农业休闲、山水观光、文化旅游、健康养生为特色的近郊型短期度假基地，成为长株潭地区休闲、旅游、养生度假的重要目的地，让"养在深闺无人识"的自然景色成为重要的经济资产。

2015年10月1日，小镇乡村生态主题公园开园，农创社区、牧歌山、云田谷等一系列乡村生态体验项目，吸引了不少市民游客慕名而来，国庆长假期间，接待游客量达12万人次，平均每天超过2万人次。

通过实践，浔龙河村已初步探索出一个浔龙河发展模式。实践表明，资本下乡必须把农民当成主人，尊重农民的权利，保障农民的长远利益。唯有如此，社会才会稳定，共建共享共赢的基础才会牢固。浔龙河村在生态小镇项目推进过程中，村里成立集体资产管理中心，将土地经营权统一收回村民小组，由小组统一行使土地流转、参股、增减挂钩的权力；对集体经营性建设用地，统一经营管理，发展集体经济，保障农民长远利益。

浔龙河范本对中国农村综合改革有广泛的启发意义，像土地、山林、水面等有形资产和对土地的承包、出让、出租、收回等权利都是可以激活的集体资产。农民集体经济组织强大，集体经济壮大，农民才有更多的收益权和话语权，农村基本经营制度的优越性才能得到发挥。

五问：为什么如此重视党建？

农村基层党建是农村工作的固本之举，首先要建立覆盖全面、功能齐全的农村基层党组织建设体系，特别要加大在"空白点"设立党组织的力度，不断提高农村基层党组织组建质量，使党执政的组织基础进一步夯实，使党同人民群众的血肉联系进一步密切，让农村基层党组织真正站到扶贫开发"前台"，成为率先致富的排头兵。

浔龙河村党支部由"冷"到"热"、由"散"到"治"的蝶变过程，充分说明农村基层组织建设是党的全部工作和战斗力的基础，建设党建示范带就是为了促进工作的全域提升。

无数实践证明，有个好的带头人，支部就坚强、农村就发展、农民就满意。要选好用好农村基层党组织带头人，使其真正成为精准扶贫的组织者、实施者和推动者。2012年，浔龙河村完成"五规合一"的总体规划，得到了长沙县政府的同意批复，从此，浔龙河项目建设有了纲领性的指引。由于理想、情怀与群众向往的生活相一致，与企业的追求相契合，赢得了上下一致认可，柳中辉被选为村支部书记。

在党建问题上，浔龙河村在全省率先建立O2O（线上线下结合）党建服务平台，彻底打通联系服务群众的"最后一公里"。每个村民组建一级微信群，把村民小组成员全部拉入群里，由党员或党小组长担任管理员，负责搜集和反映群众提出的问题。另外，党支部把支村两委成员、党小组长、一级群管理员全部拉入二级群，负责线上或线下为群众解决问题。全村共建设了25个一级群和1个二级群，覆盖了全村90%以上的群众，形成了"群众线上点单、党员干部线下服务"的群众工作新模式，实现了群众意见"一天有回音、两天到现场、三天要解决"。

目前，党建O2O服务平台已为群众解决难题230多个，发布宣传、服务信息2000多条。同时，还利用O2O平台开展了"群众微心愿"活动，由党员对群众的现实需求进行认领并解决，短短 10 天内群众心愿达成率为 100%，深受群众好评。

为实现决策民主，浔龙河村建立和完善了《四级民主决策制度》，一般事项村支两委集体会议决策，较大事项村支两委扩大会议决策，重大事项村民代表大会集体决议决策，特大事项全村村民民主决策，完善了《村民议事会制度》，确保了村民议事会在村民代表大会的授权下实施民主决策。

可以说，浔龙河村以党的领导为核心，建立以村民委员会、村务监督委员会为依托、以群团组织为补充的社会治理体系，以点带面、以带扩面，让农村更加富裕、和谐、美丽、文明。

六问：如何让人来了不想走？

乡村的魅力在自然生态、乡土人情。"乡田同井，出入相友，守望相助，疾病相扶持"，才可能让人来了不想走。

在充分尊重原生态环境的基础上，浔龙河村通过多规合一的模式，依循原坡地肌理，将国有建设用地、集体建设用地、流转土地进行合理布局，最大限度地保留青山绿水、蓝天白云。

为确保"看得见山、望得见水、记得住乡愁"，浔龙河村邀请香港贝尔高林、中欧设计院、广州棕榈园林等规划设计机构，确定高标准、高起点的建设规划设计，将其打造成为国内一流的具有典型的区域文化风范、生态环境优美、富饶宜居宜游宜学的特色小镇。

对未列入规划范围的区域，保持原来的山地、林地进行整体流转，并进一步优化生态环境、发挥其更好的生态价值；对列入规划范围内的开发建设区域的生态环境进行生态的全面改造，打造出更具人文特征的山水园林景观，提升项目的整体影响力、旅游吸引力以及小镇的美学价值。

就地、就势进行规划布局和开发建设，对建筑的密度、高度、风格进行严格把关、控制，做到风格统一、格调雅致，不脱离、不破坏自然生态环境。对小镇生活污水、生活垃圾进行了城市化的集中处理，避免原来自然循环带来的对自然生态环境的破坏。在建筑的设计中充分利用自然通风采光、能源循环利用、智慧物业、康养等理念，全方位践行资源节约的要求。

除山林野趣外，原住民也是一道靓丽风景线——石板路上的行人、廊下晒太阳的老人、自由自在的孩童……浔龙河村充分尊重乡村文化特色，通过建设村民广场、村民文化宫等设施，成立文化艺术团、青年联谊会、老年协会等社会组织，满足村民文化生活需求，最大限度地保留乡村文明。

在提升村民文化素养的过程中，浔龙河村开展了丰富多彩的文化活动：浔龙河文化艺术团先后举办了第一、第二届村民歌手大奖赛，拍摄《浔龙河》电视剧，并长期举办广场舞、戏剧票友活动等；老年协会则组织开展书画活动、棋牌活动，组织编写了《浔龙河村志》；青年联谊会组织开展了多次青年联谊活动和青年创业论坛。浔龙河村还创办了《浔龙河》报，为文学爱好者创作、发表诗歌、散文等文学作品提供平台。

为提升浔龙河品牌效应，浔龙河村主动创新，探索乡村旅游，推动现代农业平衡、充分发展，推动乡村品牌战略实施，深化乡村品牌建设模式机制创新，促进资源的集成和共享，优化资源配置，提升乡村品牌的水平和质量，增强乡村品牌的活力和效益，打造国家级乡村品牌，满足人民对美好生活需要的现实选择。

附件四

第 三只眼

王宇菁

"浔龙河范本"不是凭空而来

在中国新型城镇化的战略背景下，国内涌现出了很多不同的特色小镇发展模式，其中既有以政府行政主导的城乡一体化建设，也有以市场资本主导的商业项目开发，前者依靠强大的政策支撑，后者依靠有力的资本支撑。而浔龙河特色小镇建设却另辟蹊径，巧妙地把市场、政府和农民都整合进来，形成了"企业市场运作、政府推动和监督、基层组织全程参与、民本民生充分保障"的新模式。

浔龙河特色小镇的名气确实越来越大了，事实上，它确实已从县一级的重点工程，逐渐升级为长沙市的重点项目、湖南省的重点项目，乃至中央部委级的重点项目。

那么，浔龙河村到底走过了一条怎样的不寻常之路？浔龙河村之所以能取得今天的成就，主要源于五个方面的创新。

"模式创新"是浔龙河村的核心价值。浔龙河项目是由民营资本发起运作的，主导了项目的顶层设计、资金运作、政策平台搭建、土地规划调整等要素破题，充分发挥了市场对资源配置的决定性作用。政府在这个过程中起到推动和监督作用，在项目建设中不越位、不缺位。村民参与和分享，确保民生问题得到根本解决。譬如：以土地承包经营权流转保障农民基本生活；另外，通过土地增减挂钩政策推动村民实行集中居住。旧房拆除后，每户村民可获得59万元左右的补偿，并可用宅基地永久使用权置换集中居住区新房。由村集体以土地入股的方式参与停车场、加油站等经营性项目，获得的股份收益由村民按土地合作社中的股份比例进行分红，实现了村民稳定长效增收。

"规划创新"是浔龙河村实现"两型"标准的重要途径。常言道：凡事预则立，不预则废。浔龙河村从一开始，就着重强调从不同层次、不同类型规划统筹推进，最终形成了以民生规划为核心、产业规划为引领、建设规划为推手、社会发展规划为长远目标、土地利用规划为保障的"多规合一"的规划体系，力求把浔龙河项目打造成为国际一流的文化、艺术、生态小镇。

"政策创新"是浔龙河村破解要素瓶颈的关键。通过开展土地确权，对不需要开展建设的1万多亩土地实施集中流转；通过开展土地同价同权试点，将村集体可经营的300亩集体经营性建设用地的经营收益，以纯集体性质的资产管理公司为平台进行分红。通过土地增减挂钩政策推动村民集中居住，既节约了集体建设用地，增加了耕地面积，同时又解决了农村公共资源配套难、农民居住品质低、农民住房无资产价值等问题。

村级治理创新，强化项目发展的群众基石。充分发挥党的领导核心作用，建立了"一核多元"的治理体系。建设O2O服务平台，实现了"群众线上点单、党员线下服务"的服务模式。全面推进"依法治村、诚信立村、产业兴村、文化强村"。建立四级民主决策机制，对重大事项实行村民公投。将先进企业文化与优秀乡村文化渗透融合，成立文化艺术团、老年协会、书画协会等组织，大力开展浔龙河村文化建设。

"产业创新"，大力实施"互联网+"战略。项目树立"互联网+"的产业发展理念，充分整合资源，实现产业间互动、内外资源互动的多元复合价值，构建和谐、高效、活力的产业体系与生态圈；通过产业体系向外推介一种人、自然、产业、城镇和谐共生的"世界级田园综合体"。

这五个方面的创新，极大地激活了生产要素和资源的活性，使浔龙河迅速发展成为具有"特色鲜明的产业形态、和谐宜居的美丽环境、内涵丰富的传统文化、便捷完善的设施服务、充满活力的体制机制",集"产、城、人、文"于一体的特色小镇。

"浔龙河有效聚合了多方面的资源,在处理几方的关系上,我们把政府比作董事长,管大导向;企业作为总经理,负责操盘;农民则是股东,享受分红。"湖南省政协委员、湖南棕榈浔龙河生态农业开发有限公司董事长王聪球打了个生动的比方。

如果说"五大创新"叩开了建设浔龙河生态艺术小镇成功之门的话,那么全域旅游概念将是未来浔龙河的战略发展方向。"乡村旅游绝对是发展大趋势,目前我们有5806亩的农业休闲旅游开发资源!"王聪球说道。浔龙河小镇依托山水、文化和高端农业资源,突出农业和农村、山水、文化、两型概念,将打造中南地区最大规模、最具特色的全域旅游景区。全域旅游就是把一个行政区域当作一个旅游景区进行打造,是旅游产业的全景化、全覆盖,实现资源优化、空间有序、产品丰富、产业发达的科学的系统旅游。

王聪球认为,发展全域旅游应该成为区域经济内新一轮跨越发展的战略性选择。事实上,全域旅游从具体运作上来看有狭义和广义之分。狭义指的是在一个项目内实现联动,让旅游的价值最大化;广义的全域旅游则需要政府层面主导,需要较强的机制、资源要素的聚合能力。

"是一个全产业带动,可以带动一二三产业发展的概念。"王聪球表示,"过去我们得益于模式创新取得了令人瞩目的成绩,未来将依托全域旅游将品牌价值最大化。"

浔龙河生态艺术小镇布局的五大产业中,生态产业、文化产业、教育产业作为基础产业,为乡村旅游和乡村地产的发展奠定了良好的基础。"环环相扣,用产业作支撑,营造小镇特色,内部循环打造小范围全域旅游。"王聪球告诉记者,"而在所有的产业中,我们打造的旨在吸引高端特色产业入驻的万亩生态艺术创客空间,更成为全域旅游中重要的一环,这为实现持续发展提供了保障。"

据介绍，万亩生态艺术创客空间在项目区布局上以互联网思维为主导，形成众筹众创的发展模式。比如，浔龙河文旅公司与金鹰卡通频道联合打造麦咭启蒙岛乡村儿童游乐园项目，就对其中的 100 多个乡村游乐项目和 50 多个美食项目采取了众筹众创的方式，吸引了上千名不同的创客投资。浔龙河"好呷街"的美食则集中了湖南省各地最有特色的代表小吃，"地球村"则甄选国内外最具代表性的区域，将建筑、美食、文化特色完美融合。

"让创客空间带动旅游，让旅游促动创客发展，这个产业链条就串上了。总体而言要差异定位、细分领域、错位发展，结合产业特色，开发全域旅游特色产品，实现旅游与工业、农业、互联网、新科技的跨界融合，发挥'旅游+'的综合带动功能。"王聪球描述。

王聪球表示，将进一步围绕全域旅游来做文章。"目前旅游发展上最大的问题是'有景不成点、有点不成线、有线不留人、留人不留钱'。试想一下，如果都是珍珠，你把它们串起来，它产生的价值就不是一颗颗珍珠所叠加的价值了。一个项目或产业如果都是孤立的话，最终就会把自己孤立。"

思想有多远，人就能走多远。从五年前的贫困小山村蝶变而出的浔龙河生态艺术小镇已经惊艳于世人。感恩政协这个平台，王聪球有更多的优势去了解政策，有便捷的渠道来表达参政情怀。

研究者说

执笔：艾政清 张友明 史黎明

浔龙河由"自然村落"向"特色小镇"转变的核心动力是工商资本下乡。为深入研究资本下乡，专家们在湖南全省范围选取了7个市州，了解1—2个资本下乡项目基本情况。上报的12个项目中，现代农业型、生态农业型、观光旅游型项目有10个，占83%，其中工业带动型、电子商务服务型项目各一个。

将这些项目与浔龙河村进行比较，共同点是在乡村发展特色产业，客观上培育了农村发展新动能。不同点是浔龙河村资本下乡过程中，在制度建设、产业发展、农民致富、农村建设、社会管理等方面，更具有创新性、整体性、系统性和可持续性。

社会主义市场经济条件下获取更高收益，是工商资本下乡的必然选择。从实践看，资本下乡基本是某公司对产业的直接投入，是单一、直线型的，比如衡南县大三湘茶油、湘潭县的花木、广林的玫瑰等生态农业和莲山庄园等生态农庄。

浔龙河资本下乡则有其创新性路径，比如规划引领。浔龙河特色小镇严格贯彻多规合一，即以民生规划为核心、产业规划为引领、小镇建设规划为推手、社会发展规划为长远目标、土地利用规划为保障的规划体系，在规划引导下吸引企业进入，避免盲目开发带来的隐患。

平台运作方面，浔龙河特色小镇以小镇建设为平台，由政府、村集体及公司三大运营主体负责，以企业作为主体、政府负责引导、市场化运作。以小镇人口结构分析为切入点，重点围绕小镇消费结构和消费人群，开发相应的产业，重点发展生态文化旅游及教育产业，并以项目的方式吸引企业投资，形成特色小镇建设与"美丽乡村"现代综合产业发展的双轮驱动模式。

融资创新是放大浔龙河价值的重要手段，浔龙河特色小镇开发过程中运用了PPP融资、上市融资、众筹、参股合营等多种融资手段和方式。如利用PPP融资解决政府公共投资的最佳金融方案，借助上市公司广州棕榈园林股份有限公司通过股市增发融资确保产业发展资金投入，以众筹和私人订制的模式助推乡村地产开发。

从推动力量看，浔龙河村更具系统性。工商资本注重追求规模效益，分散的土地经营权是资本下乡的障碍。资本下乡必须解决土地集中流转，让资本"脚踏实地"。从案例来看，小镇主要存在流转规模小、流转难的问题，如湘潭市盘龙生态农业示范园受到土地流转难的困扰，严重制约了其整体效应的发挥和规划的落地，浔龙河资本下乡则追求推进的各项要素内在的逻辑性，追求要素间的内在联系性，用系统的、运动的而不是孤立、静止的眼光来推动浔龙河特色小镇的打造。

浔龙河村系统地处理好政府、企业和群众的关系，在建设过程中坚持了"农民是土地的主人，企业是开发的主力，政府是服务的主体"的理念，地方政府通过推动基础设施和基本公共服务不断延伸，赢得了良好的社会效益。企业通过拓展市场空间，可以获得预期的资本回报。群众通过获得土地集中流转带来的固定收入，通过城镇化带来的就地就业机会以及合理的集体资产经营分红等，实现了经济收入、生活水平的有效提升。这些为小镇建设和发展注入了活力，提高了小镇的建设效率和质量。

浔龙河村系统地处理好产权、投资和分配的关系，建立了合理、稳定、可持续的发展红利分享机制，营造良好的多方共赢、红利共享发展模式，确保政府、企业、群众参建的积极性。

此外，系统地处理好土地、人才、资金的关系。浔龙河特色小镇依靠带头人柳中辉及其团队的带动，不仅使本村获益，也吸引邻村加入到新型城镇化建设中来。双河村土地流转后进行规模种植，保证了耕地红线和粮食安全，有效提高了土地耕种效率。同时，将土地承包经营权作为股权入股组成合作社，农户作为股东，既可按股分红，又可以通过劳动取得收入。在项目建设资金来源上，政府投资主要投向基础设施和公共服务设施领域，而企业则依据市场机制投向竞争性经营领域，确保了多方的共赢。

从规模运作看，浔龙河项目更具整体性。由于"特色小镇"需要具有生产、生活、生态等综合性功能，因此，需要从小镇的规模来考虑其整体布局。从调研的情况来看，一般以项目建设为引导的特色小镇建设都是先流转一部分土地，开发一部分项目，如汨罗市白水镇西长村的开发就是以先流转的3000亩土地进行产业开发，后续发展过程的整体性必然受到一定的障碍。而浔龙河特色小镇的开发以村为单位，不落下一户农民、不落下一寸山水，让村民们真心拥护特色小镇的开发，有序推进产业发展和小镇建设，其规模运作更具整体性。如浔龙河小镇的开发以"寸寸土地长稻谷"的理念实现土地资源价值的最大化，赢得了村民的广泛认可。浔龙河特色小镇建设全面考虑将农民手中所掌握的土地资源资产化，从而实现农民的物权价值。如以土地承包经营权流转为例，无论是水田、山塘还是林地都统一进行流转，分类进行补贴。按照耕地每亩每年300公斤谷，林地75公斤谷，坡地、水塘及其他闲置用地100公斤谷的标准，按以当年国家粮食收购价以现金的形式发放租金，从整体上将土地流转出来，统一规划，统一开发，促进了小镇建设的有序推进。

从产业定位看，浔龙河项目更具生态性。特色小镇的打造，必须结合产业规划统筹考虑，这样才有望保持小镇持久的繁荣。而特色小镇产业的特质在于"特色"，其魅力在于"特色"，其生命力同样在于"特色"。打造特色产业有赖于把所在地的产业优势糅合进去，培育具有地域特色的特色小镇产业，避免千篇一律的面孔出现。从我们的调研看，资本下乡发展产业必须保护自然生态、推进绿色发展，这是基本要求，而调研的项目基本都符合这一要求。浔龙河特色小镇正是利用其林地多的自然生态优势，坚守"绿水青山就是金山银山"的发展理念。但其不同之处，在于浔龙河特色小镇围绕带动人流、聚集人气，五大产业之间相互支撑、促进、融合，形成自身的产业生态。

浔龙河特色小镇坚持把产业融入当地的自然生态，突出自然生态特色。浔龙河特色小镇按照不破坏生态环境、尽量不占用耕地和坚持土地效益最大释放共享的三个原则开展建设。另一方面，浔龙河的农业种植（花卉苗木）、农产品加工、休闲旅游、乡村地产、基础设施等五大产业之间相互支撑、促进、融合，充分实现产业间互动、内外资源互动的多元复合价值，形成了一定的产业生态，构建了和谐、高效、活力的产业体系与生态圈。正如柳中辉书记所说的，浔龙河村是围绕聚集人气做产业，这五大产业也都是服从于聚集人才这一理念，这是其他地方资本下乡所没有的。浔龙河特色小镇通过一体化的产业体系向外推介一种拥抱青山绿水、蓝天白云、有果园菜园花园、充满艺术生活氛围和艺术气质，无处不彰显人、自然、产业、城市和谐共生的"世界级田园综合体"。

从农民利益看，浔龙河项目更具可持续性。农民的支持是浔龙河资本下乡项目顺利推进的最坚实的基础。而农民支持的坚定性来自于对农民自身利益的维护和发展。在这一点上，调研中的其他资本下乡项目差距较大，有的在土地流转后提供季节性就业，有的提供部分就业，有的则一转了之。比如湘阴县洋沙湖国际度假村项目，虽然建设得很漂亮，但在建成区内农民失去了土地、失去了村庄、失去了主人地位和权利。浔龙河特色小镇则不同，村民留住了家园、增加了财富，特别是完善了村民自治的形式，强化了农民的主人翁地位。

在确保农民基本生活的可持续性方面，浔龙河特色小镇考虑百姓问题的视角绝不是简单的拆迁、征收、住新房等操作层面，而是从土地改革"三权分置"角度进行深层次设计，以土地承包经营权流转保障农民基本生活的可持续性。

以永久性宅基地使用权置换增加农民财产性收益，确保资产活力的可持续性方面，浔龙河村通过土地增减挂钩政策推动村民实行集中居住，新房具有土地使用权证和房屋所有权证，可用作抵押贷款，从而确保了资产的保值增值，维持了资产活力的可持续性。

在以集体土地收益权保障农民增收的长效可持续性方面，浔龙河村以村集体土地入股的方式参与商场、民营学校、医院、加油站、文体中心等可经营项目和旅游项目的运营，其获得的股份收益由村民按土地合作社中的股份比例进行分红，实现村民长效增收。

以农村社区化管理改革巩固城乡和谐、可持续发展的基础方面，浔龙河村一方面通过吸引城市居民在浔龙河购买住房，就地落户成为新社区居民，享受到与城市同样的完善的功能配套和农村优美的生态环境；另一方面，通过转变农民身份，实现就地城镇化，使农民直接转变为社区居民，在享受城市居民同等的公共服务和社会保障的同时，可以保留其农民身份对土地的权利。这样，就构成了城乡居民相互融合、和谐发展的基础。

从总体上看，浔龙河村改革的核心之一是社会资本主导，对乡村资源进行有效配置。项目是由民营资本发起运作的，公司充分利用市场资源优势，主导了项目的顶层设计、资金运作、政策平台搭建、土地规划调整等要素破题，并负责项目区内的产业发展，最终形成了对土地资源、生态资源、人文资源的合理配置和综合利用，发挥出了项目建设的主力军作用。

工商企业进农村参与农村土地改革最大的好处是什么？最大的困难是什么？最大的担心是什么？工商企业主动参与农村土地改革，能够按照产业发展布局的需求合理地进行土地资源配置，从而为产业发展奠定基础，获得产业发展的经营收益。其中，最大的困难也是按照产业的规划进行建设用地的布局和调整，并在规划政策、用地政策、金融支持等方面实现突破；最大的担心是政府不支持创新改革，不支持项目区内的基础设施、公共配套设施建设；或因为政策调整对公司发展造成阻力。

浔龙河村通过多规合一，构筑了科学合理的顶层设计，对不同层次、不同类型规划进行统筹推进，最终形成了以民生规划为核心、产业规划为引领、建设规划为推手、社会发展规划为长远目标、土地利用规划为保障的"多规合一"的规划体系。

同时，通过土地改革实现了乡村资源的资产化、资本化。浔龙河项目重点破解了土地问题，通过土地确权让农民的土地资源变为资产；通过土地的经营权流转、宅基地置换使农民的资产产生价值，变为资本；通过土地变性征收，让农民在获得土地征收收益的同时，引进了社会资本下乡发展多种产业经营，实现了农业的现代化，从而在根本上解决"三农"问题。

　　产业融合下，浔龙河村形成了现代农业发展体系，在项目区布局了生态产业、文化、教育、乡村旅游和乡村地产五大产业内容，形成了互为依托、相互促进的互动关系。其中，生态产业、文化产业、教育产业作为基础产业，做到盈亏基本平衡，与其他配套设施一起，构筑成项目便捷的交通区位、优美的生态环境、深厚的文化底蕴和完善的配套设施，为乡村旅游和乡村地产的发展奠定良好的基础。

　　在产城互动中，浔龙河村打造充满生机的功能平台。浔龙河生态艺术小镇既是美丽乡村建设的样板，又是特色小镇建设的试验田。通过实施村民集中居住、完善水、电、路、气、网等基础设施和科、教、文、卫、体、商等配套设施，使其具备新型生态社区和城镇的功能；通过盘活乡村土地资源，引进社会资本、智力资源下乡聚集，使其又具备产业发展功能。

附件六

中共中央 国务院关于实施乡村振兴战略的意见
（中发〔2018〕1号）

2018年1月2日

实施乡村振兴战略，是党的十九大作出的重大决策部署，是决胜全面建成小康社会、全面建设社会主义现代化国家的重大历史任务，是新时代"三农"工作的总抓手。现就实施乡村振兴战略提出如下意见。

一、新时代实施乡村振兴战略的重大意义

党的十八大以来，在以习近平同志为核心的党中央坚强领导下，我们坚持把解决好"三农"问题作为全党工作重中之重，持续加大强农惠农富农政策力度，扎实推进农业现代化和新农村建设，全面深化农村改革，农业农村发展取得了历史性成就，为党和国家事业全面开创新局面提供了重要支撑。5年来，粮食生产能力跨上新台阶，农业供给侧结构性改革迈出新步伐，农民收入持续增长，农村民生全面改善，脱贫攻坚战取得决定性进展，农村生态文明建设显著加强，农民获得感显著提升，农村社会稳定和谐。农业农村发展取得的重大成就和"三农"工作积累的丰富经验，为实施乡村振兴战略奠定了良好基础。

农业农村农民问题是关系国计民生的根本性问题。没有农业农村的现代

化，就没有国家的现代化。当前，我国发展不平衡不充分问题在乡村最为突出，主要表现在：农产品阶段性供过于求和供给不足并存，农业供给质量亟待提高；农民适应生产力发展和市场竞争的能力不足，新型职业农民队伍建设亟须加强；农村基础设施和民生领域欠账较多，农村环境和生态问题比较突出，乡村发展整体水平亟待提升；国家支农体系相对薄弱，农村金融改革任务繁重，城乡之间要素合理流动机制亟待健全；农村基层党建存在薄弱环节，乡村治理体系和治理能力亟待强化。实施乡村振兴战略，是解决人民日益增长的美好生活需要和不平衡不充分的发展之间矛盾的必然要求，是实现"两个一百年"奋斗目标的必然要求，是实现全体人民共同富裕的必然要求。

在中国特色社会主义新时代，乡村是一个可以大有作为的广阔天地，迎来了难得的发展机遇。我们有党的领导的政治优势，有社会主义的制度优势，有亿万农民的创造精神，有强大的经济实力支撑，有历史悠久的农耕文明，有旺盛的市场需求，完全有条件有能力实施乡村振兴战略。必须立足国情农情，顺势而为，切实增强责任感使命感紧迫感，举全党全国全社会之力，以更大的决心、更明确的目标、更有力的举措，推动农业全面升级、农村全面进步、农民全面发展，谱写新时代乡村全面振兴新篇章。

二、实施乡村振兴战略的总体要求

（一）指导思想。全面贯彻党的十九大精神，以习近平新时代中国特色社会主义思想为指导，加强党对"三农"工作的领导，坚持稳中求进工作总基调，牢固树立新发展理念，落实高质量发展的要求，紧紧围绕统筹推进"五位一体"总体布局和协调推进"四个全面"战略布局，坚持把解决好"三农"问题作为全党工作重中之重，坚持农业农村优先发展，按照产业兴旺、生态宜居、乡风文明、治理有效、生活富裕的总要求，建立健全城乡融合发展体制机制和政策体系，统筹推进农村经济建设、政治建设、文化建设、社会建设、生态文明建设和党的建设，加快推进乡村治理体系和治理能力现代化，加快推进农业农村现代化，走中国特色社会主义乡村振兴道路，让农业成为有奔头的产业，让农民成为有吸引力的职业，让农村成为安居乐业的美丽家园。

（二）目标任务。按照党的十九大提出的决胜全面建成小康社会、分两个阶段实现第二个百年奋斗目标的战略安排，实施乡村振兴战略的目标任务是：

到 2020 年，乡村振兴取得重要进展，制度框架和政策体系基本形成。农业综合生产能力稳步提升，农业供给体系质量明显提高，农村一二三产业融合发展水平进一步提升；农民增收渠道进一步拓宽，城乡居民生活水平差距持续缩小；现行标准下农村贫困人口实现脱贫，贫困县全部摘帽，解决区域性整体贫困；农村基础设施建设深入推进，农村人居环境明显改善，美丽宜居乡村建设扎实推进；城乡基本公共服务均等化水平进一步提高，城乡融合发展体制机制初步建立；农村对人才吸引力逐步增强；农村生态环境明显好转，农业生态服务能力进一步提高；以党组织为核心的农村基层组织建设进一步加强，乡村治理体系进一步完善；党的农村工作领导体制机制进一步健全；各地区各部门推进乡村振兴的思路举措得以确立。

到 2035 年，乡村振兴取得决定性进展，农业农村现代化基本实现。农业结构得到根本性改善，农民就业质量显著提高，相对贫困进一步缓解，共同富裕迈出坚实步伐；城乡基本公共服务均等化基本实现，城乡融合发展体制机制更加完善；乡风文明达到新高度，乡村治理体系更加完善；农村生态环境根本好转，美丽宜居乡村基本实现。

到 2050 年，乡村全面振兴，农业强、农村美、农民富全面实现。

（三）基本原则

——坚持党管农村工作。毫不动摇地坚持和加强党对农村工作的领导，健全党管农村工作领导体制机制和党内法规，确保党在农村工作中始终总揽全局、协调各方，为乡村振兴提供坚强有力的政治保障。

——坚持农业农村优先发展。把实现乡村振兴作为全党的共同意志、共同行动，做到认识统一、步调一致，在干部配备上优先考虑，在要素配置上优先满足，在资金投入上优先保障，在公共服务上优先安排，加快补齐农业农村短板。

——坚持农民主体地位。充分尊重农民意愿，切实发挥农民在乡村振兴中的主体作用，调动亿万农民的积极性、主动性、创造性，把维护农民群众根本利益、促进农民共同富裕作为出发点和落脚点，促进农民持续增收，不断提升农民的获得感、幸福感、安全感。

——坚持乡村全面振兴。准确把握乡村振兴的科学内涵，挖掘乡村多种功能和价值，统筹谋划农村经济建设、政治建设、文化建设、社会建设、生态文明建设和党的建设，注重协同性、关联性、整体部署，协调推进。

——坚持城乡融合发展。坚决破除体制机制弊端，使市场在资源配置中起决定性作用，更好（地）发挥政府作用，推动城乡要素自由流动、平等交换，推动新型工业化、信息化、城镇化、农业现代化同步发展，加快形成工农互促、城乡互补、全面融合、共同繁荣的新型工农城乡关系。

——坚持人与自然和谐共生。牢固树立和践行绿水青山就是金山银山的理念，落实节约优先、保护优先、自然恢复为主的方针，统筹山水林田湖草系统治理，严守生态保护红线，以绿色发展引领乡村振兴。

——坚持因地制宜、循序渐进。科学把握乡村的差异性和发展走势分化特征，做好顶层设计，注重规划先行、突出重点、分类施策、典型引路。既尽力而为，又量力而行，不搞层层加码，不搞一刀切，不搞形式主义，久久为功，扎实推进。

三、提升农业发展质量，培育乡村发展新动能

乡村振兴，产业兴旺是重点。必须坚持质量兴农、绿色兴农，以农业供给侧结构性改革为主线，加快构建现代农业产业体系、生产体系、经营体系，提高农业创新力、竞争力和全要素生产率，加快实现由农业大国向农业强国转变。

（一）夯实农业生产能力基础。深入实施藏粮于地、藏粮于技战略，严守耕地红线，确保国家粮食安全，把中国人的饭碗牢牢端在自己手中。全面落

实永久基本农田特殊保护制度，加快划定和建设粮食生产功能区、重要农产品生产保护区，完善支持政策。大规模推进农村土地整治和高标准农田建设，稳步提升耕地质量，强化监督考核和地方政府责任。加强农田水利建设，提高抗旱防洪除涝能力。实施国家农业节水行动，加快灌区续建配套与现代化改造，推进小型农田水利设施达标提质，建设一批重大高效节水灌溉工程。加快建设国家农业科技创新体系，加强面向全行业的科技创新基地建设。深化农业科技成果转化和推广应用改革。加快发展现代农作物、畜禽、水产、林木种业，提升自主创新能力。高标准建设国家南繁育种基地。推进我国农机装备产业转型升级，加强科研机构、设备制造企业联合攻关，进一步提高大宗农作物机械国产化水平，加快研发经济作物、养殖业、丘陵山区农林机械，发展高端农机装备制造。优化农业从业者结构，加快建设知识型、技能型、创新型农业经营者队伍。大力发展数字农业，实施智慧农业林业水利工程，推进物联网试验示范和遥感技术应用。

（二）实施质量兴农战略。制定和实施国家质量兴农战略规划，建立健全质量兴农评价体系、政策体系、工作体系和考核体系。深入推进农业绿色化、优质化、特色化、品牌化，调整优化农业生产力布局，推动农业由增产导向转向提质导向。推进特色农产品优势区创建，建设现代农业产业园、农业科技园。实施产业兴村强县行动，推行标准化生产，培育农产品品牌，保护地理标志农产品，打造一村一品、一县一业发展新格局。加快发展现代高效林业，实施兴林富民行动，推进森林生态标志产品建设工程。加强植物病虫害、动物疫病防控体系建设。优化养殖业空间布局，大力发展绿色生态健康养殖，做大做强民族奶业。统筹海洋渔业资源开发，科学布局近远海养殖和远洋渔业，建设现代化海洋牧场。建立产学研融合的农业科技创新联盟，加强农业绿色生态、提质增效技术研发应用。切实发挥农垦在质量兴农中的带动引领作用。实施食品安全战略，完善农产品质量和食品安全标准体系，加强农业投入品和农产品质量安全追溯体系建设，健全农产品质量和食品安全监管体制，重点提高基层监管能力。

（三）构建农村一二三产业融合发展体系。大力开发农业多种功能，延长产业链、提升价值链、完善利益链，通过保底分红、股份合作、利润返还等多种形式，让农民合理分享全产业链增值收益。实施农产品加工业提升行动，鼓励企业兼并重组，淘汰落后产能，支持主产区农产品就地加工转化增值。重点解决农产品销售中的突出问题，加强农产品产后分级、包装、营销，建设现代化农产品冷链仓储物流体系，打造农产品销售公共服务平台，支持供销、邮政及各类企业把服务网点延伸到乡村，健全农产品产销稳定衔接机制，大力建设具有广泛性的促进农村电子商务发展的基础设施，鼓励支持各类市场主体创新发展基于互联网的新型农业产业模式，深入实施电子商务进农村综合示范，加快推进农村流通现代化。实施休闲农业和乡村旅游精品工程，建设一批设施完备、功能多样的休闲观光园区、森林人家、康养基地、乡村民宿、特色小镇。对利用闲置农房发展民宿、养老等项目，研究出台消防、特种行业经营等领域便利市场准入、加强事中事后监管的管理办法。发展乡村共享经济、创意农业、特色文化产业。

（四）构建农业对外开放新格局。优化资源配置，着力节本增效，提高我国农产品国际竞争力。实施特色优势农产品出口提升行动，扩大高附加值农产品出口。建立健全我国农业贸易政策体系。深化与"一带一路"沿线国家和地区农产品贸易关系。积极支持农业走出去，培育具有国际竞争力的大粮商和农业企业集团。积极参与全球粮食安全治理和农业贸易规则制定，促进形成更加公平合理的农业国际贸易秩序。进一步加大农产品反走私综合治理力度。

（五）促进小农户和现代农业发展有机衔接。统筹兼顾培育新型农业经营主体和扶持小农户，采取有针对性的措施，把小农生产引入现代农业发展轨道。培育各类专业化市场化服务组织，推进农业生产全程社会化服务，帮助小农户节本增效。发展多样化的联合与合作，提升小农户组织化程度。注重发挥新型农业经营主体带动作用，打造区域公用品牌，开展农超对接、农社对接，帮助小农户对接市场。扶持小农户发展生态农业、设施农业、体验农业、定制农业，提高产品档次和附加值，拓展增收空间。改善小农户生产设施条件，提

浔龍河
生态艺术小镇
蝶变·浔龙河
中国城市近郊型乡村振兴的"星"路历程

366

升小农户抗风险能力。研究制定扶持小农生产的政策意见。

四、推进乡村绿色发展，打造人与自然和谐共生发展新格局

乡村振兴，生态宜居是关键。良好生态环境是农村最大优势和宝贵财富。必须尊重自然、顺应自然、保护自然，推动乡村自然资本加快增值，实现百姓富、生态美的统一。

（一）统筹山水林田湖草系统治理。把山水林田湖草作为一个生命共同体，进行统一保护、统一修复。实施重要生态系统保护和修复工程。健全耕地草原森林河流湖泊休养生息制度，分类有序退出超载的边际产能。扩大耕地轮作休耕制度试点。科学划定江河湖海限捕、禁捕区域，健全水生生态保护修复制度。实行水资源消耗总量和强度双控行动。开展河湖水系连通和农村河塘清淤整治，全面推行河长制、湖长制。加大农业水价综合改革工作力度。开展国土绿化行动，推进荒漠化、石漠化、水土流失综合治理。强化湿地保护和恢复，继续开展退耕还湿。完善天然林保护制度，把所有天然林都纳入保护范围。扩大退耕还林还草、退牧还草，建立成果巩固长效机制。继续实施三北防护林体系建设等林业重点工程，实施森林质量精准提升工程。继续实施草原生态保护补助奖励政策。实施生物多样性保护重大工程，有效防范外来生物入侵。

（二）加强农村突出环境问题综合治理。加强农业面源污染防治，开展农业绿色发展行动，实现投入品减量化、生产清洁化、废弃物资源化、产业模式生态化。推进有机肥替代化肥、畜禽粪污处理、农作物秸秆综合利用、废弃农膜回收、病虫害绿色防控。加强农村水环境治理和农村饮用水水源保护，实施农村生态清洁小流域建设。扩大华北地下水超采区综合治理范围。推进重金属污染耕地防控和修复，开展土壤污染治理与修复技术应用试点，加大东北黑土地保护力度。实施流域环境和近岸海域综合治理。严禁工业和城镇污染向农业农村转移。加强农村环境监管能力建设，落实县乡两级农村环境保护主体责任。

（三）建立市场化多元化生态补偿机制。落实农业功能区制度，加大重点生态功能区转移支付力度，完善生态保护成效与资金分配挂钩的激励约束机制。鼓励地方在重点生态区位推行商品林赎买制度。健全地区间、流域上下游之间横向生态保护补偿机制，探索建立生态产品购买、森林碳汇等市场化补偿制度。建立长江流域重点水域禁捕补偿制度。推行生态建设和保护以工代赈做法，提供更多生态公益岗位。

（四）增加农业生态产品和服务供给。正确处理开发与保护的关系，运用现代科技和管理手段，将乡村生态优势转化为发展生态经济的优势，提供更多更好的绿色生态产品和服务，促进生态和经济良性循环。加快发展森林草原旅游、河湖湿地观光、冰雪海上运动、野生动物驯养观赏等产业，积极开发观光农业、游憩休闲、健康养生、生态教育等服务。创建一批特色生态旅游示范村镇和精品线路，打造绿色生态环保的乡村生态旅游产业链。

五、繁荣兴盛农村文化，焕发乡风文明新气象

乡村振兴，乡风文明是保障。必须坚持物质文明和精神文明一起抓，提升农民精神风貌，培育文明乡风、良好家风、淳朴民风，不断提高乡村社会文明程度。

（一）加强农村思想道德建设。以社会主义核心价值观为引领，坚持教育引导、实践养成、制度保障三管齐下，采取符合农村特点的有效方式，深化中国特色社会主义和中国梦宣传教育，大力弘扬民族精神和时代精神。加强爱国主义、集体主义、社会主义教育，深化民族团结进步教育，加强农村思想文化阵地建设。深入实施公民道德建设工程，挖掘农村传统道德教育资源，推进社会公德、职业道德、家庭美德、个人品德建设。推进诚信建设，强化农民的社会责任意识、规则意识、集体意识、主人翁意识。

（二）传承发展提升农村优秀传统文化。立足乡村文明，吸取城市文明及外来文化优秀成果，在保护传承的基础上，创造性转化、创新性发展，不断赋予时代内涵、丰富表现形式。切实保护好优秀农耕文化遗产，推动优秀农耕文化遗产合理适度利用。深入挖掘农耕文化蕴含的优秀思想观念、人文精神、

道德规范，充分发挥其在凝聚人心、教化群众、淳化民风中的重要作用。划定乡村建设的历史文化保护线，保护好文物古迹、传统村落、民族村寨、传统建筑、农业遗迹、灌溉工程遗产。支持农村地区优秀戏曲曲艺、少数民族文化、民间文化等传承发展。

（三）加强农村公共文化建设。按照有标准、有网络、有内容、有人才的要求，健全乡村公共文化服务体系。发挥县级公共文化机构辐射作用，推进基层综合性文化服务中心建设，实现乡村两级公共文化服务全覆盖，提升服务效能。深入推进文化惠民，公共文化资源要重点向乡村倾斜，提供更多更好的农村公共文化产品和服务。支持"三农"题材文艺创作生产，鼓励文艺工作者不断推出反映农民生产生活尤其是乡村振兴实践的优秀文艺作品，充分展示新时代农村农民的精神面貌。培育挖掘乡土文化本土人才，开展文化结对帮扶，引导社会各界人士投身乡村文化建设。活跃繁荣农村文化市场，丰富农村文化业态，加强农村文化市场监管。

（四）开展移风易俗行动。广泛开展文明村镇、星级文明户、文明家庭等群众性精神文明创建活动。遏制大操大办、厚葬薄养、人情攀比等陈规陋习。加强无神论宣传教育，丰富农民群众精神文化生活，抵制封建迷信活动。深化农村殡葬改革。加强农村科普工作，提高农民科学文化素养。

六、加强农村基层基础工作，构建乡村治理新体系

乡村振兴，治理有效是基础。必须把夯实基层基础作为固本之策，建立健全党委领导、政府负责、社会协同、公众参与、法治保障的现代乡村社会治理体制，坚持自治、法治、德治相结合，确保乡村社会充满活力、和谐有序。

（一）加强农村基层党组织建设。扎实推进抓党建促乡村振兴，突出政治功能，提升组织力，抓乡促村，把农村基层党组织建成坚强战斗堡垒。强化农村基层党组织领导核心地位，创新组织设置和活动方式，持续整顿软弱涣散村党组织，稳妥有序开展不合格党员处置工作，着力引导农村党员发挥先锋模范作用。建立选派第一书记工作长效机制，全面向贫困村、软弱涣散村和集体

经济薄弱村党组织派出第一书记。实施农村带头人队伍整体优化提升行动，注重吸引高校毕业生、农民工、机关企事业单位优秀党员干部到村任职，选优配强村党组织书记。健全从优秀村党组织书记中选拔乡镇领导干部、考录乡镇机关公务员、招聘乡镇事业编制人员制度。加大在优秀青年农民中发展党员力度。建立农村党员定期培训制度。全面落实村级组织运转经费保障政策。推行村级小微权力清单制度，加大基层小微权力腐败惩处力度。严厉整治惠农补贴、集体资产管理、土地征收等领域侵害农民利益的不正之风和腐败问题。

（二）深化村民自治实践。坚持自治为基，加强农村群众性自治组织建设，健全和创新村党组织领导的充满活力的村民自治机制。推动村党组织书记通过选举担任村委会主任。发挥自治章程、村规民约的积极作用。全面建立健全村务监督委员会，推行村级事务阳光工程。依托村民会议、村民代表会议、村民议事会、村民理事会、村民监事会等，形成民事民议、民事民办、民事民管的多层次基层协商格局。积极发挥新乡贤作用。推动乡村治理重心下移，尽可能把资源、服务、管理下放到基层。继续开展以村民小组或自然村为基本单元的村民自治试点工作。加强农村社区治理创新。创新基层管理体制机制，整合优化公共服务和行政审批职责，打造"一门式办理""一站式服务"的综合服务平台。在村庄普遍建立网上服务站点，逐步形成完善的乡村便民服务体系。大力培育服务性、公益性、互助性农村社会组织，积极发展农村社会工作和志愿服务。集中清理上级对村级组织考核评比多、创建达标多、检查督查多等突出问题。维护村民委员会、农村集体经济组织、农村合作经济组织的特别法人地位和权利。

（三）建设法治乡村。坚持法治为本，树立依法治理理念，强化法律在维护农民权益、规范市场运行、农业支持保护、生态环境治理、化解农村社会矛盾等方面的权威地位。增强基层干部法治观念、法治为民意识，将政府涉农各项工作纳入法治化轨道。深入推进综合行政执法改革向基层延伸，创新监管方式，推动执法队伍整合、执法力量下沉，提高执法能力和水平。建立健全乡村调解、县市仲裁、司法保障的农村土地承包经营纠纷调处机制。加大农村普法力度，提高农民法治素养，引导广大农民增强尊法学法守法用法意识。健全农村公共法律服务体系，加强对农民的法律援助和司法救助。

（四）提升乡村德治水平。深入挖掘乡村熟人社会蕴含的道德规范，结合时代要求进行创新，强化道德教化作用，引导农民向上向善、孝老爱亲、重义守信、勤俭持家。建立道德激励约束机制，引导农民自我管理、自我教育、自我服务、自我提高，实现家庭和睦、邻里和谐、干群融洽。广泛开展好媳妇、好儿女、好公婆等评选表彰活动，开展寻找最美乡村教师、医生、"村官"、家庭等活动。深入宣传道德模范、身边好人的典型事迹，弘扬真善美，传播正能量。

（五）建设平安乡村。健全落实社会治安综合治理领导责任制，大力推进农村社会治安防控体系建设，推动社会治安防控力量下沉。深入开展扫黑除恶专项斗争，严厉打击农村黑恶势力、宗族恶势力，严厉打击黄赌毒盗拐骗等违法犯罪。依法加大对农村非法宗教活动和境外渗透活动打击力度，依法制止利用宗教干预农村公共事务，继续整治农村乱建庙宇、滥塑宗教造像。完善县乡村三级综治中心功能和运行机制。健全农村公共安全体系，持续开展农村安全隐患治理。加强农村警务、消防、安全生产工作，坚决遏制重特大安全事故。探索以网格化管理为抓手、以现代信息技术为支撑，实现基层服务和管理精细化精准化。推进农村"雪亮工程"建设。

七、提高农村民生保障水平，塑造美丽乡村新风貌

乡村振兴，生活富裕是根本。要坚持人人尽责、人人享有，按照抓重点、补短板、强弱项的要求，围绕农民群众最关心最直接最现实的利益问题，一件事情接着一件事情办，一年接着一年干，把乡村建设成为幸福美丽新家园。

（一）优先发展农村教育事业。高度重视发展农村义务教育，推动建立以城带乡、整体推进、城乡一体、均衡发展的义务教育发展机制。全面改善薄弱学校基本办学条件，加强寄宿制学校建设。实施农村义务教育学生营养改善计划。发展农村学前教育。推进农村普及高中阶段教育，支持教育基础薄弱县

普通高中建设，加强职业教育，逐步分类推进中等职业教育免除学杂费。健全学生资助制度，使绝大多数农村新增劳动力接受高中阶段教育、更多接受高等教育。把农村需要的人群纳入特殊教育体系。以市县为单位，推动优质学校辐射农村薄弱学校常态化。统筹配置城乡师资，并向乡村倾斜，建好建强乡村教师队伍。

（二）促进农村劳动力转移就业和农民增收。健全覆盖城乡的公共就业服务体系，大规模开展职业技能培训，促进农民工多渠道转移就业，提高就业质量。深化户籍制度改革，促进有条件、有意愿、在城镇有稳定就业和住所的农业转移人口在城镇有序落户，依法平等享受城镇公共服务。加强扶持引导服务，实施乡村就业创业促进行动，大力发展文化、科技、旅游、生态等乡村特色产业，振兴传统工艺。培育一批家庭工场、手工作坊、乡村车间，鼓励在乡村地区兴办环境友好型企业，实现乡村经济多元化，提供更多就业岗位。拓宽农民增收渠道，鼓励农民勤劳守法致富，增加农村低收入者收入，扩大农村中等收入群体，保持农村居民收入增速快于城镇居民。

（三）推动农村基础设施提挡升级。继续把基础设施建设重点放在农村，加快农村公路、供水、供气、环保、电网、物流、信息、广播电视等基础设施建设，推动城乡基础设施互联互通。以示范县为载体全面推进"四好农村路"建设，加快实施通村组硬化路建设。加大成品油消费税转移支付资金用于农村公路养护力度。推进节水供水重大水利工程，实施农村饮水安全巩固提升工程。加快新一轮农村电网改造升级，制定农村通动力电规划，推进农村可再生能源开发利用。实施数字乡村战略，做好整体规划设计，加快农村地区宽带网络和第四代移动通信网络覆盖步伐，开发适应"三农"特点的信息技术、产品、应用和服务，推动远程医疗、远程教育等应用普及，弥合城乡数字鸿沟。提升气象为农服务能力。加强农村防灾减灾救灾能力建设。抓紧研究提出深化农村公共基础设施管护体制改革指导意见。

（四）加强农村社会保障体系建设。完善统一的城乡居民基本医疗保险制度和大病保险制度，做好农民重特大疾病救助工作。巩固城乡居民医保全国异地就医联网直接结算。完善城乡居民基本养老保险制度，建立城乡居民基本养老保险待遇确定和基础养老金标准正常调整机制。统筹城乡社会救助体系，完善最低生活保障制度，做好农村社会救助兜底工作。将进城落户农业转移人口全部纳入城镇住房保障体系。构建多层次农村养老保障体系，创新多元化照料服务模式。健全农村留守儿童和妇女、老年人以及困境儿童关爱服务体系。加强和改善农村残疾人服务。

（五）推进健康乡村建设。强化农村公共卫生服务，加强慢性病综合防控，大力推进农村地区精神卫生、职业病和重大传染病防治。完善基本公共卫生服务项目补助政策，加强基层医疗卫生服务体系建设，支持乡镇卫生院和村卫生室改善条件。加强乡村中医药服务。开展和规范家庭医生签约服务，加强妇幼、老人、残疾人等重点人群健康服务。倡导优生优育。深入开展乡村爱国卫生运动。

（六）持续改善农村人居环境。实施农村人居环境整治三年行动计划，以农村垃圾、污水治理和村容村貌提升为主攻方向，整合各种资源，强化各种举措，稳步有序推进农村人居环境突出问题治理。坚持不懈推进农村"厕所革命"，大力开展农村户用卫生厕所建设和改造，同步实施粪污治理，加快实现农村无害化卫生厕所全覆盖，努力补齐影响农民群众生活品质的短板。总结推广适用不同地区的农村污水治理模式，加强技术支撑和指导。深入推进农村环境综合整治。推进北方地区农村散煤替代，有条件的地方有序推进煤改气、煤改电和新能源利用。逐步建立农村低收入群体安全住房保障机制。强化新建农房规划管控，加强"空心村"服务管理和改造。保护保留乡村风貌，开展田园建筑示范，培养乡村传统建筑名匠。实施乡村绿化行动，全面保护古树名木。持续推进宜居宜业的美丽乡村建设。

八、打好精准脱贫攻坚战，增强贫困群众获得感

乡村振兴，摆脱贫困是前提。必须坚持精准扶贫、精准脱贫，把提高脱贫质量放在首位，既不降低扶贫标准，也不吊高胃口，采取更加有力的举措、更加集中的支持、更加精细的工作，坚决打好精准脱贫这场对全面建成小康社

会具有决定性意义的攻坚战。

（一）瞄准贫困人口精准帮扶。对有劳动能力的贫困人口，强化产业和就业扶持，着力做好产销衔接、劳务对接，实现稳定脱贫。有序推进易地扶贫搬迁，让搬迁群众搬得出、稳得住、能致富。对完全或部分丧失劳动能力的特殊贫困人口，综合实施保障性扶贫政策，确保病有所医、残有所助、生活有兜底。做好农村最低生活保障工作的动态化精细化管理，把符合条件的贫困人口全部纳入保障范围。

（二）聚焦深度贫困地区集中发力。全面改善贫困地区生产生活条件，确保实现贫困地区基本公共服务主要指标接近全国平均水平。以解决突出制约问题为重点，以重大扶贫工程和到村到户帮扶为抓手，加大政策倾斜和扶贫资金整合力度，着力改善深度贫困地区发展条件，增强贫困农户发展能力，重点攻克深度贫困地区脱贫任务。新增脱贫攻坚资金项目主要投向深度贫困地区，增加金融投入对深度贫困地区的支持，新增建设用地指标优先保障深度贫困地区发展用地需要。

（三）激发贫困人口内生动力。把扶贫同扶志、扶智结合起来，把救急纾困和内生脱贫结合起来，提升贫困群众发展生产和务工经商的基本技能，实现可持续稳固脱贫。引导贫困群众克服等靠要思想，逐步消除精神贫困。要打破贫困均衡，促进形成自强自立、争先脱贫的精神风貌。改进帮扶方式方法，更多采用生产奖补、劳务补助、以工代赈等机制，推动贫困群众通过自己的辛勤劳动脱贫致富。

（四）强化脱贫攻坚责任和监督。坚持中央统筹省负总责市县抓落实的工作机制，强化党政一把手负总责的责任制。强化县级党委作为全县脱贫攻坚总指挥部的关键作用，脱贫攻坚期内贫困县县级党政正职要保持稳定。开展扶贫领域腐败和作风问题专项治理，切实加强扶贫资金管理，对挪用和贪污扶贫款项的行为严惩不贷。将2018年作为脱贫攻坚作风建设年，集中力量解决突出作风问题。科学确定脱贫摘帽时间，对弄虚作假、搞数字脱贫的严肃查处。完善扶贫督查巡查、考核评估办法，除党中央、国务院统一部署外，各部门一律不准再组织其他检查考评。严格控制各地开展增加一线扶贫干部负担的各类检查考评，切实给基层减轻工作负担。关心爱护战斗在扶贫第一线的基层干部，制定激励政策，为他们工作生活排忧解难，保护和调动他们的工作积极性。做好实施乡村振兴战略与打好精准脱贫攻坚战的有机衔接。制定坚决打好精准脱贫攻坚战三年行动指导意见。研究提出持续减贫的意见。

九、推进体制机制创新，强化乡村振兴制度性供给

实施乡村振兴战略，必须把制度建设贯穿其中。要以完善产权制度和要素市场化配置为重点，激活主体、激活要素、激活市场，着力增强改革的系统性、整体性、协同性。

（一）巩固和完善农村基本经营制度。落实农村土地承包关系稳定并长久不变政策，衔接落实好第二轮土地承包到期后再延长 30 年的政策，让农民吃上长效"定心丸"。全面完成土地承包经营权确权登记颁证工作，实现承包土地信息联通共享。完善农村承包地"三权分置"制度，在依法保护集体土地所有权和农户承包权前提下，平等保护土地经营权。农村承包土地经营权可以依法向金融机构融资担保、入股从事农业产业化经营。实施新型农业经营主体培育工程，培育发展家庭农场、合作社、龙头企业、社会化服务组织和农业产业化联合体，发展多种形式适度规模经营。

（二）深化农村土地制度改革。系统总结农村土地征收、集体经营性建设用地入市、宅基地制度改革试点经验，逐步扩大试点，加快土地管理法修改，完善农村土地利用管理政策体系。扎实推进房地一体的农村集体建设用地和宅基地使用权确权登记颁证。完善农民闲置宅基地和闲置农房政策，探索宅基地所有权、资格权、使用权"三权分置"，落实宅基地集体所有权，保障宅基地农户资格权和农民房屋财产权，适度放活宅基地和农民房屋使用权，不得违规违法买卖宅基地，严格实行土地用途管制，严格禁止下乡利用农村宅基地建设别墅大院和私人会馆。在符合土地利用总体规划前提下，允许县级政府通过村土地利用规划，调整优化村庄用地布局，有效利用农村零星分散的存量建设用

地；预留部分规划建设用地指标用于单独选址的农业设施和休闲旅游设施等建设。对利用收储农村闲置建设用地发展农村新产业新业态的，给予新增建设用地指标奖励。进一步完善设施农用地政策。

（三）深入推进农村集体产权制度改革。全面开展农村集体资产清产核资、集体成员身份确认，加快推进集体经营性资产股份合作制改革。推动资源变资产、资金变股金、农民变股东，探索农村集体经济新的实现形式和运行机制。坚持农村集体产权制度改革正确方向，发挥村党组织对集体经济组织的领导核心作用，防止内部少数人控制和外部资本侵占集体资产。维护进城落户农民土地承包权、宅基地使用权、集体收益分配权，引导进城落户农民依法自愿有偿转让上述权益。研究制定农村集体经济组织法，充实农村集体产权权能。全面深化供销合作社综合改革，深入推进集体林权、水利设施产权等领域改革，做好农村综合改革、农村改革试验区等工作。

（四）完善农业支持保护制度。以提升农业质量效益和竞争力为目标，强化绿色生态导向，创新完善政策工具和手段，扩大"绿箱"政策的实施范围和规模，加快建立新型农业支持保护政策体系。深化农产品收储制度和价格形成机制改革，加快培育多元市场购销主体，改革完善中央储备粮管理体制。通过完善拍卖机制、定向销售、包干销售等，加快消化政策性粮食库存。落实和完善对农民直接补贴制度，提高补贴效能。健全粮食主产区利益补偿机制。探索开展稻谷、小麦、玉米三大粮食作物完全成本保险和收入保险试点，加快建立多层次农业保险体系。

十、汇聚全社会力量，强化乡村振兴人才支撑

实施乡村振兴战略，必须破解人才瓶颈制约。要把人力资本开发放在首要位置，畅通智力、技术、管理下乡通道，造就更多乡土人才，聚天下人才而用之。

（一）大力培育新型职业农民。全面建立职业农民制度，完善配套政策体系。实施新型职业农民培育工程。支持新型职业农民通过弹性学制参加中

高等农业职业教育。创新培训机制，支持农民专业合作社、专业技术协会、龙头企业等主体承担培训。引导符合条件的新型职业农民参加城镇职工养老、医疗等社会保障制度。鼓励各地开展职业农民职称评定试点。

（二）加强农村专业人才队伍建设。建立县域专业人才统筹使用制度，提高农村专业人才服务保障能力。推动人才管理职能部门简政放权，保障和落实基层用人主体自主权。推行乡村教师"县管校聘"。实施好边远贫困地区、边疆民族地区和革命老区人才支持计划，继续实施"三支一扶"、特岗教师计划等，组织实施高校毕业生基层成长计划。支持地方高等学校、职业院校综合利用教育培训资源，灵活设置专业（方向），创新人才培养模式，为乡村振兴培养专业化人才。扶持培养一批农业职业经理人、经纪人、乡村工匠、文化能人、非遗传承人等。

（三）发挥科技人才支撑作用。全面建立高等院校、科研院所等事业单位专业技术人员到乡村和企业挂职、兼职和离岗创新创业制度，保障其在职称评定、工资福利、社会保障等方面的权益。深入实施农业科研杰出人才计划和杰出青年农业科学家项目。健全种业等领域科研人员以知识产权明晰为基础、以知识价值为导向的分配政策。探索公益性和经营性农技推广融合发展机制，允许农技人员通过提供增值服务合理取酬。全面实施农技推广服务特聘计划。

（四）鼓励社会各界投身乡村建设。建立有效激励机制，以乡情乡愁为纽带，吸引支持企业家、党政干部、专家学者、医生教师、规划师、建筑师、律师、技能人才等，通过下乡担任志愿者、投资兴业、包村包项目、行医办学、捐资捐物、法律服务等方式服务乡村振兴事业。研究制定管理办法，允许符合要求的公职人员回乡任职。吸引更多人才投身现代农业，培养造就新农民。加快制定鼓励引导工商资本参与乡村振兴的指导意见，落实和完善融资贷款、配套设施建设补助、税费减免、用地等扶持政策，明确政策边界，保护好农民利益。发挥工会、共青团、妇联、科协、残联等群团组织的优势和力量，发挥各民主党派、工商联、无党派人士等积极作用，支持农村产业发展、生态环境保护、乡风文明建设、农村弱势群体关爱等。实施乡村振兴"巾帼行动"。加强对下乡组织和人员的管理服务，使之成为乡村振兴的建设性力量。

（五）创新乡村人才培育引进使用机制。建立自主培养与人才引进相结合，学历教育、技能培训、实践锻炼等多种方式并举的人力资源开发机制。建立城乡、区域、校地之间人才培养合作与交流机制。全面建立城市医生教师、科技文化人员等定期服务乡村机制。研究制定鼓励城市专业人才参与乡村振兴的政策。

十一、开拓投融资渠道，强化乡村振兴投入保障

实施乡村振兴战略，必须解决钱从哪里来的问题。要健全投入保障制度，创新投融资机制，加快形成财政优先保障、金融重点倾斜、社会积极参与的多元投入格局，确保投入力度不断增强、总量持续增加。

（一）确保财政投入持续增长。建立健全实施乡村振兴战略财政投入保障制度，公共财政更大力度向"三农"倾斜，确保财政投入与乡村振兴目标任务相适应。优化财政供给结构，推进行业内资金整合与行业间资金统筹相互衔接配合，增加地方自主统筹空间，加快建立涉农资金统筹整合长效机制。充分发挥财政资金的引导作用，撬动金融和社会资本更多投向乡村振兴。切实发挥全国农业信贷担保体系作用，通过财政担保费率补助和以奖代补等，加大对新型农业经营主体支持力度。加快设立国家融资担保基金，强化担保融资增信功能，引导更多金融资源支持乡村振兴。支持地方政府发行一般债券用于支持乡村振兴、脱贫攻坚领域的公益性项目。稳步推进地方政府专项债券管理改革，鼓励地方政府试点发行项目融资和收益自平衡的专项债券，支持符合条件、有一定收益的乡村公益性项目建设。规范地方政府举债融资行为，不得借乡村振兴之名违法违规变相举债。

（二）拓宽资金筹集渠道。调整完善土地出让收入使用范围，进一步提高农业农村投入比例。严格控制未利用地开垦，集中力量推进高标准农田建设。改进耕地占补平衡管理办法，建立高标准农田建设等新增耕地指标和城乡建设用地增减挂钩节余指标跨省域调剂机制，将所得收益通过支出预算全部用于巩固脱贫攻坚成果和支持实施乡村振兴战略。推广一事一议、以奖代补等方式，

鼓励农民对直接受益的乡村基础设施建设投工投劳,让农民更多参与建设管护。

(三)提高金融服务水平。坚持农村金融改革发展的正确方向,健全适合农业农村特点的农村金融体系,推动农村金融机构回归本源,把更多金融资源配置到农村经济社会发展的重点领域和薄弱环节,更好(地)满足乡村振兴多样化金融需求。要强化金融服务方式创新,防止脱实向虚倾向,严格管控风险,提高金融服务乡村振兴能力和水平。抓紧出台金融服务乡村振兴的指导意见。加大中国农业银行、中国邮政储蓄银行"三农"金融事业部对乡村振兴支持力度。明确国家开发银行、中国农业发展银行在乡村振兴中的职责定位,强化金融服务方式创新,加大对乡村振兴中长期信贷支持。推动农村信用社省联社改革,保持农村信用社县域法人地位和数量总体稳定,完善村镇银行准入条件,地方法人金融机构要服务好乡村振兴。普惠金融重点要放在乡村。推动出台非存款类放贷组织条例。制定金融机构服务乡村振兴考核评估办法。支持符合条件的涉农企业发行上市、新三板挂牌和融资、并购重组,深入推进农产品期货期权市场建设,稳步扩大"保险+期货"试点,探索"订单农业+保险+期货(权)"试点。改进农村金融差异化监管体系,强化地方政府金融风险防范处置责任。

十二、坚持和完善党对"三农"工作的领导

实施乡村振兴战略是党和国家的重大决策部署,各级党委和政府要提高对实施乡村振兴战略重大意义的认识,真正把实施乡村振兴战略摆在优先位置,把党管农村工作的要求落到实处。

(一)完善党的农村工作领导体制机制。各级党委和政府要坚持工业农业一起抓、城市农村一起抓,把农业农村优先发展原则体现到各个方面。健全党委统一领导、政府负责、党委农村工作部门统筹协调的农村工作领导体制。建立实施乡村振兴战略领导责任制,实行中央统筹省负总责市县抓落实的工作机制。党政一把手是第一责任人,五级书记抓乡村振兴。县委书记要下大气力抓好"三农"工作,当好乡村振兴"一线总指挥"。各部门要按照职责,加强工作指导,强化资源要素支持和制度供给,做好协同配合,形成乡村振兴工作

合力。切实加强各级党委农村工作部门建设，按照《中国共产党工作机关条例（试行）》有关规定，做好党的农村工作机构设置和人员配置工作，充分发挥决策参谋、统筹协调、政策指导、推动落实、督导检查等职能。各省（自治区、直辖市）党委和政府每年要向党中央、国务院报告推进实施乡村振兴战略进展情况。建立市县党政领导班子和领导干部推进乡村振兴战略的实绩考核制度，将考核结果作为选拔任用领导干部的重要依据。

（二）研究制定中国共产党农村工作条例。根据坚持党对一切工作的领导的要求和新时代"三农"工作新形势新任务新要求，研究制定中国共产党农村工作条例，把党领导农村工作的传统、要求、政策等以党内法规形式确定下来，明确加强对农村工作领导的指导思想、原则要求、工作范围和对象、主要任务、机构职责、队伍建设等，完善领导体制和工作机制，确保乡村振兴战略有效实施。

（三）加强"三农"工作队伍建设。把懂农业、爱农村、爱农民作为基本要求，加强"三农"工作干部队伍培养、配备、管理、使用。各级党委和政府主要领导干部要懂"三农"工作、会抓"三农"工作，分管领导要真正成为"三农"工作行家里手。制定并实施培训计划，全面提升"三农"干部队伍能力和水平。拓宽县级"三农"工作部门和乡镇干部来源渠道。把到农村一线工作锻炼作为培养干部的重要途径，注重提拔使用实绩优秀的干部，形成人才向农村基层一线流动的用人导向。

（四）强化乡村振兴规划引领。制定国家乡村振兴战略规划（2018—2022年），分别明确至2020年全面建成小康社会和2022年召开党的二十大时的目标任务，细化实化工作重点和政策措施，部署若干重大工程、重大计划、重大行动。各地区各部门要编制乡村振兴地方规划和专项规划或方案。加强各类规划的统筹管理和系统衔接，形成城乡融合、区域一体、多规合一的规划体系。根据发展现状和需要分类有序推进乡村振兴，对具备条件的村庄，要加快推进城镇基础设施和公共服务向农村延伸；对自然历史文化资源丰富的村庄，要统筹兼顾保护与发展；对生存条件恶劣、生态环境脆弱的村庄，要加大力度实施生态移民搬迁。

（五）强化乡村振兴法治保障。抓紧研究制定乡村振兴法的有关工作，把行之有效的乡村振兴政策法定化，充分发挥立法在乡村振兴中的保障和推动作用。及时修改和废止不适应的法律法规。推进粮食安全保障立法。各地可以从本地乡村发展实际需要出发，制定促进乡村振兴的地方性法规、地方政府规章。加强乡村统计工作和数据开发应用。

（六）营造乡村振兴良好氛围。凝聚全党全国全社会振兴乡村强大合力，宣传党的乡村振兴方针政策和各地丰富实践，振奋基层干部群众精神。建立乡村振兴专家决策咨询制度，组织智库加强理论研究。促进乡村振兴国际交流合作，讲好乡村振兴中国故事，为世界贡献中国智慧和中国方案。

让我们更加紧密地团结在以习近平同志为核心的党中央周围，高举中国特色社会主义伟大旗帜，以习近平新时代中国特色社会主义思想为指导，迎难而上、埋头苦干、开拓进取，为决胜全面建成小康社会、夺取新时代中国特色社会主义伟大胜利作出新的贡献！

长期以来，城乡二元结构带来的各方面失衡以及超负荷的城市发展带来的城市病层出不穷，倒逼全面推进"新型城镇化"上升为国家战略。特色小镇作为新型城镇化建设的特色担当，在未来有望成为拉动我国经济发展的引擎。然而，最近几年来，特色小镇建设出现了诸多开发乱象，导致开发上缺乏财力、发展上缺乏活力、产业上缺乏实力、形象上缺乏魅力，因此，探索科学、稳健、高效新型特色小镇发展路径迫在眉睫。在这一背景下，浔龙河生态艺术小镇应运而生。

浔龙河生态艺术小镇遵守国家基本法律法规，坚守土地公有制性质不变和耕地、生态底线不逾越的原则，充分保障民生，深入理解和把握国家相关政策，历经八年努力实践与探索，找到了一条能同时为原住民、回归民、探访民提供"美好田园艺术生活方式和生活空间的专业创享平台"及"美好田园艺术生活的众创空间"的发展路径，总结形成了一套具有独特价值的"浔龙河范本"，旨在为中国新型城镇化和近郊型乡村振兴的科学、稳健、高效推进提供一个具有法治性、科学性、先进性、适应性、指导性的可供借鉴的样本。

2017年2月25日，中共中央农村改革领导小组办公室原主任、全国政协经济委员会副主任陈锡文同志对浔龙河村进行了考察，他评价说："浔龙河村的探索有三大意义：一是解决了农民就地就近的就业创业问题；二是解决了农民发展依靠土地，但不依赖土地的问题；三是解决了农民发展依靠农业，但又不依赖农业的问题。"2018年3月25日，农业部原党组副书记、常务副部长，中国农业经济学会会长尹成杰先生视察了浔龙河村，走访了农户，评价指出："浔龙河生态艺术小镇，认真贯彻党的十八大、十九大精神，大力振兴乡村，党建引领转型升级，以产建村、以产兴村、以产助村取得了明显的成绩，我认为浔龙河生态艺术小镇的经验弥足珍贵，很有特色，很有典型性。城镇化的乡村、乡村式的城镇是一个重要的理念和模式的创新，为我们大力实施乡村振兴战略提供了有益的借鉴。"就在同一天，中国城镇化促进会党委书记、副主席兼理事长，千企千镇工程办公室主任陈炎兵同志说："随着党中央、国务院针对'三农'问题和推进农村城乡融合发展一系列政策措施的落实，全国各地涌现了一大批像浔龙河村这样的新型典型案例，比方说华西村、鲁家村、袁家村和今天的浔龙河村，都是代表着中国乡村振兴未来发展方向的一批典型，我们要认真系统地总结他们的经验。""乡村振兴要立足我们中国的实际，特别是要走我们中国特色的新型城镇化道路，就地就近城镇化，我们浔龙河这一点做得特别好。如果我们广大的农村农民都能够像浔龙河一样在生养自己的地方找到自己的创业的乐土，他们就没有必要背井离乡，去万里之外的大城市去住地下室、蜗居来谋生。"中国名牌杂志社总编辑周志懿先生以自己的亲身感受和经历表明了对"浔龙河范本"的认可，他说："2017年10月，我曾略带质疑来到了浔龙河，但听取了柳中辉董事长的介绍，实地考察了浔龙河的种种变化之后，我被彻底震撼了，习近平主席关于乡村振兴的'五个振兴'在浔龙河已经得到了实现。特别是在振兴过程中，在带动农民增收致富、产业振兴中切实维护农民利益方面，浔龙河都做出了表率，也得到了广大农民的支持和拥护……我更能感受到的是，浔龙河模式将可能给中国乡村振兴事业带来一种教案式的意义。"

不管怎么说，上述领导、专家、资深媒体人对浔龙河村的评价至少从几个侧面反映和代表了社会的认可，也证明了浔龙河村八年的探索是卓有成效的，值得我们点赞！

新华社作为国家通讯社，从2017年6月起，启动"民族品牌工程"，入选的均为重量级民族企业。2018年拟在工程基础上开展"未来成长之星"计划，助力高成长型民族品牌发展，推动品牌强国战略，构筑民族经济长城。一个省级贫困村——浔龙河村，在"归雁"企业家柳中辉的带领下，以党建为引领，通过推动土地集中流转、环境集中整治、村民集中居住的"三集中"，蜕变成"全国美丽示范村庄"，"浔龙河乡村振兴模式"成为都市郊区型、半郊区型乡村振兴的示范案例，为农村综合改革提供了可复制的核心路径，为解决"三农"问题提供了理论和实践支撑，为中国农村改革创新提供了具有示范意义的样本，成为一个具有高成长性的优秀乡村振兴品牌代表。因此，新华社决定，将组织专门团队，整合全社会优势资源，将浔龙河村打造成为乡村振兴战略的卓越案例与品牌典范，为世界乡村振兴提供中国经验和中国模式。正是从这个意义上看，浔龙河村这个人们向往的"城镇式乡村、乡村式城镇"，是即将在长江经济带升起的一颗"成长之星"，也必将给中国大地带来"星火燎原"的效应，带领更多的乡村走向繁荣。

那么，浔龙河作为我国城市近郊型乡村振兴与特色小镇建设融合发展的范例，其八年探索究竟有哪些特色之处，其成功经验主要体现在哪些方面，需要我们进行系统的总结，并不断地加以完善和提升；当然，更需要政、产、学、研、用（农民和市民）以及媒体各界都来关注与重视。正是基于这一缘由，我和柳中辉先生、刘红峰先生觉得可先行一步，进行初步总结与自我总结，以期抛砖引玉。同时，想通过自我总结、自我检讨，找寻到浔龙河实践中还存在哪些不足或者还有哪些问题需要进一步探索，或者求教于各界同仁，以便得到更多的关注，引发更多的重视与支持。

本书是集体智慧的结晶，其中，本书的主题思想、总体构思、编排逻辑和章节安排由吴金明教授负责，主要经验总结和核心观点由柳中辉先生负责，初稿起草以刘红峰为主，最终由吴金明教授总撰并修改定稿。本书要特别感谢湖南省政协主席李微微同志，湖南省人大常委会原党组成员、副主任陈叔红同志，湖南省政协副主席戴道晋同志等领导，他们的关心、支持和鼓励是我们撰写的动力。特别感谢湖南人民出版社黎晓慧主任及出版社其他编辑老师，他们的辛勤劳动是我们的加油站；当然，还有很多在幕后默默支持我们并贡献智慧的同志，在此一并表示感谢！

编著者

2018 年 3 月